KB053889

한국상인
중국상인
일본상인

한국상인
중국상인
일본상인

이영호 지음

SNOWFOX

여러분은 돈에 대해 어떻게 생각하시나요? '돈'을 바라보는 세계인들의 생각은 여러분이 생각하는 것과 다릅니다. 똑같은 돈이 아니다? 환율 차이를 말하는 게 아닙니다. 명칭을 말하는 것도 아닙니다. 돈에 대한 개념부터 다릅니다. 여러분이 생각하는 돈과 세계인들의 돈을 비교해 보면 그 차이가 나타납니다.

중국인들은 돈을 생각할 때 '錢'이라고 쓰고 '첸'으로 읽고 이해합니다. 중국어 '돈(錢:첸)'을 한자로 보면 황금(금:金)에 창(과:戈)이 두 개 붙어 있습니다. 그만큼 돈을 중요하게 여기면서 싸워 지키라는 의미를 둔 것으로 이해할 수 있습니다. 그런데 '돈 전(錢)'을 조금 다르게 분석해 보자면 황금(金)의 글자 의미에 따라 '해치다, 적다, 돈, 나머지' 등으로 쓰이는 잔(戔)이 붙은 모양으로 '경쟁(다툼) 없이는 얻을 수 없는 돈'이란 의미를 갖고 있다고 볼 수 있습니다.

그래서 중국인들에겐 싸워서 반드시 이겨야만 가질 수 있는, 싸워서라도 지켜야만 하는 '돈'이란 뜻도 되는 것입니다.

반면, 일본인들은 돈을 'お金, 御金'라고 쓰고 '오카네'라고 읽고 이해합니다. 겸손한 표현으로 남에게 말하는 '겸양의 접두사 '오(お,御)'를 금(金)이란 글자와 붙여 주로 사용하는데, 좀 이상한 점이 보입니다. 아무리 금(gold:金)이 좋다고 하기로서니 자신을 낮추는 겸양 표현까지 쓰다니 말입니다. 물질을 숭상하는 건가 생각해 볼 수도 있겠습니다. 일본인하면 공손한 매너가 떠오를 만큼 그 모든 게 돈을 부르는 단어에서 시작된 것은 아닐까요?

'오카네'의 어원은 4세기 무렵 '야마토(大和)'라는 고대국가에서 시작된 것으로 유추해 볼 수 있습니다. 우리나라 고대국가 '금관가야'의 왕이자 김해 김 씨의 시조인 '김수로'의 후손들이 대마도를 거쳐 일본 큐슈 지역으로 이주했고 여기서 '왜(倭)'를 세운 후 다시 나라, 교토 지역으로 진출해서 '야마토(大和)'를 세웠다는 설에 의해서 말입니다. 만약 그렇다면 지금 일본의 왕은 '김해 김씨'의 후손이면서 경상남도가 고향인 가야인의 후손이란 이야기가 됩니다. 조선총독부에서 '김해 김씨' 족보 출간을 금지시켰다는 점이나 현재도 왕의 성(姓)이 일본인들에게 알려지지 않는다는 점에서 상당히 신빙성 있는 이야기가 아닌가 하는 궁금증을 갖게 됩니다.

그래서인지 예로부터 일본을 지배하며 왕의 자리에서 계승되는 성(姓)을 근거로 하여 '金'씨 성이 일본 왕을 상징하고 '돈'을 뜻하는 단어에서조차 겸양 표현을 사용하게 되었다는 추정이 가능합니다.

추가하여 우리 민족의 언어를 이야기할 때 '몽고족 알타이어'를 빼놓을 수 없는데 몽고어에서 '알타이'란 의미가 '金'을 뜻하는 점도 기

억해본다면 '김해 김씨'가 일본을 다스리면서 돈이란 단어가 '오카네(お金)'가 되기까지의 과정 설명에 고개를 끄덕일 수 있을 것입니다.

돈에 대한 기원과 그 내포된 의미를 알아야 하는 이유는 '상인=돈'이며 상인이 돈을 대하는 태도와 마음가짐을 알아두자는데 있습니다.

이 책에서는 내 돈을 벌기 위해서 다른 사람의 약점을 공격하는 상인들의 전략을 강조하지 않습니다. 진짜 상인들을 위한 이야기입니다. '정당한 경쟁을 하는 한국, 중국, 일본 상인들의 장사법'과 바르게 성공한 상인들의 살아있는 정보를 담았습니다. 필자가 삼국의 상인들과의 비즈니스에서 보고 배운 살아있는 현장의 장사술이라 할 수 있습니다. 동시에 악의를 가진 상인들의 교활한 속임수 전략을 담아 선량한 사업가들이 미리 대비할 수 있도록 도움이 되는 전략상술을 담았습니다. 또한 글로벌 비즈니스를 한다면 반드시 알아야 할 삼국 간의 장사술을 소개하는 동시에 고대(古代)로부터의 삼국 상인에게서 배우는 상도의를 담고자 노력했습니다.

다만, 각자의 경험이나 사례에 따라 다른 견해를 갖는 독자들도 계시겠지만 필자의 경험을 바탕으로 세 나라 상인들의 이야기를 담아 다양한 사례를 체험할 수 있도록 노력했다는 점을 말씀드립니다.

이 책이 한국상인, 중국상인, 일본상인과 비즈니스 하려는 모든 사람들을 위한 상인(경제인) 입문서로 오래도록 자리매김하기를 바라봅니다.

똑똑한 사람이 장사도 잘한다?

고려에서 충절을 지키던 사대부 유신 지식층들이 조선에서 벼슬
을 포기하고 상업에 나서면서 '개성상인'이 되었다. 이들은 '신용'
을 중시하고 근검절약을 강조하고 이익 계산에 해박하면서 새로
운 상술을 개발하는데 큰 역할을 담당했다.

— 이익 『성호사설』 내용 중에서

 Contents

2장. 바이어는 천사가 아니다

3장. 상인에게 '고집'은 '귀머거리'의 또 다른 이름이다

4장. 상인은 믿는 게 아니라 지켜보는 것

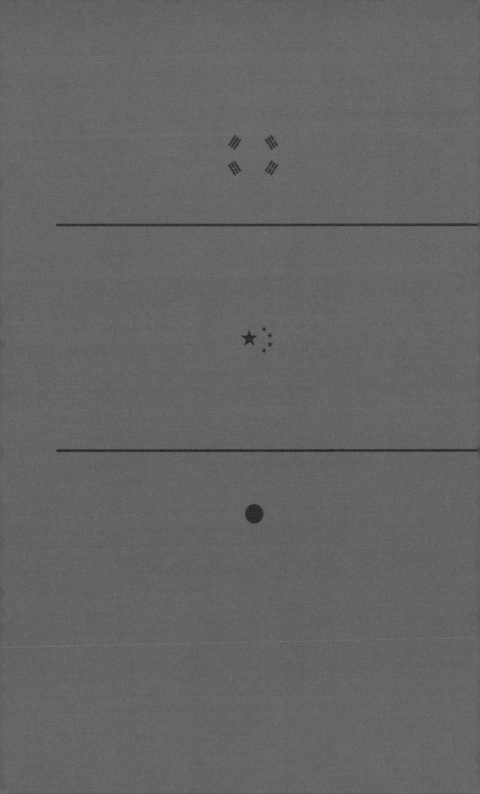

1장

내 편을
만드는 기술

중국 도시락 2개의 거래

●

●

🔍

"중국 상하이(上海)행 비행기 예약해 주세요."

우리나라가 중국과 수교를 맺은 지 몇 년이 지난 뒤였다. 중국으로 출장 계획을 세웠다. 넥타이와 청바지 그리고 패션 아이템 샘플을 준비했다. 첫 목적지는 상하이(上海)였다. 중국 대륙을 바둑판에 비유할 때 상하이는 이른바 바둑판을 지배할 '대마'를 둘 곳이었다. 하지만, 당시만 하더라도 많은 사람들이 북경(北京)으로 직행하던 것과 비교해 보면 난 중국의 외곽을 택한 셈이었다.

그 후로 수년이 흐른 뒤에 상하이 근처 우시(無錫)에서 중국 사업을 하게 되었는데 되돌아보면 상하이를 선택했던 게 선견지명이 아니었을까 하는 생각을 하게 된다. 어쨌든 미래의 일은 어찌 될지도 모르던 그때, 난 낯선 중국행 비행기에 몸을 실었다.

"1박 2일이고요, 상하이 시내 호텔로 예약해 주세요."

아침 10시경 출국해 상하이 공항에 도착하니 12시 가까이 되었다. 상하이와 서울의 시간차는 1시간. 우리가 1시간 빠르다. 공항에서 택시를 타고 기사에게 미리 적어온 메모지를 보여줬다. 그날 만나기로 한 회사의 주소였다. 상하이에 소재한 무역회사였는데 택시 기사는 연신 고개를 갸웃거리며 잘 모르는 지역이란 눈치였다. 불안감이 엄습했지만 어쩔 수 없었다. 이미 나는 택시를 탔고, 그 택시는 어느새 고속도로를 달리는 중이었다.

"Here(여기)? Arrive(도착)?"

여기냐고, 도착했냐고 물었더니 운전기사가 고개를 끄덕인다. 그리고 운전석 위에 달린 거울을 통해 내게 눈인사를 건넸다. 안심하라는 표시였다. 하지만 이미 안심할 상황이 아니라는 걸 나는 직감적으로 느끼고 있었다.

오후 2시를 지나고 있었다. 예상대로라면 나는 미팅을 하기로 한 회사에 이미 도착해서 주변 구경을 해야 했다. 지금이나 그때나 약속 장소에 30분 전에 미리 나가 있는 걸 생명으로 여기던 나였다. 그나마 전날 상하이 회사 측에 미팅 시각을 오후 3시로 늦춰달라고 미리 연락해둔 게 다행이었다.

시간을 미루었던 이유는 중국인의 '만만디慢慢的'¹를 떠올렸던 탓이다. 분명 중국의 모든 체계가 느리게 돌아갈 것이라고 생각했다. 택시도 느리고 사람들도 느리고 모든 게 느릴 텐데 시간 약속을 딱 맞

1　만만디: 행동이 굼뜨거나 일의 진척이 느림을 이르는 말 (출처: 표준국어대사전)

게 정했다가는 지각하게 될 거라고 예상했다. 약속을 한 시간 뒤로 늦추는 대신 나는 일정대로 출발해서 현장에 최소한 1시간 30분은 일찍 도착해 있으려고 했다. 그리고 미팅 30분 전에 그 회사 사장에게 연락해서 '내가 도착했다.'고 통보하는 게 1차 계획이었다. 그래서 그 사장이 놀라며 '어떻게 이렇게 일찍 왔느냐?'고 물으면 '사장님과의 만남이 기대돼서 서둘렀다.'고 대답하는 게 2차 전략이었다.

하지만 내 모든 계획은 수포로 돌아갔다. 나는 여전히 어디가 어딘지 모르는 광활한 땅 위를 달리는 택시 안에 있었다. 바깥 기온이 섭씨 40도에 육박하는 뜨거운 여름, 차 안은 찜통 같았다. 하지만 에어컨 바람을 기대하는 것은 사치였다. 차창을 열자 끈적끈적하고 불쾌하기 짝이 없는 고습의 공기가 들어올 뿐이었다. 창문도 제대로 열수 없는 답답함에 내 얼굴은 찌그러지고 있었지만, 택시 기사는 내 마음 따윈 상관할 바 아니라는 표정이었다. 중국인 특유의 평안한 얼굴로 운전 중에도 이리저리 바깥 구경을 할 정도로 여유를 부렸다. 어쩌면 그가 외국인인 내게 상하이 경치 멋지지 않느냐며 구경을 실컷 시켜주려는 의도로 그런 게 아닐까? 하는 생각도 해봤지만, 택시 기사는 분명 스스로 상하이 경치를 즐기는 중이었다. 아무래도 중국 어딘지 모를 지방에서 택시기사 일을 하러 상하이에 온 촌뜨기 같았다.

중국은 초행길이었고, 중국어도 전혀 할 줄 몰랐던 나는 제대로 '만만디'에 낚여 미팅하기로 한 업체를 향해 끝없이 달리고만 있었다.

그런데 택시 기사가 영 맹탕은 아니었나 보다. 중국에 오기 전에 미리 출력해둔 약도에서 기억해뒀던 건물이 차창으로 보이기 시작했다. 대충 근처까지 온 모양이었다. 다행이었다. 나는 얼른 기사에게 거의 다 온 것 같다면서 세워달라고 했다. 그러자 기사는 'OK'를 시원하게 외치면서 도로변에 차를 세웠다. 나는 짐 가방들과 기사가 건네주는 잔돈까지 챙기면서 무사히 택시에서 내렸다. 그때까지도 나는 내가 뭘 실수하고 있는지 모르고 있었다. 택시가 떠나는 뒷모습을 바라보다가 문득 정신을 차려보니 택시 창밖으로 찾아냈던 그 건물은 저 멀리, 아주 멀리 있는 건물이었다. 걸어가기엔 족히 30분은 걸리는 거리였다. 차창 밖으로 내몰았던 습기가 이제는 뜨거운 열기와 다시 만나, 무거운 샘플 가방을 끌고 짐 가방까지 멘 양복 차림의 나에게 엉겨 붙었다. '차라리 지금 한국으로 돌아가는 게 나을지도 몰라'

드디어 회사 앞에 도착했다. 전화를 다시 걸었다. 그러나 회사 사장실 비서와의 의사소통은 쉽지 않았다. 영어만 할 줄 아는 나에게 중국어로만 쓰인 간판을 알려주며 그걸 읽고 사장실을 찾아오라는 것이다. 당시엔 상하이에서도 중국식 한자와 영어가 병기된 간판은 찾기 어려웠다. 우리나라 대형 전시장보다 큰 건물을 찾아내고도 사장실로 향하는 통로를 알아내기까지 10여 분이 흘렀다. 건물 안에 사람들이 짐 가방을 메고 끌며 헤매는 내 모습을 보면서도 '어디를 찾아오셨어요?', '도와 드릴까요?'라며 묻는 이가 없었다. 그들은 그들, 나는 나, 중국인과 한국인, 직장 동료인 그들과 낯설고 모르는 남자 그뿐이었다.

이미 이마부터 땀이 흘러내려 와이셔츠와 양복, 구두 속까지 젖어 있을 정도였다. 양팔에 힘이 풀려 악으로 버티는 중이었다. 회의는 1초만 하더라도 괜찮다고 여겼고, 그냥 전화로 인사만 하고 돌아가 버릴까 하는 생각이 들 정도였다. 그렇게 작정하고 마지막으로 전화를 걸었다. 그러면서 속으로 '제발 나를 찾아서 내려오든가!' 아니면 '나를 돌아가라고 하든가!' 말해주길 바랐다. 그런데 이게 무슨 일인지, 통화 버튼을 누르자 거짓말 같이 내 눈앞에 '社長室(사장실)'이라는 작은 간판이 들어왔다. 그리고 그 옆에 사장실로 가는 계단이 있었다. 두 개의 샘플 가방을 양손으로 끌면서 올라가기엔 좁아 보이는 통로였다. 그래도 사장실을 찾은 게 너무 기뻤다. 그 사이 사장실 비서가 전화를 받자, 내 입에서 튀어나오는 말.

"다 왔어요. 지금 올라갈게요!"

도착한 곳은 상하이의 거대 유통기업 전시장 겸 쇼핑몰이었다. 그 규모가 우리나라 코엑스보다 몇 배 더 컸지만, 사장실은 15평 남짓의 공간에 마련돼 있었다.

정각 오후 3시. 약속한 시각이었지만, 사장은 잠시 하던 업무를 마저 볼 테니 잠시 기다려달라며 미소를 지었다. 난 사장 책상 옆, 소파에 앉으며 짐 가방들을 한쪽에 놓고 말없이 기다렸다.

6시가 되자, 사장은 비서가 저녁 식사로 갖고 온 도시락을 내게도 건네며 식사부터 하자는 것이다. 나는 도시락을 반갑게 받아들고 한술 뜨려 했다. 그런데 코끝에 중국인들이 즐기는 샹차이(香菜) 풀냄

새와 밥에 얹은 반찬에서 돼지기름 냄새가 역했다. 하지만 내색하지 않고 하나를 다 먹었더니 맛있냐고 물으며 하나 더 먹으란다. 맛있는 표정으로 그렇게 두 개를 비웠더니 사장이 나를 잠자코 바라보다 오늘은 업무시간이 끝났으니 미팅은 다음에 하자는 게 아닌가? 나도 웃으며 그러자고 하고 호텔로 데려다준다는 사장의 기사가 운전하는 차에 올라탔다. 사장이 배웅하며 내게 언제 귀국하느냐고 물었다.

"내일 아침 첫 비행기로 귀국합니다."

차가 회사 정문을 빠져나가는가 싶더니 갑자기 멈춰 후진하기 시작했다. 기사 말이 백미러를 통해 사장이 다시 오라고 손짓하며 부르더란다. 사장은 내게 창문을 내려 보라고 하더니 웃으며 말했다.

"당신이 이겼소. 오늘 갖고 온 샘플들이 뭔지 모르지만, 당신이 가져왔다면 믿고 그대로 거래할 테니 잘해봅시다."

중국 기업과 첫 거래가 성사되는 순간이었다. 그 거래가 이루어진 장소는 주차장이었고, 중국 사장은 서 있고 나는 차 뒷좌석에 앉은 상태였다. 누군가 그걸 봤다면 '서 있는 사람은 직원이고 차 안에 앉은 사람은 사장'이라고 착각할 수 있을 만한 모습이었다. 사장은 이야기를 마치고 들어갔고, 나를 태운 자동차는 호텔로 향했다.

좋은 상인의 조건

비즈니스에서는 샘플이 제일 중요하다. 그러나 샘플 대신 진심을 보여야만 상대방이 마음을 연다. 세상에는 좋은 제품을 만들 수 있는 사람은 많다. 하지만 좋은 상인을 만나기란 쉽지 않다. 제품은 좋은데 상인이 좋지 않다면 상대방은 제품을 들고 다른 상인을 찾아간다. 당신의 샘플이 중국이나 아시아 다른 국가에서 생산된다면 상대방에겐 당신이 좋은 상인이 아니다. 그래서 좋은 바이어를 만나려면 좋은 상인이 되어야 한다. 사람들은 좋아하는 사람 곁에 머물고 싶어하는 게 순리다.

바이어의 규모는 좋고 나쁨이 될 수 없다. 10장 구입하는 바이어와 1장 구입하는 바이어의 크기가 다른 게 아니다. 구입 수량으로만 비교한다고 해도 오늘은 작은 바이어였지만 내일은 큰 바이어가 될 수 있는 게 비즈니스 분야다. 바이어의 크기를 결정하는 건 오로지 상인이 하기에 달렸다. 당신이 어떻게 하느냐에 따라 바이어도 성장한다.

그래서 작은 거래들에만 매달리지 말고 때로는 크게 한방이 중요하다. 권투에서 잽만 날리다가도 결정적인 순간에는 카운터펀치가 있어야 하는 이유다. 적은 수량만 구입하는 바이어와 거래한다면 상인은 성장하지 않는다. 때로는 큰 수량도 거래해 봐야 자금의 흐름을 체험하게 된다.

비즈니스는 스포츠 시합과 같은 면이 있기 때문이다. 짜고 치는 게 아닌 이상, 승부를 알 수 없다. 하지만 그렇다고 해서 승부를 전혀 예측 못하는 것도 아니다. 선수들의 기량에 차이가 있고 싸워본 전적(戰績)으로 비교할 수도 있다. 상인이 큰 거래, 작은 거래 모두 해본 경험이 있다면 그 상인은 어떤 바이어를 상대하더라도 그 가능성을 보는 안목을 갖게 될 것이다.

하지만 많은 물량을 다뤄본 적이 없다가 처음 큰 거래를 하게 될 때는 대단히 주의해야 한다. 그런 경우 임가공업체들이 특히 조심스럽다. 10% 이득을 남기려 일하다가 100% 클레임이 걸리면 회사는 문을 닫게 된다. 한 치의 오차와 실수가 그동안 쌓아온 모든 걸 날려버릴 수 있다. 그렇더라도 큰 거래를 해야 하는 순간이 오면 피하지 말아야 한다. 상인이라면 바이어의 규모에 상관없이 모든 거래를 해봐야 거상이 되는 법이다. 좋은 제품은 좋은 상인이 만들기도 하며 좋은 제품이라면 실패하는 경우도 줄어드니 말이다.

어떤 상인이 좋은 상인일까?

회사에서 영업 잘하기로 인정받는 소문난 현 씨가 있다. 회사에 입사할 당시에 그는 '거래처'라는 걸 가져본 적도 없고, 영업 분야에 뛰어든 것도 처음이었다. 사람들은 현 씨를 보면서 '저 사람은 얼마 견디지 못하고 퇴사할 사람'이라고 여겼다. 그런데 모든 이의 걱정을 한 몸에 받던 그가 회사 내에서 매출 실적을 올리기 시작하기까진 그리 오랜 시간이 걸리지 않았다.

다른 영업자들이 가격 할인에 사은품에 기념일 확인에 별의별 서비스를 다 하는데 비해 현 씨는 정가를 지키면서 거래했고, 많은 물건을 덤핑으로 밀어내며 매출만 올리기에 급급한 스타일도 아니었다. 그럼에도 현 씨가 영업실적이 좋은 이유는 무엇이었을까?

현 씨는 거래처에서 가격을 깎아달라고 하면 "가격을 깎지 말고 서비스를 잘 해달라고 하라"고 부탁했다. 그러면 영업사원의 권한 내에서 최고의 대우를 해주겠다는 식이었다.

상대방은 그를 계기로 '가격을 낮춰서 싸게 사려고 하는 마음'이 다른 사람의 '자존심을 다치게 하는 일'이란 걸 깨닫게 됐다. 자신의 자존심이 중요하면 상대방의 자존심도 중요하다고 생각하게 되는 법이다. 결국 물건 값을 깎아달라고 했던 사람은 현 씨의 이야기를 듣고 가격 할인 대신 서비스를 요구하게 되었다.

상인이 되었건 손님이 되었건 사람이라면 누구나 돈 때문에 자존심이 다쳐본 기억이 있을 것이다. 그래서 현 씨가 자존심 이야기를 꺼내면 자기의 기억을 떠올리게 되었고, 그들도 자신의 행동을 고치려고 했다는 것이다.

가격을 깎아주면 상인 경쟁에서 유리한 게 아니냐고?

현 씨의 그런 영업책에도 불구하고 싼 가격에 제품을 주겠다는 영업자와 거래하려는 바이어도 분명 있다. 그러나 무리하게 싼 가격을 요구하는 것은 나중에 문제가 될 수 있다. 일단 제품을 공급하는 상인이나 회사는 할인된 가격만큼이나 부족한 이익을 보전하기 위해 또 다른 장사를 늘리느라 거래처를 소홀히 대하게 된다. 두 번 방문하던 걸 한 번 방문하게 되고, 두 번 전화할 걸 한 번 하게 된다. 결국엔 상품 가격을 깎아서 산 쪽이나 판 쪽이나 바빠지게 된다. 가격을 깎은 건 생각 못 하고 오로지 자기가 '바이어'라고 생각하는 쪽은 '물건을 사 줬는데 물건 팔고 나더니 코빼기도 보이지 않네?'라고 서운해 한다. 물건을 판매한 쪽은 '부족한 매출을 다른 데서 만들어야 하니 바쁘다!'고 힘든 거래라고 생각한다. 이럴 바에야 제대로 된 가격으로 거래하면서 서로가 밀접한 관계를 만들어나가는 것이 사업상 훨씬 나은 게 아니겠는가?

바이어와의 밀접한 관계로 좋은 상인으로 인정받아 크게 성공한 또 다른 사례를 하나 더 알아보자.

중소기업 A의 무역부에 근무하는 김 대리는 성실하다는 평이 자자했고 대인관계가 좋은 사람이었다. 그러던 어느 날, 경쟁업체인 대기업 B가 검찰수사에 들어간다는 신문 기사를 보게 됐다. 김 대리는 그 기사 지면을 바로 번역해서 해당 업체 바이어인 C기업에 보내 줬다. 사전에 A와 C업체는 거래한 적이 없었고, 김 대리가 회사에 갓

입사해 수출업무를 익히고 있을 무렵, 거래처를 통해 인사만 나눈 관계였다. C업체 대표는 기사를 보고 크게 놀라며 김 대리에게 앞으로 어떻게 하면 되는지에 대해 묻느라 자주 연락하게 되었다. 김 대리는 거래하는 바이어가 아니었음에도 상대방의 걱정에 최선을 다해 응대해 주었다. 시간이 흘러 C업체는 자연스럽게 A기업에 주문하기에 이르렀다. 대기업의 바이어를 중소기업에서 가져오게 된 것이다.

뜻하지 않게, 아니 어쩌면 기회를 잡아 대기업과 거래를 유도하기 위한 전략이었을지도 모른다. 어쨌든 김 대리는 이를 계기로 회사에 큰 영향력을 끼치며 이사로 승진하게 되었다. 뒤이어 바이어 업체 C가 또 다른 바이어를 소개해주면서 매출실적이 점점 늘게 되었다. 김 씨가 승승장구할 수 있었던 것이 오로지 신문지 한 장 덕분이었을까? 물론 아니다. 평소에도 사람들과 대인관계가 좋으며 상대방을 배려해 주고 대화한 모든 시간들이 쌓이고 쌓여서 만들어낸 결과라 봐야 할 것이다.

이 이야기를 듣고 누군가는 경쟁업체의 나쁜 소식을 해당 바이어에게 전해준 게 불공정한 거 아니냐고 반문할 수 있는데 다시 생각해 보자. 어차피 시간 문제일 뿐, 그 바이어도 곧 알게 될 일이었다. 상대방에게 생길 위기를 가장 먼저 알려준 것은 좋은 사업파트너로서의 '배려'였을 뿐이었다.

중국인은 못 믿는다?

중국사업을 추진했는데 중국인에게 속았다며 중국인은 믿지 못한다고 하소연하는 사람들이 있다. 중국인에게 당한 본인 이야기라며 만나는 사람들에게 틈만 나면 중국인에게 속지 말라고 떠든다. 이래서 실패했고 저래서 실패했다며, 결국엔 중국인에게 속았다는 이야기를 한다. 그들의 이야기를 잘 들어보면 본인 잘못은 없다. 오로지 중국상인의 속임수 때문에 자기 사업이 실패했다는 이야기뿐이다.

비즈니스를 하러 중국을 찾는 사람들은 중국상인과의 첫 만남에서 많은 착각을 한다. 상대방의 외모를 보고 '그 사람의 재력'을 판단하려는 것이 가장 큰 착각이고 상담 후 식사자리를 거래성사라고 받아들이는 착각을 한다. 그 외에도 중국어를 몰라서 한문(漢文)으로 필담(筆談:글을 써서 대화를 하는 것)을 했는데 의사소통이 되더라는 등 중국상인의 세세한 면모를 모르고 한국식으로 생각하는 탓에 생기는 착각이다.

'중국인에게 속아서 실패했다'같은 주장은 사실 알고 보면 한국 상인의 초보적인 비즈니스 방식 때문에 초래된 경우가 많다.

한국인이 착각하기 쉬운 중국인의 모습에 대해 알아두자.

중국인들은 잘 씻지 않는다?

중국상인들은 가능하다면 외모를 가꾸지 않으려 한다. 슬리퍼에 반바지를 입고 다니며 여러 날 입은 셔츠 차림에 머리를 잘 감지 않는 것도 알고 보면 다 이유가 있다. '돈 많은 거 타나면 세금을 내야 하거나 도둑을 맞는다'는 생각이 머릿속에 뿌리 깊게 자리 잡고 있어서다.

서양인들은 중국 남성들이 상의를 올려 불룩 튀어나온 배를 드러내고 다니는 모습을 빗대어 '베이징(北京) 비키니'라고 부른다. 여름이 얼마나 더우면 저러는가 싶다면서도 그 모습을 보며 상식이나 매너가 있니 없니 하며 혀를 끌끌찬다. 이를 경험에 비추어 설명하자면, 중국어에서 '배 복(腹fù)'은 '복 복(福fù)'과 같은 '푸'라고 발음한다. 성조만 다르다. 그래서 배를 보이는 것은 곧 '복을 여는 것'이란 의미로 '개복(카이푸:開福)'이 된다. 배를 열어 보이는 행동은 스스로 '복덩어리'라는 점을 과시하는 것이다. 배가 크고 앞으로 많이 나왔을수록 자랑거리가 된다. '나는 이 정도로 복이 많은 사람이다'는 의미인 셈이다.

중국인들과 거래성사 후 술(酒)까지 마셨는데 아무 것도 된 일이 없더라?

중국상인들의 거래에는 일정한 순서를 지키는 나름의 비즈니스 매너가 있다. 처음에 만나면 차(Tea)를 마시면서 상대방과 서로 소개하는 시간을 가지고 비즈니스 이야기는 그 다음이며 상담은 반드시 식사자리까지 이어져야 한다는 점이다. 다시 말하면 거래상담을 하고 식사를 하며 술을 마신다고 해서 거래가 성사된 것이 아니라 그것은 단지 상담자리의 연장선상에 지나지 않는다는 점이다.

한국상인들처럼 회사에서 상담하고 계약서 쓴 후 자리를 옮겨 식사하며 잘해보자고 신뢰를 쌓는 술자리가 아니라 중국상인의 경우엔 만나서 차 마시고 비즈니스 이야기를 하고 다시 식사하며 상담을 이어가는 것에 지나지 않는다는 점이다. 이것을 모르는 한국상인들은 중국상인과 거래상담하고 이야기 잘 돼서 술자리까지 가졌는데 중국상인이 약속을 지키지 않는다고 푸념을 한다.

필담으로 이야기 다 했는데 딴 소리한다?

필담은 무용지물이다. 중국어를 못하는 사람이 중국 사업을 한다는 것은 최소 1000% 거짓말이다. 예를 들어, 우리식 한자로 '소심(小心)하다'는 대범하지 못하다는 의미, 간이 콩알만 하다는 의미로 사용되며 주로 부정적인 의미로 쓰이는 반면에 중국에서는 '소심(小心)'은 '주의 깊다, 주의를 기울이다'는 의미로 쓰인다. 한국상인이 '小心'이라고 썼더니 중국상인이 고개를 끄덕이더라고 해서 서로 의사소통이 된 게 아니라는 이야기다.

　어떤 한국상인은 중국에서 실패한 이야기를 꺼내며 이런 말을 한 적이 있다.

　"아니, 중국상인들은 한자까지도 자기들 마음대로 해석하면서 거짓말을 하더라니깐!"

　과연 그랬을까? 이 글을 읽는 여러분들이 판단해 보자.

캡슐텔에서 만난 일본인

●

●

Ⓢ

나는 중·고등학교 시절부터 사회에 나가면 일본과 비즈니스 하는 사업가가 되겠다는 꿈을 키웠다. 그러다 일본을 처음 가게 된 건 대학교 1학년 시절, 군 입대를 앞두고였다. 그동안 열심히 독학으로 연마한 일본어를 실전에 써먹어 보고 싶은 생각에 왠지 군대를 가기 전에는 꼭 일본을 다녀와야 할 것 같아 배낭을 싸게 됐다. 지금도 일본으로 떠나기 전날 밤의 설렘과 일본에서의 첫날 밤 기억이 생생하다.

그래서인지 내가 실제 일본에서 사업을 하게 되었을 때 일본은 개인적으로는 전혀 낯선 곳이 아니었다. 이미 일본 여러 곳을 혼자 다녀본 터라 일본 어디에 가도 한국 땅 어느 지방, 어느 도시에 온 듯한 기분을 느껴졌다. 사람들 얼굴도 비슷하고 먹는 음식도 비슷하며 거리 모양새도 크게 다르지 않았다. 그래서 일본 출장은 담담한 기분으로 떠날 수 있었다. 물론 내적심리 상태로는 비싼 돈 들여서 가는 출장인 만큼 반드시 거래처를 잡아와야 한다는 각오가 있었던 게 사실이지만 말이다.

일본 출장은 원래 계획된 게 아니었다. 게다가 미리 약속된 만남도 전혀 없었다. 어느 날 직원들과 회의하던 중에 내가 불쑥 '우리도 일본 거래처가 필요하지 않아?'라고 발언한 게 계기가 되었던 것이다. 내가 일본 출장을 준비하자 회사 사람들이 바빠졌다.

일본인들은 어떤 상품을 좋아할까? 어떤 디자인을 해야 하지? 일본은 언제 출발하지? 샘플은 몇 개 준비해야 하지? 갔다가 언제 오지? 샘플은 다시 갖고 오는 거지? 일본어 잘해? 일본 음식 잘 먹어? 일본 어디 어디 갈 거야? 일본 사람 만나면 뭐라고 할 건데? 일본 거래처 잡아오는 거지? 우리도 그럼 이제부터 일본에 수출하는 거야?

일본 출장을 떠나기 하루 전 날. 내 책상 양 옆에는 디자인 샘플 100개를 담아둔 큰 봉투가 하나씩 두 개가 놓였고, 일본인 상담을 위해 급조한 일본어와 영어로 된 명함이 놓였다. 체류 일정은 3박 4일, 출장지는 도쿄였다. 출장비는 최소한의 현금과 법인카드가 전부였다. 법인카드는 일본 거래처가 확실해졌을 때 식사대금을 지출하는 용도였다. 그리고 혹시 몰라서 나만의 '비장의 무기' 한 개를 따로 준비했다.

아침 10시 비행기로 출국해서 일본에 도착한 시간은 오후 1시가 가까울 무렵이었다. 호텔에 도착하니 얼추 3시경이 되었다. 방에 짐 가방을 넣어두고 한국에서 가져온 명함을 추려 숙소를 나섰다. 첫날 일정은 도쿄 시내 패션숍들을 들러 명함을 건네며 인사를 하고 가능하다면 해당 패션회사를 방문해서 거래 제안을 할 생각이었다.

여행으로 왔을 때와는 사뭇 다른 기분이었다. 여행을 왔을 때는 거리 곳곳에 음식점과 구경거리만 찾아봤는데 일을 하러 와보니 비즈니스 건물과 패션숍만 눈에 들어왔고, 업체 주소를 찾기에만 바빴던 것이다.

숍에 사장이 없으면 전화번호라도 찾아내서 직접 전화를 걸어 만나볼 생각이었다. 그런데 이게 웬일? 회사 전화번호를 찾기가 쉽지 않았다. 우리나라엔 동대문시장 상가라고 해도 작은 푯말에 가게이름과 연락처(특히 핸드폰 번호)를 적어 놓는 경우가 대부분이었는데 일본엔 그런 게 없었다.

도쿄 패션 1번지 하라쥬쿠(原宿)의 패션숍들이 늘어선 골목을 지나오며 숍 점원들에게 말을 걸어봤지만 신통치 않았다. 하라쥬쿠 중심 통로에 늘어선 숍들 중에는 유명 브랜드 매장도 적지 않았다. 이들은 글로벌 브랜드이기에 일본에 본사가 없는 곳도 있을 터였고 미팅을 해도 의사 전달 단계가 복잡할 게 분명했다. 일본에 머무는 나흘간은 무언가 결과치를 만드는 데 집중해야만 했기에 그런 곳에서는 스타일북이나 가게명함 정도를 챙기는 게 전부였다. 하라쥬쿠를 끝에서 끝까지 다 훑은 상태였다. 그리고 어디로 이동할까 둘러보다가 젊은 부유층이 산다는 시나가와(品川) 쪽보다는 젊음의 패션거리 시부야(涉谷) 쪽으로 가는 게 나을 듯 싶었다.

30분 정도를 걸어 시부야에 도착해 JR역과 맞닿은 연결 통로부터 거리 곳곳에 산재한 패션숍들을 방문하며 사전 조사 겸 미팅할 사람을 찾아 다녔다. 내가 당시에 가져간 샘플은 영캐주얼 의상들이었기 때문에 마담스타일이나 브랜드 가죽 아이템을 전시한 곳은 건너뛰었다. 또 비슷한 연령대의 고객을 상대하는 숍이더라도 내가 가져온 스타일과 디자인, 소재 등이 어울리지 않으면 일단 그 날은 연락처만 챙기고 돌아섰다. 큰일이었다. 이러다간 상담을 제대로 해보지도 못하고 귀국하는 건 아닌지 걱정이 들기 시작했다.

그렇게 걸음을 옮겨 드디어 시부야에서 제일 유명한 109 쇼핑몰에 다다랐다. 제일 위층부터 한 층씩 내려오며 적당한 숍을 골라 들어가서 상담하기로 했다. 스타일도 중요했고, 숍의 전체적인 인테리어와 매장 구성 그리고 아이템들의 소재와 디스플레이도 눈여겨보면서 미팅 상대를 골랐다. 그러던 중 유난히 손님이 많은 숍을 발견했다.

코코○○(COCO○○). 처음 듣는 브랜드였다. 하지만 상관없었다. 미로처럼 생긴 가게 안에 20대 여성들이 빼곡히 들어서서 쇼핑을 즐기고 있었다. 바지, 스커트, 스웨터, 셔츠, 블라우스, 모자 등 입구에서부터 안으로 들어갈수록 아이템이 매우 많았다. 거기다 벨트, 헤어소품 등 없는 게 없었다. 의상만으로 채울 수 없는 공간에도 진열대를 설치해 아기자기한 소품들을 채운 상태였다. 한 치의 공간도 낭비하지 않는, 진정한 '공간활용 100'을 보여주는 현장이었다.

마음에 드는 곳을 찾았다는 생각에 계산대의 직원에게 다가갔다. 숍에서 판매 중인 의상과 아이템을 걸친 20대 여성 두 명이 번갈아가며 손님들이 가져온 상품들을 계산해 주고 있었다. 차례를 기다리는 사이, 뭔가 특이한 것을 눈치 채게 됐다. 계산대 직원들뿐만 아니라 진열대를 정돈하거나 디스플레이를 세팅하는 직원들 모두 한 사람이 인사를 하면 같이 소리치듯 인사를 따라 하는 것이다. 손님이 없을 때도 마찬가지였다. 그래서 가게 내부는 일본 여성 특유의 콧소리 가득한 목소리들이 끊이지 않고 들렸다. 밖에서 누가 지나가더라도 안에 손님이 많다고 느끼게 하는 홍보 전략이랄까?

그런 직원들을 호감을 갖고 지켜보는데 카운터에 선 여직원이 나를 보며 결제를 도와주겠다는 신호를 보내고 있었다. 정신이 들자, 여직원에게 물었다.

"I want to see your boss. I came from Korea(여기 사장님을 만나러 한국에서 왔어요)"

여직원은 제법 당황한 기색이었다. 또박또박 한 단어씩 정확히 발음했지만, 여직원의 얼굴에 순간 어찌해야할지 모른다는 표정이 스친다. 하지만 곧 침착해하며 계산대 아래 선반에서 무언가를 찾는 듯 쭈그려 앉더니, 잠시 후 명함 하나를 꺼냈다. 코코○○ 본사 주소가 적인 명함이었다. 그리고 여직원도 또박또박 영어단어를 쓰며 얘기해 줬다.

"You. Call this. Boss no here. Call this"

대충 이야기를 들어보면 그들의 사장은 여기에 없으니 명함에 적인 연락처로 전화를 해보라는 거 같았다. 하지만 그런 식이면 한국에서 전화를 걸지 뭐 하러 일본에 직접 출장을 왔겠는가? 여직원에게 다시 부탁했다.

"Thank you. But you call please"

여직원은 내 이야기를 귀 기울여 들으며 진지한 표정으로 고개를 끄덕였다. 그러더니 카운터 옆에 놓인 전화를 들어 회사로 전화를 걸었다. 그 여직원이 회사와 통화를 하는 모습을 보는데 귀에 익은 단어들이 들렸다. 한국, 서울, 회사, 상담, 미팅.

잠시 후 여직원은 메모지를 꺼내 뭔가를 적더니 내게 보여줬다. 회사 전화번호와 주소 그리고 가까운 JR 지하철역이었다. 시간은 16:00이라고 적혀 있었다. 그 정도면 충분했다. 여직원의 친절함에 감사함을 가졌다. 바쁜 와중에도 번거롭게 느껴질 수 있는 요청에 기꺼이 응해준 호의가 지금도 기억에 남아있다. 코코○○ 숍을 나와서 메모지에 적힌 JR역으로 향했다.

JR역에 도착해서 회사로 전화를 했더니 잠시 후 한 남자가 자전거를 한 대 타고 나타났다. 그는 영업부장이라고 했다. 나이는 어리게 봐서 30대 초반 또는 평균적으로 중반 정도로 보였다. 날씬한 체격이었지만 깐깐한 성격이라기보다는 수더분한 인상이었다. 전형적인 일본남자 스타일이었다.

남자는 내 옆에서 자전거를 끌면서 회사까지 걸으며 이야기를 나누었다. 그러나 앞서 여직원처럼 우리가 나누는 대화 속에서 튀어나오는 단어의 종류는 많지 않았다. 이따금 말이 잘 들리지 않을 때는 '오케이?' 또는 '오케이~'라고 하면 됐다. 그리고 회사에 도착해서 엘리베이터 앞에 섰다.

3명이 타면 꽉 차는 좁은 엘리베이터였다. 살짝 이상했다. 시부야 109에 숍을 가진 회사가 이렇게 좁은 엘리베이터를 쓰는 건물에 회사를 두고 있다니? 혹시 본사가 아닌, 영업소나 지점이 아닐까? 이상하다고 해서 돌아나갈 수는 없었다. 기왕 여기까지 온 거 올라가 보기로 했다.

4층에서 엘리베이터 문이 열렸고, 무심코 안으로 걸어 들어가려던 나는 황급히 걸음을 멈출 수밖에 없었다. 그도 그럴 것이 내 눈앞에 커다란 박스더미가 놓여 있어 도저히 사람이 지나갈 틈이 보이지 않았다. 나와 같이 엘리베이터를 타고 올라왔던 영업부장이라던 남자는 어디론가 사라진 뒤였다.

"Hello(헬로우:여보세요)? もしもし(모시모시:여보세요)?"

내 목소리를 들었을까? 다급히 남자를 찾자 얼마 지나지 않아 박스더미 사이에서 그의 얼굴이 나타났다. 다행이었다. 하지만 그것도 잠시, 그는 나 보고 박스 사이로 들어오라더니 다시 사라졌다. 그제야 그가 날씬한 이유를 알 것만 같았다. 박스 사이의 공간은 몸을 옆으로 세워도 들어갈락말락 해 보였다. 덩치가 큰 편인 나로서는 있는 힘껏 숨을 들이마시고 배를 홀쭉하게 만들어야지만 가까스로 통과할 것만 같았다.

'아무래도 여기는 사무실이 아니고 창고인 것 같은데….'

그러나 회사가 분명했다. 무사히 박스 사이를 뚫고 나온 곳은 생각보다 좁지 않다. 직원들이 앉은 책상은 모두 창 쪽을 향해 있었고, 사무실 중앙엔 태국어로 쓰인 박스들이 가득 쌓여 있었다. 모두가 바쁘게 일하는 중이었다. 영업부장 남자는 한국에서 온 나를 손님 대우해주느라 의자를 권하고 주스도 내왔다. 그러나 우리의 상담은 의외로 짧게 끝났다. 사장은 해외출장 중이어서 만날 수가 없었고, 영업부장은 나의 목적을 알았으니 명함을 두고 가면 나중에 사장님에게 전달해 주겠다고 했다. 일본에서 펼친 첫 상담치고는 너무 싱거웠다. 어떻게 하지? 고민했지만, 사장이 부재중이라는데 어쩔 수가 없었다. 할 수 없이 다음을 기약하며 되돌아가야 했다.

다시 박스정글을 헤쳐 나가는 용맹한 상인처럼 통로를 빠져 나가 엘리베이터 앞에 섰다. 그리고 그 앞에 중년의 남자가 엘리베이터에서 내리려 해서 몸을 약간 뒤틀어 비켜 주었다. 하지만 그 정도로는 남자가 그 박스 입구로 들어 설 수가 없었다. 엘리베이터 앞에 선 나 때문인지 그 좁은 통로가 막혀서 보이지 않았던 것이다. 중년의 남자는 할 수 없다는 듯 엘리베이터 안에 그대로 서서 나더러 먼저 들어오라고 했다. 엘리베이터 안에 내가 들어가면 자기가 다시 나오겠다는 표시였다. 나는 고개를 끄덕이고 엘리베이터 안으로 들어섰고, 남자가 내렸다.

그때였다. 방금 전까지 나와 상담하던 영업부장이 중년의 남자를 보고 인사를 하는 게 보였다. 본능적인 감각이었을까? 나는 바로 엘리베이터에서 내려 남자 뒤를 따라 들어갔다. 남자가 뒤돌아보며 내게 물었다.

"어떻게 오셨는지요?"

"당신과 거래하러 왔습니다."

내 예감이 맞아들었다. 남자는 코코○○의 사장이었다. 그는 마침 태국출장에서 돌아오는 길이라고 했다. 내가 그렇게 사장과 마주 앉게 되자 아까 마셨던 주스가 다른 컵에 담겨 또 나왔다.

나는 다짜고짜 사장에게 명함을 내밀며 '같이 하자'고 했다. 그리고 우리 회사가 한국에서 잘나가는 패션회사라며 코코○○의 아이템들을 모두 생산해 주겠다고 제안했다.

그러자 사장은 잠시 생각하더니 내게 물었다.

"저희는 이미 서울 동대문 쪽에 지사가 있고, 태국에도 숍을 열어 영업 중입니다. 그런데 당신네 업체와 특별히 거래해야할 만한 뭔가가 있을까요?"

난감했다. 어렵게 찾아온 회사가 숍만 있는 게 아니라 태국과 한국에서도 생산을 하는 회사라니? 나는 곧 바이어를 찾아온 게 아니라 경쟁 업체 소굴로 들어온 꼴이 됐다는 것을 걸 깨달았다. 자칫하다간 망신만 당하고 되돌아갈 수도 있었다. 그럼 아까 나와 상담하고 사장에게 명함을 전해주겠다는 영업부장의 의도는 무엇이었을까? 순간 그 영업부장을 찾아보려고 두리번거렸지만 그는 어디로 사라졌는지 보이지 않았다.

머릿속에 온갖 생각이 지나갔다. 그냥 나갈까 하다가도 그럴 수는 없었다. 창피했다. 뒤통수가 화끈거릴 게 분명했다. 에라, 모르겠다. 그냥 배포 있게 질러나 보자는 생각이 들었다.

"한국에선 얼마에 생산하세요? 공장 지으신 거 아니잖아요? 그리고 태국 숍에서 우리 물건을 팔수도 있지요. 같이 하시죠?"

사장은 나를 빤히 바라보다가 다음 주에 서울에 갈 일이 있으니 그때 우리 회사를 방문해 보겠단다. 그리고 거래 방식은 조금 생각해 보자고 했다. 코코○○ 사장의 약속 덕분에 최소한 한국에 돌아가더라도 할 말은 생겼다고 여겼다. 조금은 마음이 놓였고, 얼굴이 편해졌다.

호텔로 돌아온 시각은 대략 저녁 6시 무렵이었다. 사실 호텔이라고 했지만 그곳은 캡슐텔(CapsuleTel)이었다. 그 모양새가 먹는 알약 캡슐처럼 생겼다. 캡슐을 하나 놓고 한 쪽 끝부분에 셔터식(위로 밀어 올리는 접이식) 문을 붙여두어 사람들이 들고나가게 해준다. 샤워실과 화장실은 공용, 자판기는 복도에 비치되어 있으며 아침식사는 1층 로비 한쪽 구석에서 뷔페식으로 3000엔 정도로 저렴했다. 짐 보관함은 별도 공간에 있고 캡슐텔에서는 몸만 넣고 자면 되는데 안에 들어가서도 서 있을 수는 없고, 기어 들어와서 그대로 누웠다가 기어서 나오는 공간이다. 다행히 캡슐 안에서는 앉을 수는 있다. 발치에 TV모니터도 부착되어 있어서 TV를 볼 수는 있다. 글자 그대로 캡슐형 숙박 시설이다.

사실은 출장비 절약하느라 이곳에 묵었다. 일본에서 만나는 사람들에게는 우에노 근처 호텔에 머문다고만 해두었다. 그들이 내가 머무는 숙소로 나를 데려다주겠다고 할 경우엔 일본에 지인이 있어서 만나기로 했다 하고 사양할 요량이었다. 나름 이런저런 구색은 세워두고 있던 터였다.

자판기에서 맥주 한 캔을 꺼내온 뒤, 캡슐 안에 앉아 일본에서의 나머지 시간을 어떻게 할까 생각하다가 한국에서 준비해 온 '비장의 무기'가 생각났다. 그것은 회사소개 및 거래를 제안하는 무역 업무 내용을 일본어로 적은 A4크기의 전단지 500부였다. 일본에서 패션숍 사장들과 상담을 못하면 도쿄 거리에서 그거라도 돌릴 생각으로 만들었던 것이다.

그 시각 거리는 지하철역에서 쏟아져 나온 퇴근한 직장인들로 혼잡했다. 나는 밤 9시가 될 무렵까지 시부야, 아키하바라, 신주쿠 거리를 다니며 전단지를 돌렸다. 그렇게 도쿄에서의 첫날이 마무리 되었다.

이튿날도 맨땅에 헤딩하는 전단지 전략은 계속되었다. 갖고 온 전단지는 다 뿌리고 간다는 각오로 일본 중심 거리 구석구석을 다녔다. 효과는 어땠을까? 예상치 못한 결과가 돌아왔다. 전단지가 효력을 발휘했던 거다.

일본 출장에서 귀국한지 얼마 지나지 않은 날이었다. 오사카의 한 업체에서 전단지를 보고 전화했다며 연락을 해왔다. 곧 나는 다시 일본으로 날아가 연락해 온 패션회사 사장을 만날 수 있었다. 회사라기보다는 숍을 운영하는 도매상 정도였지만, 사장이 오사카에 본사를 둔 패션회사를 소개해 주었고, 그것이 일본대기업 계열 패션회사와 같이 일하게 되는 연결고리로까지 이어지게 했다. 전단지 한 장이 가져온 성적 치고는 어마어마한 것이 아닌가? 이때 경험한 전단지 전략은 일본 출장을 갈 때마다 쓰이게 되었다.

그렇다면 코코○○ 사장은 어떻게 되었을까? 얼마 후 실제로 사장은 서울 우리 회사를 방문했다. 그리고 샘플을 보며 상담을 하고 태국에서는 우리 상품을 같이 팔아도 되니까 더 이야기해 보자고 제안했다. 그러면서 내게 슬쩍 제안했다.

"당신 영업력이 대단하다고 생각하는데 스카우트하고 싶소. 코코○○에서 같이 일하겠는가?"

당시에 내 대답은 비밀이다. 상상하는 건 독자들의 몫이다.

나의 '무조건 돌리기 전략'은 거기서 끝난 게 아니었다. 일본무역협회(JETRO)를 통해 업체목록 확보를 거쳐 거래처를 물색하고 팩스로 사업제안서를 보내기도 했다. 이런 노력 끝에 우리 회사까지 찾아온 일본 업체의 이야기도 재미있다.

어느 날 팩스를 봤다면서 우리 회사로 찾아온 일본인 남자는 실은 기존 한국거래처가 있었다고 이야기하다가 갑자기 한국어 발음으로 ○○○가 무슨 뜻이냐고 묻는 게 아닌가? 자기가 듣기에 욕 같아서 기분이 좋지 않았다고 했다. 그의 느낌은 정확했다. 나는 사실대로 그에게 욕이 맞다고 했다. 그가 욕을 들은 사연을 들어보니, 기존 한국 공장 거래처에 불량품을 지적하며 가격도 낮춰달라고 요구했는데 공장 사장이 한국어로 그런 말을 했다는 것이다. 당시 정황상 한국 회사 사장으로선 짜증을 내면서 버릇처럼 욕을 했던 모양이다. 일본회사 입장에서 듣기엔 자존심이 상하는 대단히 큰 문제라는 걸 상대편에서 모르고 저지른 실수였다. 그리고 어쨌든 그 회사도 우리 거래처가 되었다.

"상대방이 500원을 더 갖겠다고 요구하면 1,000원을 쥐라.
상대방은 돈을 쓸 시간이 더 생기고 나는 좋아하는 일을 할 수 있는
시간이 더 생긴다"

인연은 만드는 게 아니라 잇는 것

상술은 치열한 단가경쟁에서 시작한다. 상술이 인연을 이어가는 전략이라면 그 인연은 '매력적인 단가'에서 시작되는 게 대부분이다. 바이어 입장에서 낮은 생산원가만큼 매력적인 조건이 없다. 그래서 똑똑한 공장들 중에는 낮은 단가로 바이어를 찾아내고 인연을 이어가면서 점차 단가를 높이는 방식을 쓴다.

그런 방식에 능숙한 대부분의 중국 공장은 바이어가 요구하면 뭐든지 '된다(커이:可以)'고 대답한다. 바이어가 원하는 대로 해주겠다는 이야기다. 거기에 넘어가지 않을 바이어가 없다. 그래서 유럽에서, 미국에서, 오스트레일리아에서 비싼 비행기를 타고서라도 중국공장으로 찾아간다. 바이어들은 중국공장의 '커이可以(가능하다, 좋다)'를 찰떡같이 믿고 가는 셈이다.

그런데 막상 중국 공장에 도착하고 보면 조금 이상한 느낌을 받

는다. 이메일이나 전화로 상담할 때는 뭐든지 '커이'라고 해놓고 직접 얼굴을 보고 상담할 때는 주문 수량과 납기, 소재, 샘플 품질 등 여러 가지를 어느 거래처보다도 꼼꼼히 확인하는 것이 아닌가. 그래도 신용장이 있고 거래조건이 있으니 약속한 가격 그대로 거래를 시작한다. 그러나 이때부터 문제가 발생한다.

샘플이 늦어지거나, 공장이 바뀌거나 사장이나 담당자가 연락이 잘 안 되거나 납기가 늦어지는 일이 자주 벌어지는 것이다. 무슨 일일까? 무리한 가격조건을 내걸고 바이어를 데려오는 덴 성공했는데 중국회사 입장에서 다시 따져보니 그대로 거래했다가는 아무래도 손해가 날 게 분명한 걸 알았기 때문이다. 바이어는 바이어대로 상황이 난처해진다. 또 중국 업체 말만 믿고 다른 거래처와 약속을 해둔 상태라면 더 다급해진다. 다른 공장을 찾기도 어려운 상황이 되고 기존 거래만 마무리되면 다른 데로 거래를 돌리겠다고 마음먹는다.

그런데 이런 생각을 중국 회사가 모르는 바가 아니다. 그렇기에 단 한 번의 거래로 끝날 위험이 있다면 제대로 이익을 내거나 아예 일을 진행하지 않겠다는 쪽으로 틀어진다. 바이어는 애초에 몇 푼 아끼려다가 결국 정상가보다도 조금 더 높은 가격에 주문을 다시 진행하게 된다. 그나마 납기가 충분하다면 상관없지만 납기가 촉박할 경우엔 중국공장에 주문을 넣은 바이어가 모든 손해를 고스란히 지게 된다.

바이어와 첫 거래를 성사시키는 방식은 내가 했던 대로 때로는 맨땅에, 때로는 남들이 이해 못하는 무모한 방법으로 영업을 해서 시작되는 인연도 있지만 해외 전시회에 참여해서 새로운 바이어를 찾는 경우도 있다. 이는 극심한 경쟁률 속에서 살아남아 보겠다는 걸 의미한다. 어지간한 생산시스템과 숙달된 능력 없이는 함부로 시도해선 안 되는 방식이다. 박람회나 전시회에서 만나는 바이어들은 날고 긴다는 상인들이다. 바이어의 바이어가 되는 재하청이 되는 경우가 많고 단가경쟁이 심각하다. 패션업의 경우, 미국 뉴욕의 맨해튼 패션거리에서는 바이어가 대량 물량 오더를 두고 해당 에이전시 또는 공장들을 호텔에 모이게 하는데, 샘플을 보여주면 눈으로만 상품을 보고 가격을 정해 바이어에게 줘야 하는 경우도 생긴다. 이른바 경쟁 입찰이다. 이 곳에선 승리 조건이 간단하다. 무조건 단가가 낮고, 납기가 짧은 업체가 오더를 쥔다. 이렇게 거래하는 패션기업들이 맨해튼 소호거리를 비롯해서 그 지역 건물들 각 층마다 산재해 있다. 미국 뉴욕의 맨해튼 지역을 세계 패션시장의 전쟁터라고 부르는 이유가 거기에 있다.

그래서 상술의 기본은 새로운 거래처를 만드는 방법이 아니라 인연을 이어가는 전략이라고 한다. 바이어와의 인연을 이어가고 싶은가? 그렇다면 바이어가 요구하는 대로 움직이기보다는 바이어에게 요구해서 제대로 된 길을 같이 걷자고 제안할 줄 알아야 한다. 단가만 낮춰주려고 하지 말고 납기만 줄여주려고 하지 말고 바이어가 살고 당신도 살아남는 방법을 제시해줘야 한다.

디자인을 개발하고 역제안도 해주고 거래관계 이상을 넘어 친구처럼, 가족처럼 배려하고 챙겨주며 마음을 공유하는 전략을 써야 한다. 바이어와 당신이 한 팀이고 한 회사라는 인식을 심어줘야 한다. 바이어는 당신을 떠나서 어디든 가도 되는데 가봤자 당신만큼 바이어를 잘 이해해주고 배려해주며 가족처럼 일을 해주는 곳이 없다는 걸 알려줘야 한다. 비즈니스로 만나면 다툼이 생길 경우 쉽게 헤어지지만 가족이 되면 다투더라도 절대 헤어지지 못하는 법이다. 그리고 비즈니스로 만나서 가족이 되는 전략엔 당신이 바이어와 지내야할 '절대시간'이 필요하다는 점을 기억해야 한다. 중국인과 거래하는데는 최소 8년, 일본인과 거래하는데는 최소 3년이 필요하다. 그 기간만큼은 당신이 손해를 보더라도 약속을 했던 사안이라면 결과를 받아들이고 그들과의 신용을 지켜야 한다. 이 기간은 신용을 쌓기 위한 절대 필요 시간이다. 이른바 '마음을 여는 기간'이면서 '신용을 쌓는 기간'이 된다.

한국인과 중국인, 한국인과 일본인은 같은 동양인이라 외모가 비슷할지 모르지만 자라온 문화와 환경이 다르고 나름의 역사가 있으며 조상이 다르다. 그래서 서로 알아가는데 반드시 필요한 기간이 있다. 이 기간만큼은 이익을 낸다기보다 신용을 쌓는 기간으로 여겨야 한다.

한국에선 만나서 상담하고 저녁에 식사하며 술이라도 곁들이면 금세 나이 차에 따라 형·동생 관계가 되고 단 하룻밤 사이에 가족이 되는데 비해서 다른 나라는 사정이 전혀 다르다는 뜻이다. 외국에서는 첫 만남에서 나이를 묻고 학교나 고향 등의 출신을 물으며 어떻게든 연결고리를 만들어 보려는 시도를 하지 않는다.

미국이나 유럽의 상인들은 오로지 '서류로 말하고 숫자로 거래' 한다. 서양인들과 아시아인들은 서로를 바라보는 관점의 차이가 분명 존재하고 있다. 그래서 미국이나 유럽에서 이루어진 거래 대부분은 신용을 쌓는 기간이 필요 없다. 그곳에선 '좋은 제품'에 '낮은 가격'과 '빠른 납기'만 중요할 뿐이다.

일본인은 꼼꼼하다?

일본상인과 거래해 본 사람들에게는 한 가지 공통점이 있다. 일본상인의 일하는 방식이 상당히 꼼꼼하다는 점을 안다는 것이다. 그들은 거래를 하면 제품 생산 주문부터 납품까지 전 과정에 걸쳐 세세히 관여하는 것을 당연시 한다. 공장 확인은 최소 서너 번, 제품생산 도중에도 초도 샘플, 중간 샘플, 확정 샘플, 납기 전 최종 샘플을 확인한다. 샘플 한번 보고 납품 후에 받아보는 게 아니다. 그래서 일부 한국상인들은 일본상인들 일하는 방식에 대해 '서로 믿고 하면 되지, 안 해도 될 일을….'이라며 답답하다고 불평하는 사람들도 있다.

이런 일본상인들을 오랫동안 겪어보면 일본인이 어릴 때 배우는 '딱딱산(カチカチ山)'이라는 동화가 떠오른다. 동화 속에서 토끼가 너구리를 골려주는 방법과 상당히 유사하기 때문이다. 여러 버전으로 개작된 작품들이 있는데 원전의 이야기를 알아보면 사실 '동화라기보다는 '잔혹동화'라고 부르는 게 적합하다.

작품 속 이야기 일부를 소개하자면, 어느 농촌에 할아버지 할머니가 살아가고 있었는데 매번 너구리가 밭을 망쳐놓자 할아버지는 덫으로 너구리를 붙잡아서 집에 매놓는다. 그런데 너구리가 할머니를 속여서 풀려난 후 할머니를 죽이고 산으로 도망가 버린다. 이러한 사실을 알게 된 토끼가 할아버지의 원수를 갚아주려고 너구리를 찾아간다. 마른풀 더미를 옮겨주면 떡을 주겠다고 말하고 너구리가 등짐을 지고 옮기는 마른풀에 부싯돌을 딱딱 부딪쳐 불을 붙인다. 너구리가 딱딱 소리가 난다고 하자 토끼는 근처 산 이름이 '딱딱산'이라서 그렇다고 한다. 불이 활활 타오르자 너구리는 활활 소리가 난다고 한다. 그러자 이번엔 '활활산'이라고 속인다. 결국 너구리를 화상 입게 만든다는 내용이다.

이 동화에서 주목할 부분은 토끼가 너구리를 속이는 과정이다. 너구리는 자꾸 의심하면서도 토끼에게만 물어볼뿐 직접 확인하지는 않았고, 토끼는 그런 너구리를 거짓말로 속인다. 그것도 여러 번이나 말이다.

이런 동화를 읽고 자란 일본인들은 너구리에게서는 '모든 일은 몇 번이고 직접 확인해야 피해를 입지 않는다'는 것을 배우게 되고, 토끼에게서는 어떤 대결이나 경쟁에서 '상대의 반응을 미리 예상해두고 전략대로 순차적으로 행동으로 옮겨가는 것'을 배우게 된다. 사족이지만, 일부 일본인들이 독도 야욕을 드러낼 때 지금까지의 모든 과정을 고려해 보면 이 동화 속 토끼의 전략과 닮았다고 해도 과언이 아닐 것이다.

결론적으로 일본상인들의 비즈니스 방식은 '일의 모든 과정에 대해 직접 확인하는 것이야말로 피해를 입지 않는 최선의 전략'이라고 배웠다는 것을 유추할 수 있다.

우리 이제부터 '꺼멀' 합시다

●

●

⌕

저녁 6시. 주위 사무실에서 의자를 끄는 소리가 들리기 시작했다. 다닥다닥 붙은 사무실에 집주한 회사에 다니는 사람들이 하나둘 건물을 빠져나갔다. 영등포와 가까운 공구상가 건물에도 적막감이 들었다. 맞은 편 대기업 소유의 공장에선 여전히 기계 돌아가는 소리가 들렸지만 공구상가 쪽 사무실엔 하나둘 불이 꺼지는 게 보였다.

저녁 7시쯤 되었을까? 사무실 문이 열리더니 30대 초중반으로 보이는 여성이 들어왔다. 흰색 블라우스에 검정 스커트 차림이었다. 누군지 처음 보는 얼굴이었다. 하지만 그녀가 무슨 일을 하는지 모르는 바가 아니었다. 야근을 하던 김 과장은 컴퓨터에서 눈을 떼지 않은 상태에서 입을 열었다.

"다 퇴근했어요. 그리고 안 사요. 다음에 오세요."

김 과장은 그 여자가 영업사원인 줄 이미 눈치 챈 듯 했다. 사무실을 다니며 영업하는 여성들을 보면 보험회사 직원이 제일 많고 그 다음에 자동차 영업사원, 식당 배달 직원, 녹즙 파는 사람이 대부분이었다. 김 과장의 퉁명스런 이야기를 들은 여자가 다가왔다. 보나마나였다. 얼굴엔 겸연쩍은 미소를 띤 채 주춤거리며 망설이다가 용기 내어 이야기를 꺼낼 게 분명했다.

"안녕하세요. 사장님. 와이셔츠 새로 하세요."

김 과장이 고개를 돌렸다. 와이셔츠 세일즈는 처음이었다. 말쑥하게 차려입은 여성이 김 과장을 보고 살짝 웃음을 보였다. 김 과장은 컴퓨터를 바라보며 키보드를 두드리던 손을 책상 아래로 내렸다. 사실 어제도 입고 나왔던 와이셔츠였다. 서울에서 혼자 살며 직장에 다니다보니 땀이 안 나거나 특별한 일이 없으면 2~3일 입곤 한 게 사실이었다.

다가온 여자는 김 과장 자리에 붙은 앞 책상에서 의자를 빼더니 앉았다. 김 과장을 슬쩍 쳐다보더니 들고 있던 원단샘플 파일을 책상 위에 내려놓고 어깨를 뒤로 젖히며 운동을 하는 듯 했다. 온몸이 뻐근하다는 표시일까? 김 과장이 보기에 그 여자는 하루 종일 고생했다는 생각이 들었다.

"나 오늘 한 건도 못했어요. 그러니까 사장님이 한 벌만 주문해 줘요. 나 퇴근도 못 하고 이러고 다니는데…."

"저 사장 아니에요"

여자는 다시 말했다.

"사장님? 와이셔츠 한 벌 주문 해줘요. 응? 여기 명함. 내가 그래도 부장인데, 우리 회사 직원들 쳐다볼 면목도 없고…. 와이셔츠 맞춤

식 한 벌에 3만 원인데 세 벌 하면 9만원 안 받고 5만원에 해드릴게?"

"저 사장 아니에요"

"그럼 뭔데요? 내가 보기엔 사장 같은데"

여자는 김 과장 앞으로 조금 더 다가앉았다. 김 과장은 순간 이 분위기를 살짝 즐겨보자는 생각이 들었다. 아니 앞에 앉은 세일즈우먼이랑 대화를 하고 싶었는지도 모르겠다. 여자가 내민 원단 샘플을 보며 살펴보는데 김 과장의 마음에 드는 색상은 없었다. 그때부터 난처한 상황이 되었다. 김 과장은 집에 두고 온 전기요금고지서, 카드대금 영수증 그리고 다음 주에 만나야할 사람들과 회식자리가 떠올랐다. 귀가할 택시비를 생각하자면 이번 달은 꼼짝없이 자린고비로 살아야할 게 분명했다. 애초에 세일즈우먼이랑 말을 섞지 않아야 했는데, 바로 내보냈어야 하는데 김 과장의 머릿속이 복잡해졌다.

여자는 김 과장이 결정을 머뭇거리자 조금 더 다가왔다. 원단을 만지작거리던 김 과장이 여자가 너무 가까이 온 걸 느낀 순간 뒤로 자리를 빼려하자 여자가 김 과장 책상 앞에서 허리를 숙이고 쳐다봤다.

"남자가 왜 와이셔츠 몇 벌 갖고 그래요? 사장님? 남자답게 딱 결제해주고 그러시지요?"

김 과장의 이야기를 듣던 박영선 부장, 김명곤 차장, 그리고 내가 김 과장을 재촉했다.

"그래서? 그래서? 그 날 다음에 어떻게 됐어?"

김 과장은 앞에 앉은 남자들이 빨리 다음을 이야기하라는 재촉을 듣더니 멋쩍은 듯 뒤통수를 긁적거렸다.

"아이고, 아시잖아요? 전기요금 10만 원 내는 것도 못 내서 쩔쩔매는 주제인데요."

남자들은 입맛만 다셨다. 김 과장을 바라보던 김명곤 차장은 '세상에 진짜 바보 같은 남자가 김 과장'이라는 표정으로 바라봤다. 아니, '바보 같은'이 아니라 '진짜 바보'인 남자라는 표정이었다. 박영선 부장은 자기 앞에 놓인 술잔만 연거푸 두 잔을 들이켜며 자기가 왜 목이 타는지 연신 홀짝거렸다.

"부장이면 까딱까딱하네. 여자가 회사에서 임원 달기가 쉬운 게 아니지."

이말희가 자기 앞에 놓인 맥주잔에 바닥만 조금 채워질 정도로 소주를 따르더니 연이어 맥주를 부으며 아무렇지도 않다는 듯, 그런 일이 비일비재하다는 표정으로 말했다. 이말희는 사회에 나와서 알게 된 동갑내기 친구였다. 이말희를 만나기 하루 전, 그러니까 남자들끼리 거래처 회식자리에서 일어난 일을 이야기해주자 이말희가 꺼낸 말이었다. 이말희는 이름만 대면 알만한 대기업에 다니는 중이었다. 입사한 지 7년차에 과장에 승진하고 나이는 30대에 진입한지 조금 지난, 여전히 싱글인 커리어우먼이었다. 이말희는 다니는 회사에서 임원 다는 게 목표라고 했다.

"야! 그래도 요즘엔 여자도 유리천장 깨고 임원 되고 사장 되는 시대야! 요즘이 어떤 시대인데 양성차별하고 그러겠냐? 100% 바뀌진 않았더라도 많이 나아지는 중이지."

내가 툴툴거리자 이말희가 다시 나를 쳐다보며 말했다.

"생각해 봐. 대기업에서 한 해에 몇 천 명씩 신입직원, 경력직을 뽑아. 전 세계에 지사까지 합치면 전체 직원 수가 20만 명도 넘어. 그런데 계열사 수는 100여 개가 조금 넘고, 각 회사마다 이사직 이상의 임원을 따져보면 1,000명 되나? 20만 명은 고사하고 10만 명 중에 1,000명 안에 들어서 이사 되려고 해 봐. 어지간한 실력으로 될 거 같아?"

"그래도 그렇지? 열심히 하면 그래도 다 해"

10만 명 중에 1%가 되어야 했다. 그래야만 1천 명이다. 100명 중에 1등을 해야 한다는 소리였다. 그게 전부가 아니었다. 이말희가 다니는 대기업은 전 세계 100여 개 국에 지사를 둔 기업이고 본사를 둔 국내에서 임원이 되려면 100등 안에 들어야 했다. 0.1%가 되어야만 하다는 의미였다.

무슨 카드 수수료도 최소 3%는 될 터인데 그것도 아니고 단순히 산술적 수치만으로도 0.1%는 달성하기 어려웠다. 이걸 조금 더 따져보면 더 숨이 막힐 지경이었다. 국내에서 최고 학벌을 나온 후에 유학을 가서 MBA를 취득하고 돌아온 뒤엔 다시 업무상으로 실적을 내야 하는 선택받는 자여야만 오를 수 있는 자리였다는 게 문제다.

요즘 대기업엔 서울대학교 졸업 후에 하버드대학교 MBA 출신이 넘쳐나는 추세다. 단순히 스펙만 갖고 경쟁하기 어려워진 고학력 인플레이션이 심각한 지경이다. 이말희는 그 중에서 동기들과 경쟁해서 가장 먼저 과장 자리에 오른 경우였다. 내가 이말희에게 은근슬쩍 물어봤다.

"그래도 넌 꿈이 그 회사에서 임원 되는 거라며?"

이말희가 피식거렸다.

"나도 도전하는 셈이지. 유리천장 깨보려고. 내가 좀 파란만장하긴 하지"

스스로 말해 놓고도 어색한지 혼자 킥킥대던 이말희가 이야기를 꺼냈다. 대기업에서 겪은 이말희의 이야기는 남자들도 겪거나 버티기 어려운 무용담이었다. 신입사원 시절엔 아무 것도 몰라서 일을 안 주기에 대기업 생활도 이 정도면 편하다 생각했더니 그게 아니었다고 했다. 선배들이 불러주는 회식자리엔 다 껴야했고, 일이 없어도 선배들이 일을 줄 때까지 대기해야 했으며, 신입사원 연수를 마치고 신입동기들 회식, 같은 부서 회식, 팀 회식, 조 회식, 거래처 회식 등이 이어지면서 일주일 내내 술자리가 이어졌다고 했다. 하루에 두세 번 술을 마시러 다녔던 적도 적지 않았다고 한다. 간이 술을 해독하지 못해서 피로에 젖어 쓰러지는 날도 사정이 나아지는 건 없다고 했다. 그나마 대기업이라서 반드시 지켜지는 월차, 휴가 등으로 버텨낼 수 있었다고 한다.

그렇게 시간이 흘러서 신입사원 시절을 지내고 회사 돌아가는 분위기를 익힐 무렵엔 진짜 고생문이 열렸다고 기억했다. 하루 일과를 바쁘게 끝내고 저녁에 약속이 있어서 조금 일찍 퇴근이라도 할라치면 어떻게 알았는지 대리, 과장, 차장, 부장이 차례로 일을 맡겼다. 저녁 6시에 일을 주는 상사는 양반이었다. 저녁 8시가 되건, 9시가 되건 여기저기서 일이 쏟아졌다.

이말희가 기억하기를 같이 입사한 동기들 중에서 30%는 아마 그때쯤 사표를 내고 나갔을 거라고 한다. 그들의 송별회 자리에 나가서 듣는 말은 '기계 부품 같은 내가 싫어!'였다. 그래서 그만둔다는 얘기가 대부분이었다. 하지만 이말희는 버텼다. 대기업이 아니고 중견기업에 다녀도 되었고, 워낙 공부를 잘했으므로 공무원이 되어도 될 실력을 갖췄지만 그녀는 '대기업 생활을 이겨보자'는 오기가 생겼다고 했다. 기계부품 같은 일상이 싫어서 뛰쳐나가기보다는 버텨서 이기고 '기계 부품 같지 않은 회사를 만들어 보자'는 꿈이 생겼다고 했다.

하지만 대기업에선 이말희 혼자 일을 잘한다고 되는 게 아니었다. 누구 라인을 타느냐가 중요했다. 한 부서 안에서도 여러 팀이 존재했는데 1팀, 2팀, 3팀 식으로 구분되어 매출실적을 경쟁했다. 이긴 팀에는 성과 보너스가 주어지는 반면, 진 팀에는 보너스 삭감이나 월급 동결이라는 불이익이 떨어졌다. 승진 차례에서도 늦춰졌다. 근무 기간에 따라 승진되는 시대가 아니었다. 빠르게 승진하면 자기보다 선배인 직원들보다 윗사람이 될 수 있었다. 이른바 무한경쟁체제의 대기업이었다.

이말희의 이야기였다. 회사 내에서 학교 단위, 팀 단위, 고향 단위로 그룹이 생기는 건 이해할 수 없었지만 자연스럽게 같은 팀을 찾다보니 그렇게 될 수밖에 없었고, 서로 경쟁해야 하는데 믿고 의지할 만한 구성원을 찾는 게 제일 중요했다는 것이다. 혹시라도 같은 팀에 들어온 사람이 실적이 부족하거나 한 구석이라도 다른 사람들이 자신보다 뒤처진다고 생각하면 깔보는 시선, 경멸하는 시선이 쏟아지며 결국 부담을 느낀 해당 직원이 퇴사하는 게 수순이라고 했다. 동료 직원이 퇴사하는 자리에서 안타까워하기보단 오히려 잘됐다는 속마음을 가진 사람들의 얼굴을 보는 것도 이젠 그러려니 하는 단계에 이르렀다.

일이 밀려 밤 11시에 퇴근해도 다음 날 7시 전에는 출근해야만 하는 회사생활이 반복되었다. 그런데도 새로운 일을 해내기란 절대적으로 시간이 부족했고 개인의 취미와 여유, 삶의 가치란 단어는 사전에만 나오는 것이라고 여길 정도가 되었다. 주말 없는 회사생활이 계속되었고, 기계의 부품이 되어 버린 지 오래다.

하루는 이말희에게 공휴일(어버이 날)에 출근하라는 상사가 있었다고 한다. 어버이날은 평일이지만, 마침 그 해엔 일요일과 겹쳐 모처럼 부모님을 모시고 저녁식사를 하려했는데 직장상사의 출근 호출에 '또 잡무가 이어지는구나' 생각한 그녀는 약속을 포기했다. 그런데 막상 출근해보니 상사는 기다렸다는 듯이 사무실을 빠져나갔고, 주어진 업무라는 게 오전 중으로 끝나는 아주 간단한 일이었다는 것이다.

도대체 이게 무슨 경우인가? 뭔가 낌새를 눈치 챈 이말희가 나중에 알고 보니 그 상사가 그녀를 내보내고 다른 직원을 뽑으려고 일부러 괴롭힌 것이었단다. 그 사실을 알게 된 후, 그녀는 더욱 더 버텨냈다. 그런데 상사가 이말희에게만 그런 게 아니었던 모양이다. 결국엔 여러 직원들이 상사를 평가하는 프로그램이 생기면서 도리어 그 상사가 회사를 나가는 일이 벌어졌다.

그로부터 며칠 후였다. 그 날도 여전히 7시까지 출근을 했는데 엘리베이터에서 만난 다른 팀 부장이 이말희를 보더니 힘들지 않냐며 노력하면 좋은 때가 올 거라며 식권 20장을 주더라는 것이다. 그동안 이말희를 쭉 지켜봤는데 출근도 제일 일찍 하고 열심히 하기에 뭔가 해주고 싶었는데 막상 직장 상사라고는 하지만 해줄 게 없어서 식권이라도 주는 거니 건강 잘 챙기고 열심히 해보라고 다독여주더란다.

서울대학교, 하버드대학교, MBA, 토익 만점자, 고시 패스한 사람, 회계사, 미국 변호사 자격증 보유자는 물론이고 심지어 교포까지 넘치는 대기업에서 이말희가 신입사원 시절을 버텨온 경쟁력은 '남보다 일찍 출근하기'였다.

그러나 인정받는가 싶었던 것도 잠시, 곧 이말희에 위기가 닥치고 말았다. 이말희는 그 당시 스트레스가 꽉 차 숨 넘어가는 나날이었다며 자신과 연락이 되지 않으면 죽은 줄 알라고 주변에 알렸다. 본인 몫까지 행복하게 잘 살라고까지 하면서 말이다. 도대체 무슨 일인가 싶어 물어봤더니 회사를 나가야할지, 버텨낼 수 있을지 일생일대의 막다른 선택을 하고 평가를 받아야할 시점을 맞게 됐다고 한숨 쉬었다. 대기업의 순리이기도 했다. 이말희가 처한 상황도 다른 대기업들도 별반 다르지 않다.

입사하고 나서 대리를 거쳐 과장을 달게 되면 사업계획서를 내야하는데 이른바 '소사장제'를 말한다. 승진할 것인지, 퇴사할 것인지 선택해야 하는 시점이고 승진을 택할 거라면 프로젝트를 맡아서 실적을 보여줘야 하는데 이때 직원구성 및 사업자금 지출 등에 대해 회계 업무까지 무한권한이 갖는다고 했다.

소사장에게 회사에서 지원해주는 자본금은 최대 30억, 최소 3억 이고 팀 구성 권한도 자유이긴 하지만 결과에 대한 책임은 오롯이 과장이 짊어져야 했다. 이를 테면 회사에 먹거리를 안겨주든지, 나가든지 스스로 결정하라는 극단적인 처사가 떨어진 셈이다. 끊임없이 선택하고 평가받고 다시 한숨 돌릴라치면 다시 평가받고 실적을 보여야 하고 어떻게 하든 살아남으려면 경쟁해야 하는 상황이었다.

"그 사람에게 다섯 번 질문했는데 여섯 번 답을 말했다면 그 사람은 진짜다. 망설임 없이 대답하는 사기꾼이든 신중하게 대답하는 전문가이든 둘 중에 하나다"

내 편을 만드는 기술

회사 내에 괴팍한 어떤 사람이 있다. 그와 친해질 수 있을까? 물론 그와 친구가 될 수 있다. 그 사람은 최소한 자기 상격을 숨기진 않기 때문이다. 괴팍한 사람과 거래하면 그 사람 주장대로 거래할 수 있다. 반면에 성격을 알 수 없는 사람이라면 거래가 힘들어진다. 상대에 맞춰줄 수가 없고, 내가 주도하려고 해도 어느새 상대가 거래를 깨버리기 일쑤다.

상술은 회사 내에서 시작한다!

내 편을 만들어야 한다. 밖에서 아무리 많은 돈을 벌어 온다고 해도 회사 내에서 내 편이 인정해주지 않으면 의미가 없다. 내가 올린 실적을 팀원들이, 동료들이 인정해줘야 그때부터 진정한 내 실력이 된다. 상술은 내 편을 만드는 기술이기 때문이다.

상술은 상인의 기술을 뜻한다.

상술의 시작은 회사 내에서 시작하고 상술의 결과는 회사 밖에서 가져와야 한다. 상인의 기술은 회사 안에서 단합을 만들고 회사 밖에서 이익을 만든다. 상술은 돈을 벌어들이는 기술뿐 아니라 내 편을 만들고 운영하는 기술이기도 하다. 나 혼자 돈을 버는 것보다 여럿이 같이 돈을 버는 게 더 큰 돈을 번다. 그래서 상술은 사람을 다루는 기술이기도 하다. 물건을 파는 기술이 아닌, 사람을 다루는 기술이라는 점에서 상술의 가치가 중요하다.

직장 상사는 나이순이 아니다.

완장에 주눅 들지 말아야 한다. 직장은 능력 경쟁이다. 치고 올라가라! 상사도 내 편으로, 사장도 내 편으로 만들어라. 회사 내 직급은 능력의 차이가 아니다. 때로는 사장이나 상사보다 당신이 더 많은 돈을 벌 수 있다. 상술은 직급을 뛰어넘어 당신 스스로의 가치를 인정받게 해준다. 그러므로 상술을 상술하라.

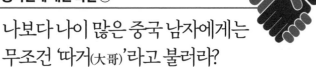

나보다 나이 많은 중국 남자에게는 무조건 '따거(大哥)'라고 불러라?

모 기업체를 운영하는 K씨는 중국 출장에 다녀온 후, 얼마 지나서 내게 말하기를 "거래가 잘 되더라고, 자리를 옮겨 식당으로 갔지. 그리고 중국회사 사장을 총징리(总经理)라고 한다며? 나보다 나이가 많은 거 같더라고. 그래서 앞으로 따거(大哥)라고 부르겠다고 하고 건배했더니 웃으면서 좋다고 하는 거야. 이거 거래성사 된 거 아냐? 근데, 왜 내 연락을 안 받는 거야? 바쁘다고 하고 출장 갔다고 하는데 믿을 수가 있어야지. 전화로는 만날 커이커이하는데 일이 안 되어 있어. 내가 뭐 잘못한 거 있어?"

우선, 중국회사의 임원 구조에 대해 알아두자. 중국회사에서는 동사장(董事长), 부동사장(副董事长), 동사장 조리(助理), 집행동사(执行董事), 총재(总裁), 총감(总监), 총경리(总经理), 부총경리(副总经理) 등으로 구분된다. 동사장은 우리나라 회사 구조에서 '이사회 의장'에, 총경리는 '전문 경영인'으로 비유할 수 있다. 동사장 조리(助理)는 '회장 비서'를 의미한다. '총감'이나 '주임(主任)'은 프로젝트의 책임자를 의미하는데 '주임'은 주로 관공서 담당자에게 사용된다. 징리(经理)는 실무 책임자로서 '과장'이나 '부장 대우'에 비유할 수 있고, 중국 제조공장에 창장(厂长) 또는 창쭈(厂主)은 '공장장'에 해당된다.

중국은 1세대 창업주가 '동사장'으로 물러나고 총경리에는 창업주의 자손을 내세우는 경우도 많은데, 간혹 중국회사 대표와 상담하러 가보면 창업주의 20대 아들이 총경리 직함을 달고 자리에 나올 때가 있다. 한국회사에서는 50대 임원이 상담자리에 나섰고 중국회사에서는 20대 남자가 대면하는 이런 상황을 한국상인들은 무척 당황스러워한다.

그런데 중국회사 상담자가 자신보다 나이가 많다고 해서 처음 만나는 자리에서 '따거(大哥)'라고 부른다면 어떤 반응을 보일까? 대부분의 중국상인들은 처음 만나는 한국상인들이 자신에게 이런 호칭을 부른다고 해서 겉으로 화내진 않는다. 불편한 기색도 비추지 않는다. 다만, 비즈니스답게 하하하 웃으며 '하오하오(好好)' 또는 '커이커이(可以可以)'라고 대답할 경우가 99.9퍼센트다. 중국상인으로서는 자기 기분보다는 비즈니스 상담 같은 공적 자리에서의 '체면'과 그 상담의 목적인 '돈 거래'가 우선이기 때문이다. 물론 그 중국상인이 속마음에 어떤 기분이었는지는 나중에 거래가 성사된 이후(돈이 입금된 후)에 드러나지만 말이다. 돈이 입금 되고 나면 중국상인들은 자기에게 결정권이 넘어왔다고 생각하고 한국상인의 무례함에 대해 기분을 풀려고 한다. 처음 만나는 사이이면서 다짜고짜 '따거'라고 할 생각을 했는지 내심 불쾌했다는 기색을 드러낸다. 이 경우에도 한국상인에게 직접 말하진 않고 거래가 이뤄지는 과정에서 곳곳에 자기 기분을 푸는 게 드러난다. 중국상인이 자기 기분이 풀렸다고 생각할 때까지 일이 제대로 진척이 되지 않는 것이다.

그렇다면 한국상인이 놓친 건 무엇이었을까? 중국은 인간관계에 있어서 중요한 몇 가지 과정을 거친다는 사실을 몰랐거나 간과한 점이다. 이러한 '과정'이란 중국인들이 어려서부터 교과서처럼 읽은 『삼국지』, 『수호지』, 『서유기』, 『홍루몽』를 통해 인간관계에서의 예의의 중요성을 배운다.

『삼국지』는 유비, 관우, 장비의 삼형제의 우애와 '한 날 한 시에 죽는다'는 맹세를 할 정도로 의리를, 『서유기』에서 요괴들이 나타나 온갖 유혹을 부리며 고난에 빠트리는 것을 간접적으로 배우면서 남의 감언이설을 경계하는 게 체질화됐다는 점이다.

어려서부터 읽고 배운 '처음 만난 요괴의 감언이설에 당하지 말라'는 것과 '한 날 한 시에 죽자는 맹세'까지 할 정도로 의리를 지키는 관계가 되어야만 '형, 동생' 관계가 되는 것이다. 이런 중국인들에게 한국상인이 첫 만남에서 다짜고짜 '따거'라고 부른다면 그건 중국인들을 몰라도 전혀 모르는 것이다. 부족해도 한참 부족한 경거망동한 실책이다.

중국인들 사이에서는 셴셩(先生), 로(老), 꺼멀(哥们儿), 따거(大哥)

라는 4단계를 거쳐야 비로소 가까운 사이가 된다. 이 기간은 최소 8년, 일반적으로는 10년을 이야기한다. 중국상인들과 거래하다 보면 "10년에 한 번은 같이 사업할 기회가 있을 거요"라는 이야기를 하는 것도 이러한 이유다.

설명하자면, 처음 만나는 사이에서는 상대방의 성을 붙여 'ㅇ 셴성'이라고 부른다. 예를 들어 당신이 '이 씨(氏)'이면 초면이거나 알게 된지 얼마 지나지 않은 상대가 당신을 부를 때 "이 셴셩(先生)"이라고 한다. 그러다가 서로 조금 친해진 상태가 되면 로(老)를 붙인다. 만약 상대가 당신보다 어린 사람이라면 당신을 부를 때 '로(老)이'라고 부른다. 그리고 조금 더 시간이 지나 더 가까운 사이가 된다면 '꺼멀'이라는 관계가 된다. 단, 꺼멀 관계는 서로 인정해야 되는 관계다. "우리 이제부터 꺼멀 합시다"라고 한쪽이 제안하고 상대방이 받아들여야 가능하다.

'따거' 사이가 된 두 사람은 최종적으로 맺어지는 가까운 사이, 가족보다도 더 가깝다고 인정되는 사이가 된다. 나이가 연장자인 쪽에 '따(大)'를 붙이고 나이가 어린 쪽은 '쇼(小)'를 붙인다. 당신이 당신보다 어린 '김 씨(氏)' 성을 가진 사람과 따거(大哥) 관계가 된다고 하면, 김 씨는 당신을 부를 때 '따거' 혹은 '따(大)'이라고 부르고 당신은 김 씨에게 '쇼(小)김'이라고 부르는 식이다. 이러한 호칭은 전화통화를 할 때도 사용하고 만나서도 사용한다. 오래 전, 일부 깡패 영화 등에서 따거 호칭을 사용하면서 조폭들이 사용하는 단어라고 잘못 알려진 것인데, 사실 그렇지 않다. 실제 사용에서는 '대형(큰 형님)'이라고 부르고, 큰형님이 된 사람은 동생을 위해서 모든 것을 베풀고 들어주는 위치가 된다. 그런데 조폭 세계에선 그렇지 아니한 것 아닌가? 그러므로 원 뜻을 착각해서 잘못 사용하는 경우가 생기지 않도록 하자.

그렇다면 따거 관계는 중국인들에게 어느 정도의 깊이 있는 관계를 상징하는 것일까?『삼국지』에서 관우는 유비와의 약속을 지키며 모든 부귀호사를 거절하고 유비에게 돌아오는데 이러한 '의리'를 상징하는 의미로 따거 관계가 사용된다. 참고로 상대방이 당신보다 나이가 많은 여성이라면 뭐라고 불러야 할까? 이 경우 따제(大姐)라고 부른다.

다시 K씨의 경우로 돌이가 생각해 보자. 첫 만남에서 다짜고짜 따거라고 부르는 K씨를 본 중국인 입장에서는 어떤 느낌을 받았을까?『서유기』에서 감언이설을 일삼은 요괴를 떠올렸을지도 모른다. 아니면 중국상인을 무시한다고 불쾌한 기분을 받았을 수도 있다.

중국상인의 거래는 안방으로 들어오세요

•

•

회사에 한 중국인으로부터 전화가 걸려 왔다. 그는 며칠 전 한국에 와서 동대문 시장 곳곳을 다녔던 모양이다. 동대문 쇼핑몰에서 우리 아이템을 봤고, 거래를 제안하고 싶은데 만날 수 있겠느냐고 전했다. 물론 나로서도 거절할 이유는 없었다. 당시 회사 차원에서도 중국 상인들과 거래를 확대하는 중이었기에 단지 미팅뿐이더라도 상대방에 대해, 중국 시장에 대해 연결 고리를 만들어둘 필요가 있었다. 게다가 먼저 찾아온 사람 아닌가?

그런데 장소가 조금 의아했다. 우리 회사 사무실로 찾아오는 것도 아니고 근처 카페에서 보자는 것도 아니었다. 자기가 묵고 있는 호텔로 찾아와 달라는 것이다. 그가 일러준 곳은 단순히 하룻밤을 머무는 임시숙소 개념의 비즈니스호텔이었다.

그 날 미팅을 요청해 온 중국인은 중국 산둥성(山東省)의 쯔보(淄博) 지역에 있는 청바지 원단공장에서 파견된 마케팅 담당자였으며 생산 담당자 한 명과 함께 있었다. 그들은 동대문시장에서 우리 회사 아이템을 보게 되었고, 디자인이나 워싱 기술이 뛰어나 거래 제안을 하게 됐다고 했다. 그러면서 자기들이 생산하는 청바지원단을 동대문시장에서 판매되는 다른 청바지원단들보다도 가장 경쟁력 있는 최저 가격으로 제공할 테니 우리에겐 워싱(washing: 원단 가공법으로 세탁 등의 공정에서 원단에 다양한 효과를 주는 방법, 염료와 약품 사용법 등의 전문 지식이 필요)기술을 가르쳐달라고 조건을 달았다. 가능하다면 중국 공장에 한국인 워싱기술자를 파견해서 알려주면 좋겠다는 제안도 덧붙였다. 그에 관한 숙소와 급여 문제는 모두 자기네 공장에서 부담하겠다면서 말이다. 그날은 우선 그들의 이야기를 듣는 선에서 조금 더 생각해보겠다는 답변을 주고 마무리했다. 그 당시 나로서는 예전부터 들리던 소문을 확인하게 된 계기였는데 중국상인들에게는 내색하지 않았다.

그 후, 며칠이 지나 평소 알고 지내던 패션디자이너에게서 또 다른 중국 업체 소식을 들을 수 있었다. 중국 원조우(溫州) 지역의 봉제공장 사람들이 한국 패션디자이너들을 만나려고 팀을 만들어 서울로 온 것이다. 그런데 그 원하는 패션디자이너 인원이 한둘이 아니었던 모양이었다. 시내에 커다란 상담장까지 마련해두고 한국 패션디자이너들과 패션기업들(패션브랜드를 소유한 한국패션업체로 중국 생산을 원하는 업체들)을 초청해서 라운드 미팅(Round Meeting)을 한다고 했으니 말이다.

라운드 미팅이란 한쪽이 미리 상담 테이블을 곳곳에 마련해두고 앉아 있으면 다른 상대방이 테이블마다 들러 상담을 하는 방식이다. 질문을 던지는 입장에서 한 자리에 앉아있기만 하면 되므로 움직이지 않아도 된다는 편리한 점이 있다. 그래서 기자들이 연예인을 인터뷰할 때 주로 쓰는 방식이기도 하다. 중국인들은 라운드미팅을 계획하면서 패션디자이너들에게 물어보고 싶은 것들을 잔뜩 준비한 모양이었다.

이 날 미팅장소를 찾은 시각은 아침 11시가 조금 넘은 무렵이었다. 이미 많은 디자이너들이 중국 업체측 사람들과 상담 중이었다. 나도 거기에 끼어 그들 중 한두 명과 상담해 보았다. 그런데 역시 거기서도 앞서 미팅했던 원단공장에서 온 상인들과 비슷한 이야기를 하는 것이 아닌가. 한국 디자이너들이 어떤 디자인을 제시해도 그들은 협회에서 모두 생산해줄 수 있다며 같이 일하자는 것이다. 언뜻 보기엔 디자이너의 입장을 배려해 주는 좋은 제안으로 받아들여지는 분위기였다. 하지만 과연 그럴까? 거기에 대해서 언급하기 전에 다른 몇 가지 사례를 더 들어보고자 한다.

내가 중국 사업을 시작하고 나서 몇 년이 흐른 뒤였다. 그때는 직·간접적으로 중국 사업을 펼치며 나름대로 사업에 자신감을 갖던 시기이기도 했다.

어느 날 한 프랑스 유학파 한국인 디자이너와 점심을 먹게 됐다. 그리고 그 자리에서 그가 겪은 항저우(杭州) 고행기를 듣게 되었다. 파리의상조합을 졸업한 이 남자는 한국에서 디자이너로 활동 중이었는데, 당시 한국을 방문한 중국 상인들의 달콤한 제안을 수락하고 중국을 방문했다고 말했다.

"고생만 진탕 했겠네?"

상대는 나의 반응에 어떻게 알았느냐는 눈빛을 보였다. 당시만 하더라도 한국에서 중국의 항저우까지 직항으로 가는 비행기 편이 없어서 그는 항저우까지 비행기를 두 번 갈아 타야했다. 그런데 도착하고 나니 마중을 나온다고 했던 공장 직원이 보이지 않았다. 전화를 했더니 정작 공장 주소만 알려주고 찾아오라고 했다는 것이다. 그가 택시를 타고 찾아간 공장은 항저우에서 제법 큰 규모로 운영되는 곳이었다. 그래도 다행히 처음 당혹스러움과는 달리, 그곳 사람들이 한국에서 홀로 방문한 디자이너를 '손님'으로 환대해 주었다고 한다. 그런데 불쑥 친구를 하나 소개시켜준다며 그처럼 프랑스에서 유학했다는 중국인 디자이너를 불렀다.

어떻게 결말이 지어질지 이쯤 되면 상상되지 않는가? 나는 굳이 그가 그 뒷이야기를 하지 않아도 그가 항저우에서 겪었을 상황이 눈에 보이듯 그려졌다.

그는 중국인 디자이너가 진짜 프랑스 유학파가 맞는지를 증명해 주는 구실밖에는 해주지 못했을 것이다. 두 디자이너들은 프랑스어로 대화를 나누었을 것이고 그 모습을 중국공장 사람들이 흐뭇하게 지켜보면서도 머릿속으론 빛보다 빠르게 수지타산을 맞추어 보았을 것이다.

그리고 다음날은 그들의 안내로 공장 여기저기를 다니며 곧 이곳 디자이너로 일할 거라는 기대감에 부풀어 마치 시찰하듯 구경하고, 그쪽에서 대접하는 식사를 맛나게 먹었단다. 그런데 역시나 한국으로 돌아올 때는 누구도 배웅하지 않았다고 한다.

다음은 우리 회사로 찾아온 어느 중국인 부동산업자 이야기다. 중국에 지사를 세우기 위해 자금을 준비하고 현지 파트너를 알아보던 중이었다. 중국공장 방문을 위해서는 통역자를 구하는 일이 중요했다. 현지 교포출신이면 편하겠지만, 몇 차례 경험으로 미루어 보아 중국 업자들이 교포들에게는 진심을 이야기하지 않는다는 걸 알게 됐다. 한족들은 같은 땅에서 살아가는 조선족(교포)들과 비즈니스 이야기를 하면서 별로 얽히고 싶어 하지 않는 것 같았다. 그리고 대부분의 교포들은 연변, 길림, 흑룡강 등 조선족자치주에서 중국의 타지방으로 돈을 벌기 위해 이주해 온 이들이 많았기에 어렸을 때는 한국어(조선어)를 주로 쓰다가 성인이 돼서야 중국어를 익힌 경우이기 대부분이다. 그렇다보니 생각보다 완벽한 중국어를 구사하는 수준도 아니었다. 게다가 중국은 각 지방별로 현지 사투리가 발달된 나라라 서로 말을 하고도 뜻을 이해하지 못하는 경우가 종종 벌어졌다. 때로는 중국공장 사람들이 직접 영어로 설명해주는 상황도 생겼다. 그러다보니 상담 시간이 길어지고, 제대로 의사전달이 되지 않는 일이 비일비재했던 것이다. 차라리 영어를 할 줄 아는 중국인 한족을 통역자로 구하는 편이 낫겠다고 생각했다.

그렇게 만난 중국인 통역자는 윈난성(雲南省) 출신 여성이었다. 그녀는 광저우에서 무역회사 사무소를 낸 사업가였다. 구체적인 실적은 없었지만, 통역으로 각국 상인들과의 인연을 넓혀가고 있는 중이었다. 그녀 덕분에 중국 곳곳을 누비며 공장 사람들과 미팅하던 중에 부동산업자도 만날 수 있었다. 광저우에서 부동산회사를 운영한다는 사람은 한국의 패션브랜드에 무척 관심이 많고, 그 시장을 중국에 들여와 사업하고 싶어 하는 사람이라고 했다. 그는 곧 자신이 한국에 가게 된다면서 통역사에게 내가 언제 한국에 돌아가는지, 그리고 한국에서 바로 다음 날 미팅이 가능한지 물었다. 가능하다는 대답에 그는 당장 약속을 잡았다. 그렇게 해서 그를 서울에서 만나게 되었고, 그 후로도 일주일에 한 번씩 한 달간 그를 보게 되었다.

자, 그럼 미뤄두었던 중국인의 상술 이야기를 해보자. 앞의 이야기에 등장하는 중국 상인들은 공통점이 있다. 그건 바로 '이익 앞에서 만만디(慢慢地:서두르지 않고 천천히) 정신이 사라진 중국인들'이란 점이다.

중국인들은 '본성이 모든 일에 느리다'고 알고 있는 사람들이 있는데 그건 착각이다. 중국인들이 느린 이유는 그들에게 이익이 없을 때거나 적을 때, 그리고 그들이 일의 주도권을 쥐었을 때 협상을 유리하게 하려고 할 때다. 중국인들은 이익 앞에서 절대 느리지 않다. 그 이유는 앞서 설명한 돈(錢:치엔)에 대한 중국인들의 생각을 참고해도 좋다. 싸워서 이기고 얻는 것, 싸워서 지키는 것이 '돈'이란 생각을 하는 게 중국인들이다. 이익 앞에서 '천천히 싸우자'는 사람이 있을까? 그렇다면 '이익 앞에서 만만디가 사라진' 중국인들은 어떤 전략을 갖고 한국인들과 사업을 해나가는 것일까?

먼저 산둥성의 원단공장 상인들이다. 그들은 한국과 사업을 하고 싶다기보다 워싱 기술을 배우는 것이 주목적이었다. 원단을 최저가에 제공하겠다는 것은 어디까지나 투자의 개념이다. 그 당시 나는 '생각해 보자'고 대답을 미루었지만, 거절한 것이나 같았다. 워싱 기술이 중국으로 넘어가는 순간, 초저가 원단가격이라는 미끼는 사라지는 것이다. 필요 없다고 생각되는 순간 버려진다. 그게 글로벌 비즈니스에서 통용되는 법칙이다.

한국인 디자이너를 찾는 원저우의 원단공장 상인들의 목적도 크게 다를 바 없다. 그들이 원하는 것은 '한국인 패션디자이너'가 아닌, '한국의 패션디자인 기술'이다. 그들이 월 500~1천만 원 정도의 급여 외에도 디자이너에게 개인 작업실, 아파트, 자동차 등을 제공하겠다고 한 것은 누구라도 거절하기 힘든 조건이다. 그러나 거기엔 치명적인 함정이 있다. 그들의 달콤한 제안에는 '기간'이 명시되어 있지 않다는 것이다. 물론 계약서상에는 고용기간이 정확하게 적혀 있을 것이다. 그러나 '회사가 어렵다'든가 '미안하다. 나가달라'고 한다면 별 수 있을까? 그들이 '한국인 디자이너에게 충분히 배웠고, 자체적으로 해결 할 수 있겠다'고 여기는 순간엔 그 즉시 가방을 싸야한다는 얘기다. 중국공장에서 파견된 상인들과 미팅을 거치며 자칫하다간 디자인 기술까지 유출되고 한국의 패션산업이 중국이 추월당하겠다는 우려를 가질 수밖에 없었다.

당시 많은 디자이너들이 중국업자의 제안을 찰떡같이 믿고 떠났고, 실제로 고용된 지 6개월에서 1년이 채 되지 않아 대부분이 공장을 떠나야 했다. 그런데 디자이너들은 한국으로 돌아오지 못했다. 채류기간 동안 중국에서 안락함을 맛본 후로는 다시 한국으로 돌아와 예전처럼 치열한 경쟁과 근무조건 속에서 버틸 수가 없었던 것이다. 그들은 중국에 남기로 결정하고 그들을 받아줄 다른 중국회사를 찾아서 입사지원을 내는데 집중했다. 하지만 연봉 조건에서부터 차이가 큰 한국인 디자이너들을 받아줄 중국회사는 그렇게 많이 없었고, 결국 한국인 디자이너들은 중국회사에 디자인을 팔러 다니는 프리랜서, 이른바 '을'의 위치로 전락하게 된 것이다.

마지막으로 '중국인 부동산업자'는 왜 우리 회사에 연거푸 찾아와 거래를 제안하고 시장조사를 망설이지 않았을까? 그 사람이 진정으로 패션사업을 하길 원했던 걸까? 아니다. 그는 단지 한국 패션브랜드 숍을 중국에 있는 자신의 건물에 입점시켜 부동산 가격을 올리려는 계획을 가졌을 뿐이다.

중국 상인들과의 거래는 실패였을까? 아니다. 가장 중요한 상술을 배웠다. 중국인들은 이익 앞에서 절대로 '만만디'하지 않는다는 것, 그리고 사업제안을 할 때 '진짜 속셈'은 숨긴다는 점을 배운 것만으로도 큰 이득이었다.

중국인 속담에 '낮에 하는 말은 새가 듣고, 밤에 하는 말은 쥐가 들으며, 아무도 없는 방에서 하는 말은 벽(壁)이 듣는다'는 말이 있다. 진짜 중요한 이야기는 좀체 꺼내지 않는다는 의미다. 혼자 있을 때도 실수로라도 자신의 생각을 함부로 꺼내지 않는다. 그래서 중요한 비즈니스라고 생각할 때는 공개된 장소보다는 '호텔 방' 같은 밀폐되고 안전한 공간을 선호한다. 중국인들이 상담하자며 호텔방으로 오라고 했다고 당황할 필요가 없다는 말이다.

모든 거래는 상대방의 입장에서 해야 한다. 그래야 일이 일사천리로 진행된다. 내 고집을 내세우면 상대가 스스로 생각하게 된다. 그러면 거래는 결렬될 수도 있다. 상대방이 제시한 것에 내 고집을 얹어서 어떤 결과가 나올지를 가늠하다 보면 대부분 상대방에게 손해가 되는 결과가 나오기 마련이다.

이익이 상충하면 결국엔 '을'이 불리해진다. '갑'은 돈을 내는 사람인데 '갑'의 이익이 줄어든다고 생각될 때는 지갑을 닫기 때문이다. 내가 10원 더 만지려고 하다가 100원을 잃는 경우가 생긴다. 내가 한 푼 더 벌자고 내세우는 고집은 때로 나에게 심각한 손해를 안겨준다. 그래서 모든 거래는 상대방 요구대로 하는 게 제일 편하다.

"나만 믿으라는 그 사람만 의심하면 모든 사업이 평탄하다"

돈은 모든 장애물을 통과하는 자동문이다

돈은 상인의 앞에 놓인 벽(장애물)에 자동문을 만든다. 느리게 걷던 사람을 달리게 하고 달리던 사람을 날아가게 만든다. 또 세차게 흐르는 강물 위에 다리를 놓아주고, 날개가 없어도 날게 해준다. 그것이 돈의 기능이다.

상술의 가장 기본은 돈의 기능을 제대로 알아두는 일이다. 돈의 힘이 아니다. 돈은 스스로 힘이 있다기보다 어떻게 이용하느냐에 따라 힘이 생긴다. 돈이 있으면 병원에서 치료받을 수 있다. 그러면 돈은 생명이다. 돈이 있으면 식당에서 음식을 사 먹을 수 있다. 이 점에서 돈은 음식이라고 부를 수 있다. 돈이 있으면 자동차를 살 수 있으므로 먼 곳도 가고, 언덕길도 빠르게 올라갈 수 있다. 이때는 튼튼한 다리 기능과 시간 절약 기능을 모두 가졌다고 할 수 있다.

그래서 사람들은 '돈'을 중요하게 여긴다. 지극히 당연한 이야기라 생각하는가? 당신이 지금까지 돈을 어떻게 썼는지 생각해 보자. 막연히 돈이 좋은 거라 생각하고 있는 건 아닐까? 당신의 지갑 속을 보자. 지폐들이 어떻게 정돈되어 있는가?

돈이란 녀석은 크기가 없다. 작은 돈도 돈이고 큰돈도 돈이다. 당신에게 100원이 있다면 그건 돈이 아닐까? 아니다. 돈이다. 1억 원이 있다면? 그것도 돈이다.

그래서 예로부터 훌륭한 상인들은 돈을 인격적으로 대우했다. 돈을 사람처럼 생각했다는 게 아니라 돈을 소중히 아꼈다는 의미다. 돈을 보관할 때는 허리춤에 꽁꽁 싸매어 몸에서 한시라도 떨어지지 않게 차고 다녔고, 사람들이 모이는 번잡한 곳에 갈 때는 돈을 되도록 가져가지 않았다. 장판 밑에 넣어두기도 하고 구겨진 돈은 다리미로 펴서 빳빳한 상태로 만들기도 했다. 길을 걷다가도 10원짜리나 1원짜리가 보이면 얼른 주워 담기에 망설이지 않았다. 거래하는 상대방에게 돈을 건넬 때도 차곡차곡 정돈해서 정중하게 예의를 표하면서 건넸다. 돈을 돈으로 준 게 아니라 마음의 표시를 담아 건넸다. 상인들에게 돈이란 단순한 도구가 아니라 그들의 마음이자 정신이었다.

유태인들은 '돈은 선한 것도 아니고 악한 것도 아니며 단지 좋은 것'이라고 배운다. '도구'로써 편리함을 강조하는 것이다. 중국의 유태인이라고 불리는 윈조우 사람들은 아이가 9살이 되면 다른 지방에 사는 친척에게 심부름을 다녀오게 시키면서 편도 차비랑 신발 한 켤레를 줘서 보낸다는 이야기가 있다. 아이는 친척에게 가면서 기차를 타고 가지만 다시 집으로 올 때는 갖고 갔던 신발을 팔아서 돈을 벌어 차비를 마련해야 한다. 아이가 스스로 돈에 대해 깨닫기를 바라는 교육방

식이다. 아이는 신발을 팔아 차비를 마련하면서 '신발=돈'이란 생각을
가지게 될 것이다.

중국인들은 왜 먹지도 못할 만큼 음식을 주문하는가?

"중국인들하고 식사를 하는데 뭔 음식을 그렇게 가득 차리는지 테이블에 남는 공간이 없게 차리더라. 준비해 준 성의를 봐서라도 다 먹어야하는데 그거 다 먹으면 또 내오고, 억지로 또 꾸역꾸역 다 먹어주면 또 내오고 해서 아주 먹다가 죽는 줄 알았다니까."

중국인들과의 식사 자리에 참석해 보면 원형 테이블 위에 온갖 음식이 차려진 것을 보게 된다. 탕 요리, 볶음 요리, 구운 요리 등 갖가지 음식이 테이블 위를 가득 채우고 있다. 한 음식이 비워질만하면 뒤이어 음식이 또 채워진다. 그렇게 식사를 마무리하고서도 테이블 위에는 음식이 가득 남아 있고 식사에 참석한 사람들은 저마다 포장해서 가져가기도 한다.

중국인의 식사 문화에는 '손님에게 부족함 없이 접대하는 식사'가 예절이다. 손님이 식사에 부족함이 있다면 결례라고 여긴다. 그래서 중국인들과의 식사에서는 모든 음식들이 한가득 채워진다.

역설적으로 들릴지 모르지만, 중국인들과의 식사에서는 그릇을 싹싹 비우는 게 예절이 아니다. 우리나라는 손님이 음식을 다 먹고 배

불러 해야 그게 충분한 접대였다고 생각하지만 중국인에게는 '손님이 배부르게 먹고 음식이 남아야' 예절이라고 여기기 때문이다.

그래서 중국인이 초대한 식사자리에서는 음식을 다 먹는 게 예의가 아니다. 오히려 배부르게 먹었다는 의사표시를 하고 남겨야 예의다. 손님이 그릇을 비우면 비울수록 주최자는 계속 음식을 시켜야만 한다. 그릇에 음식이 남아야 하는데 손님이 자꾸 먹어버리니 계속 시켜줄 수밖에 없는 것이다.

일본 출장엔 테이코쿠(帝國)에서 묵으시지요

인터넷 산업이 활황세를 탈 무렵이었다. D기업은 인터넷 비즈니스에서 사이버 머니로 돈을 주고받을 수 있는 획기적인 기술을 개발하며 특허권을 획득하고 시장 지배적 사업자로 우뚝 섰다. 온라인 쇼핑, 인터넷 게임, 경매, 광고 등 모든 분야를 총망라하더라도 D기업의 성공을 따를 수 없을 거라는 분위기가 형성됐다. D기업의 대표는 오랜 숙원 사업이 결실을 보게 된 기쁨과 동시에 드디어 고생을 끝내고 돈벌이가 시작될 거라는 확신에 차 있었다.

투자 제안이 밀려들었다. 돈이 조금이라도 있는 사람들은 앞다투어 주주로 참여하길 원했다. D기업 대표는 어려운 시절 동안 자기를 몰라주던 사람들이 돈을 싸들고 찾아와서 주주로 참여하게 해달라고 사정하는 모습을 보면서 통쾌해 했다.

그러던 어느 날이었다.

"D기업이죠? 여기는 B그룹입니다."

이름만 들으면 누구나 아는 일본계 대기업에서 전화 한 통이 걸려왔다. 전화를 걸어온 상대는 그룹의 임원이었다. 우연히 D기업의 신기술 개발 소식을 들었다며 기회가 된다면 만나서 투자 제안을 해보고 싶다고 했다. D기업 대표는 뛸 듯이 기뻤다. 드디어 자신의 기술을 대기업에서도 알아준다고 생각했다. 그동안 다른 사람들로부터 투자를 받지 않은 걸 천만다행으로 여겼다. 대기업 B그룹이 투자자로 들어온다면 다른 투자는 필요 없을 정도였다. 자금이 안정된다면 이제 열심히 일해서 승승장구할 일만 남았다고 여겼다.

B그룹의 투자는 일사천리로 진행되었다. D기업 대표는 속으로 '역시 대기업이라서 모든 일이 착착 진행되네' 생각했다. 그리고 나중에 일이 잘되면 B그룹처럼 큰 회사로 키우겠다는 바람도 가졌다. 그는 자신이 그룹 회장님이 될 것을 상상하니, 그동안 온갖 어려움이 있어도 포기하지 않고 견뎌낸 스스로가 자랑스러웠다.

B그룹으로부터 투자금이 들어왔다. 초기 투자는 10억 원 정도였다. 그리고 D기업 주식 지분의 30% 정도가 B그룹으로 넘어갔다. 사업이 진행되면서 점차적으로 투자금을 늘리겠다는 이야기도 나왔다. D기업 대표는 대기업 담당자의 이야기를 들으며 연신 고개를 끄덕였다. 감사할 따름이었다. 머지않아 대기업 회장과 같이 어울리고 식사도 같이 할 거라는 꿈에 부풀었다. 모든 게 현실이었다. D기업 대표는 투자금을 확인한 후 다시 기술개발에 매진했다.

그러던 중에 대기업 담당자로부터 연락이 왔다.

"D기업의 특허기술 권리자가 대표님 개인으로 되어 있는데요, 이걸 법인으로 바꿔주셔야 저희 투자가 가능합니다. 대표님 개인이 법인에게 사용권을 주는 방식으로는 추가 투자가 어렵습니다."

D기업 대표는 기술특허를 자기 이름으로 출원한 게 기억났다. 본인이 회사 대표를 맡고 있으니 상관없을 줄 알았는데 그게 문제라는 소리였다. D기업 대표는 권리자 명을 바꾸는 것이 별문제가 아니라고 여겼다. 회사를 키우려면 기술특허 권리자가 회사 앞으로 되어 있어야 한다고도 생각했다. 중요한 부분인데 미처 자신은 생각지 못한 부분을 대기업이라서 짚어줬다고도 여겼다.

"오늘 권리자 변경해둘게요."

"네. 그럼 권리자 변경하시면 연락 부탁드립니다."

D기업 대표는 특허청에 권리자 변동신고를 하고 기술특허 권리자를 회사 이름으로 해뒀다.

그로부터 일주일 후, 대기업에서 전화를 걸어 왔다.

"대표님 특허권 권리 변동은 확인했습니다. 저희 내부에서 2차 투자 시점도 검토에 들어가겠습니다. 그리고 회계팀에서 D기업 재무 상황 자료가 필요하다고 해서요. 회사 대차대조표랑 손익계산서 자료 좀 주세요."

B그룹에서 요구한 자료는 자금 이동과 회계 관련 자료들이었다. 대차대조표, 손익계산서, 매출전표, 매입전표, 세금계산서 등 여러 문서가 포함되었다. D기업 대표는 '아마도 2차 투자 금액을 결정하려면 회계팀에서 회사 규모를 확인해야 하니 그런가 보다.'고 생각했다

사실 B그룹의 요구를 거부할 명분도 없었다. B그룹은 D기업의 투자자 아닌가? 투자자로서 정당한 정보공개 요구였다. 그래서 D기업 대표는 곧 대기업에서 요구하는 자료를 복사하고 정리해서 건넸다.

다시 얼마 지나지 않아 B그룹에서 연락이 왔다. 그런데 D기업 대표랑 통화하는 담당자의 목소리가 예전과는 사뭇 달랐다. 그리고 곧 수화기 너머에서 귀를 의심케 하는 이야기가 나왔다.

"저희 회계팀에서 D기업 회계자료를 검토했는데요, 대표님께서 애초에 저희에게 사실과 다르게 알려주신 부분들이 나와서요. 이게 문제가 될 것 같네요. 지금부턴 저 대신에 회계팀과 내부 법무팀에서 연락을 드릴 겁니다. 협조 부탁드립니다."

이게 도대체 무슨 일인가? D기업은 그동안 세무사에게 장부기재와 세금 신고를 일임해서 빠짐없이 관리했고, 대기업에서 요구하는 자료도 담당 세무사가 직접 건네줬다. D기업 대표는 투자자이기도 하고 평소 선망의 기업으로 여겼던 B그룹의 요구였기에 그동안 아무 의심 없이 모든 자료를 건넸다. 그게 사업이라고 여겼다. 사람을 믿고 진짜 상인은 이익보다도 사람을 남겨야 한다는 진리를 마음에 품고 말이다.

B그룹에서 다시 전화가 왔다. 회계팀이라고 했다. 그들의 이야기는 심각했다. 장부 기록 자체가 부실하다는 것이다. D기업 대표는 그 부분은 인정하기에도 애매했다. 전문 세무사 사무실에 맡긴 것인데 부실하다니? 10년 가까이 거래해 왔고 그동안 아무런 문제가 없었는데 부실 기재라는 말이 믿어지지 않았다.

다음은 B그룹 법무팀 전화였다. D기업 대표가 부실한 장부를 근거로 투자제안을 한 것이고, 이를 믿고 B그룹에서 1차 투자로 10억 원을 지급했는데 사실과 다른 부분이 발견됐으니 투자를 회수 조치한다는 통보였다. 글자 그대로 '통보'였다. 대기업에서는 1차 투자금 10억 원만을 돌려받아가려는 게 아니었다. 투자검토를 하면서 외주하청을 준 기업들에게 지출된 돈과 여러 가지 기회비용을 포함하여 대기업이 손해를 당한 것으로 추산되는 금액 전체를 돌려달라고 요구했다. 계약 내용 위반에 따른 배상금까지 포함해 보니 1차 투자금의 서너 배는 족히 되는 금액이었다.

D기업 대표는 아무 생각이 나지 않았다. 오랫동안 성실하게 노력해서 특허를 취득했고 다시 신기술을 개발하려던 순간에 생긴 일치고는 너무 가혹하다고 느낄 뿐이었다. 그동안 다른 사람에게 나쁘게 한 일도 없고 다른 사람에게 피해를 준적도 없는데 왜 이런 일이 자신에게 벌어지는지 알 수 없었다. 그 일로 다른 일은 손에 잡히지도 않았다. 회사가 영업도 못 하게 되면서 직원 급여도 밀리고 모든 일이 꼬이기 시작했다. 그런데 회사가 소유한 특허기술을 바탕으로 기술보증을 받아 대출을 받으러 갔던 D기업 대표는 더 어처구니없는 이야기를 들었다. D기업 이름으로 된 특허가 가압류됐다는 것이다. 이른바 무체재산권가압류였다. 사실상 D기업의 특허권은 B그룹의 소유로 넘어간 상태라고 봐야 했다.

그렇게 해서 전도유망한 중소기업이 대기업의 술수에 말려 실패의 수순을 밟게 된 것이다.

대표이사 1인 체제하에서 운영되는 중소기업 중에는 세무회계, 주식회사법 등에 취약한 곳이 대부분이고, 상대가 약점을 잡으려고 마음만 먹는다면 얼마든지 걸려들 수 있는 구조를 띠고 있다. 대기업은 그룹 내에서도 경쟁이 치열하기 때문에 다른 중소기업과 거래하는 것 정도는 대수롭지 않게 처리할 수 있다는 것을 D기업의 대표는 전혀 몰랐던 것이다.

"일본 출장 오시면 테이코쿠(帝國)에 머무르세요."

D기업 대표는 일본 출장이 잦았는데, B그룹에서는 일본 지사에서 모시겠다며 특급호텔을 예약해 주었다. 일전에 우리나라 대통령이 방일하였을 때도 묵었던 곳이다. D기업 대표도 일본에 많이 다녀봤지만 그곳과 같은 특급호텔에 머무른 경험은 없었다. 그는 내심 B그룹의 파트너가 된 덕분에 자신에게 이러한 호사가 생기는 거라고 여겼다. 숙소 이름도 '제국'이라니? 자신을 대우해 주는 것 같았다. 진짜 사업다운 사업을 하는구나 생각했었다.

하지만 그 모든 것은 D기업의 특허권을 가져가기 위한 B그룹의 사전작업에 지나지 않았다는 것을 나중에야 알게 되었다. 상대의 경계심이 무너지게 하는 데는 호사스런 접대가 특효이기에, B그룹에서는 법인카드 멤버십 서비스로 특급호텔 숙박료를 할인해 준 것밖에 없었지만 D기업 대표로서는 자신을 B그룹의 파트너로서 대우해 준다는 착각에 빠졌던 이유다.

"제일 위험한 도둑은 인사하고 신발 벗고 들어와서
소리도 안 내고 앉는다."

자기 능력으로 이길 수 있을 때
투자자를 만나라!

사업에 '투자자'는 반드시 곁에 둬야할 존재다. 현재 자본금이 1억

원이 있어 1억 원 이내에서 할 수 있는 사업을 준비하고 있었다고 하

자. 그런데 어느 날 정말 괜찮은 사업이 나타났다. 그런데 자본금이

2억 원이 필요하다면 포기하고 다른 사람에게 기회를 넘겨야 할까?

아니다. 1억 원의 자금밖에 없는데 2억 원짜리 사업이 나타난다면 새

로운 사업의 지분 10%는 확보할 정도인 2천만 원 정도를 준비하고, 나

머지 금액은 투자자를 찾아 나서야 한다. 비즈니스에서 새로운 사업은

항상 나타난다. 그 기회를 잡아야만 성장을 한다. 그래서 투자자는 항

상 곁에 둬야 하는 것이다. 그러나 너무 가깝게 두지 않도록 한다.

투자자를 이길 수 있을 때 투자자를 만나야 한다. 투자자는 투자

를 미끼로 경영을 흔들 수 있다. 회사가 통째로 누군가에게 다른 사람

의 소유로 넘어가거나 망하는 것도 순식간이다. 경영권을 지키고 모

든 사안을 관리 감독할 수 있을 때 투자자를 만나라. 100만 원을 투자

하든 1억 원을 투자하든 투자자는 회사경영에 민감하게 된다. 경영자가 지칠 정도로 투자자로서의 권리를 요구할 수도 있다. 이쯤 되면 투자자가 아니라 간섭자라고 해도 맞는 말이다. 그에 관련된 몇 가지 사례가 있다.

인터넷으로 이미지를 판매하는 작은 회사가 있었다. 그 회사는 젊은 창업자들이 모여 만들었다. 자금이 부족한 것은 당연했다. 회사 경영진에서는 투자자를 받아들이기로 하고 찾아 나섰는데, 마침 1천만 원을 투자하겠다는 투자자가 나타났다. 회사의 전체 자본금은 3억 원. 투자자로부터 받은 1천만 원은 컴퓨터 서버 장비를 급하게 보충하느라 받은 투자금이었다. 경영진 판단엔 새로 서버를 추가하면서 이미지 파일을 더 보관하고 서버에서 파생되는 수익만으로도 투자금 대비 수익을 보전할 수 있겠다는 판단했고, 물론 예상처럼 수익은 생겼다.

문제는 투자자였다. 회사의 경영에 간섭하기 시작했다. 툭하면 전화를 걸어와서 일주일 단위로 온갖 세무자료를 요구했다. 그래서 회사 사이트에 자료를 걸어놓고 다운로드 받아서 보기를 부탁했지만, 상대는 매번 전화를 걸거나 직접 찾아오기 일쑤였다. 회사 수익에 지장을 줄 정도는 아니었지만, 경영진은 본래 업무인 경영보다도 투자자 상담에 시간을 다 빼앗길 정도가 되었다. 참다못한 경영진은 투자자에게 투자금을 돌려준다고 했다. 그랬더니 본전은 안 된다며 일정 금액을 불렀는데 투자금 대비 가져가는 수익까지 부당하게 느껴질 정도였다. 어쩔 수 없었다. 그대로 응했다간 법적으로 배임의 소지가 있었다. 경영진에서는 변호사를 고용해서 투자자를 상대하게 하고 법적으로 투자자의 관계를 겨우 마무리할 수 있었다.

또 다른 사례로, 남대문에 있는 G안경업체는 투자자로부터 2억 원을 투자받게 됐다. 회사 전체 자본금은 5억 원이었으니, 적지 않은 금액을 투자받은 것이다. 문제는 역시 그다음이었다. 투자자는 법인이 된 G안경에서 '회장' 대우를 해 달라며, 법인카드 지급과 월 활동비로 1천만 원을 요구했다. G안경으로선 곤란했다. 사업 초창기에 써야 할 자금은 많은데 단지 2억 원을 투자했다는 이유로 일절 영업활동이 없는 사람에게 법인카드까지 쥐어가며 경영을 제대로 하기란 불가능했다. 그러나 이미 받은 투자금은 시설 설비 자금으로 쓴 뒤여서 당장 돈을 돌려주기에도 곤란했다.

결국, G안경은 시한부 회장 대우라는 전략을 세웠다. 6개월 이내까지만 투자자를 요구대로 대우해 주고 그 이후엔 투자금을 돌려주고 관계를 청산한다는 생각이었다. 그 6개월 동안 G안경 경영진이 속상해했을 일들이 적지 않았을 거라는 것은 불을 보듯 뻔했다.

일본인은 솔직하다?

일본인의 전략은 예로부터 전면전이 아니었다. 전쟁을 할 때는 적진 깊숙이 들어가 적장의 머리를 먼저 치고 승리를 선언하는 식이었다. 그러면 그 적장의 통치를 받던 사람들은 새로운 우두머리에게 복종을 하는 식이다.

이러한 전략이 일본상인들의 비즈니스 전략에서도 그대로 적용되는 사례가 적지 않다. 특히 특허권처럼 지적재산을 노리는 전쟁일 경우에는 기업 인수합병과 같은 전면전보다는 특허권자(또는, 대표자)를 노리는 일격 전술을 주로 사용한다. 특허권자 한명을 치면 기업을 통째 갖지 아니하여도 되기 때문이다.

"일본기업이 투자 제안을 해오면 무조건 거절하면 되겠네? 당하지 않으려면!"

일본기업이 경쟁기업을 공격할 때는 다양한 전술을 사용한다. 상대 기업이 일본계 기업에 반감을 가진 기업이라면 구태여 정체를 드러내지도 않는다. 별도 법인을 만들어서 전술에 들어간다. 상대기업과 같은 나라에 기업을 세우기도 하고 다른 나라에 기업을 세워서 목표 기업에게 접근한다.

목표 기업에 지인을 위장취업 시켜서 기밀을 빼온다? 이런 전술은 사용하지도 않는다. 시간도 오래 걸릴뿐더러 효과적이지도 않고 투자자금도 많이 소모되는 무모한 일이다. 차라리 투자 제안을 하는 방법으로 거래 상대방에게 접근한다.

투자제안을 하겠다고 다가가면 대부분의 기업들은 호의적이 된다. 그때부터는 믿고 싶은 것만 믿고 보고 싶은 것만 본다. 투자를 하겠다는 상대방, 투자를 받아들일 선택을 가진 것은 우리 쪽이라면? 오히려 상대를 배려하고 신경써 준다. 그러다가 기업의 생사여탈권이라고 해도 과언이 아닌, 특허권이 넘어간다.

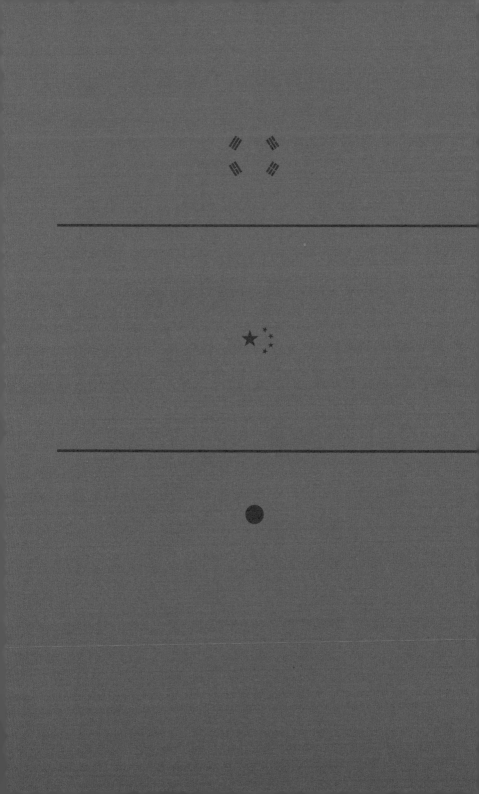

2장

바이어는
천사가아니다

어느 날 찾아온 이상한 사업가

●

●

(🔍$)

딩동. 이메일이 도착했다. 회사에서 한창 서류 작업 중인데 스마트폰에 이메일 도착 알림 표시가 떴다. 메일을 보낸 사람의 주소지는 미국이었다. 미국 거래처 중에 한 곳으로 생각했는데 내용을 열어보니 모르는 사람이었다. 그는 미국에 사업장을 두고 패션 쪽 사업을 한다는 중국계 교포였다.

처음 듣는 회사였다. 그런데 회사 규모는 있어 보였다. LA 자바시장에서 숍을 운영하는데 샘플을 만들어 미국 내 패션기업에게 제시하고 주문을 받아 생산하여 납품하는 사업을 하는 중이라고 소개했다. 연매출을 확인할 바 없었지만 그들의 주요 거래처 중엔 내가 거래하는 곳도 몇 곳 있었다. 그 거래처에서 나에 대한 이야기를 들었다며 자신이 서울에 가면 만나고 싶다는 내용이었다.

마다할 이유는 없었다. 그의 거래처는 내 거래처이기도 했으므로 만나서 얘기하다 보면 거래처에 대한 새로운 정보도 얻을 수 있을 것 같았다. 그리고 무엇보다 그가 미국에서 어떻게 사업을 하면서 버텨내고 있는지 궁금하기도 했다.

그로부터 며칠 후, 스마트폰에 모르는 번호가 떴다. 일전에 이메일을 보냈던 미국 교포 사업가였다. 그는 LA자바 시장에서 숍을 운영하면서 뉴욕에도 지사를 두어 OEM주문을 받는 사업을 하는 중이라고 했다.

대단하다고 느끼면서도 한편으론 조심해야겠다고 느꼈다. LA 자바 시장이나 뉴욕 맨해튼 패션숍이나 세계의 굴지의 상인들이 각축전을 벌이며 경쟁하는 곳이 아닌가? 단가 싸움이 가장 치열한 전쟁터인 동시에 10센트를 아끼기 위해서라면 기꺼이 상품을 실은 배를 남아프리카 마다가스카르 지역 등지로 돌리기도 하는, 무역 업무에 도가 튼 사람들일 게 분명했다. 그런데 그가 서울에서 아시아를 주 무대로 장사하는 내게 먼저 연락을 하다니?

그가 회사에 방문하고 싶다고 해서 시간약속을 정하고 기다렸다. 내방역 쪽에 차린 회사는 얼마 전에 바닥 카펫도 새로 깔았고 나름 산뜻한 분위기였기에 낯선 방문자들이라고 하더라도 기꺼이 보여줄 자신감이 있었다.

패션회사는 무엇보다도 '남에게 보이기 위한 사업'이어서 사무실

분위기나 숍 분위기 등이 제일 중요하다. 가령, 패션디자이너를 채용할 때도 이왕이면 용모단정한 사람을 우대하게 되는 등 고의 아닌 고의가 들어갈 일도 생긴다는 뜻이다. 패션회사라고 해서 다른 기업에서 미팅을 왔는데, 브랜드 아이템을 만드는 디자이너들이 상대적으로 그들이 기대하던 모습과 다르다면? 대리점을 모집하는데 대리점주들이 회사에 방문해서 본 디자이너들의 모습이 브랜드랑 매치가 잘 된다면? 백화점에 입점할 때 백화점 바이어들 앞에서 프레젠테이션하는 디자이너들이 브랜드 아이템과 어울리지 않는다면 그 또한 회사 경영에 영향을 줄 수 있는 부분이다.

전화 통화를 끝낸 후 얼마 지나지 않아 B회사 대표라는 교포 사업가가 들어섰다. 조카라는 남자 한 명과 한국에서 배송 창고를 맡을 사람이라는 중년의 남자 한 명도 같이 왔다.

그는 국내에서 인터넷으로 세일을 하고 싶은데 제대로 잘 해낼 거래처를 찾는다고 했다. 그제야 조금 이해가 되었다. 아무래도 당시엔 미국보다는 국내에서 인터넷쇼핑몰 시장이 활성화 돼 있는 게 사실이었다. 온라인 마케팅 전략에 따라 업체 매출이 크게 좌지우지되기 시작했기 때문에 국내에서도 다수의 오프라인 패션업체들이 온라인 진출을 마케팅 전략으로 생각하는 추세였다.

그의 상황을 대략 전해 듣고 사태를 파악한 나는 컴퓨터 모니터를 상담 테이블 쪽으로 돌려 보여줬다. 모니터엔 종합쇼핑몰 MD들과 주고받는 대화창으로 가득했다. 두 번 말하기보다 한 번 보는 게 낫다고 하지 않았는가? 그들에게 보고 참고하라는 의미였다. 온라인 마켓에서는 무엇보다도 이벤트가 중요하며, 쇼핑몰에 상품을 올리는 게 전부가 아니라 담당 MD들과 꾸준히 상담하며 획기적인 판촉 이 벤트를 해줘야만 매출이 일어난다는 조언도 덧붙였다.

그러자 B회사 대표는 내가 맘에 들었는지(또는 온라인 쇼핑몰 MD 들과의 메신저 내용을 엿봤는지) 당장 거래를 하잔다. 자기가 상품을 댈 테 니 나더러 팔아달라는 것이다. 그 외에 필요한 업무는 자기 조카와 또 다른 남자가 창고를 운영하면서 담당할 테니 언제든 필요하면 연락하 라는 이야기도 덧붙였다.

그러나 나는 이미 그들의 속셈을 눈치 챈 뒤였다. 마냥 순진한 얼굴을 보여주며 자신의 브랜드를 국내 온라인쇼핑몰에 제대로 팔고 싶다고 하던 그는 미국에서 OEM사업을 하다 생긴 다량의 재고들을 국내에서 떨어 팔아보고자 하는 전문 업자로 보였다. 그와 같이 온 조 카라는 남자는 B회사 대표를 돕다가 얼마 지나지 않아 온라인 마케팅 을 운영하게 될 것이고, 창고 운영자라는 중년의 남자는 창고를 대는 대신 온라인 사업의 지분을 요구한 상태로 보였다. 한 마디로 말하자 면 온라인 쇼핑몰 노하우를 얻어내고자 찾아온 전문 업자들에 지나지 않았다.

그들의 이야기를 들으며 어떻게 할까 고민하던 중 나는 흔쾌히 해 보자고 했다. 나는 내 나름대로의 이유가 있었다. 당시에는 판매 상품이 수요에 비해 부족한 편이어서 그 부족한 상품을 미국산 상품 으로 충당하면서 온라인 MD들을 지원할 수 있겠다는 판단이 들었다. 그리고 온라인쇼핑몰에서 아직 전문 패션브랜드가 론칭한 전례가 없었으니 소비자들에게 어떻게 받아들여질지 궁금하던 차였기에 그들의 물건으로 시도해보자는 생각이 들었다.

그들의 이해관계와 내 이해관계가 맞아떨어지면서 사업은 일사천리로 진행되었다. 창고와 재고상품이 일주일 안에 준비된다는 이야기를 들으며 그 업체의 재고상품이 이미 한국에 들어와 있는 상태라는 걸 알 수 있었다. 그들은 이미 온라인 마켓에서 상품을 팔아보려 시도했지만 생각처럼 잘 되지 않자 나를 찾아온 모양이었다. 조심해야 할 사람들이었다. 도움을 얻고자 하면서 자신의 속을 숨기는 사람들은 그들의 욕구가 충족되었다 싶으면 그 즉시 등을 돌릴 사람일 게 분명했다. 나는 그들과 사업을 추진하면서 언제 발을 담그고 뺄 것 인지를 제대로 판단하려면 신경을 곤두세워야 한다는 걸 알고 있었다.

"MD님? 오랜만이에요! 좀 만나요! 나 이벤트할 거 있는데."

그들이 보는 앞에서 한 쇼핑몰 MD에게 연락을 했다. 다음 주 화요일에 만나 같이 점심을 먹기로 약속도 정했다. 제대로 인물을 찾았다고 생각하는 표정이 그들의 얼굴에서 보였다. 재미있는 일이 벌어질 것만 같았다.

나는 그들의 상품으로 온라인 패션브랜드 론칭을 시도해 보면서 나중에 내 브랜드로 론칭할 때를 대비하며 온라인 시장의 특성을 알아두자고 작정했다. 섣불리 재고를 만들어 온라인에서 론칭하는 건 위험 부담이 크기에 내심 망설이던 터였는데, 때마침 '대타'가 등장한 셈이었다. 일단 그들의 속셈을 알았으니 나도 그들에게 뭔가를 보여 줘야 했다. 쇼핑몰 MD를 만나면서 한 가지 아이디어를 냈다.

첫 시작은 온라인 마케팅의 특성상 미끼가 필요했다. 마침 프리미엄 진이 유행하던 시기였기에 미국산 유명 청바지와 그들의 상품을 섞어서 이벤트를 열면 꽤 팔릴 거라는 계산이 나왔다. 미국산 유명 청바지는 B회사 대표에게 말해서 미국 백화점에서 실제로 30벌 정도를 구입해 달라고 했다. 소비자가 기준으로 300달러(약 30만 원) 되는 가격이었기에 30벌이면 900만 원 정도 되는 금액이었다. 내 계획을 들은 교포 사장은 금세 걱정하는 투로 이야기했다.

"그거 비싼데. 들어간 돈… 원가라도 건질 수 있을까요?"

역시 내 판단이 맞았다. 브랜드 사업을 한다는 사람이 단돈 900만 원 때문에 걱정을 한다니, 그건 말도 안됐다. 나는 그에게 브랜드 사업의 최소한의 온라인 홍보비라 생각하라며 천천히 설명해 주었다. 그리고 백화점에서 구입한 청바지들은 온라인에서 팔면서 다시 원가를 보전하게 되니까 걱정 말라고 했다. 대신 그가 생산한 청바지 아이템들은 국내에 재고를 일정 부분 보관하게 하고 주문이 들어왔을 때 신속하게 배송할 수 있도록 준비해 달라고 했다. 그는 미국산 청바지를 산 금액을 돌려받을 수 있다는 말에 안심하며 국내엔 자기가 만든 청바지를 1,000장 정도 보내두겠다고 했다. 내 귀에는 그 말이 국내에 이미 보관 중인 청바지가 1,000장 있다는 소리로 들렸다. 상황이 어쨌건 물량은 충분하다는 소리다. 너무 많은 주문만 들어오지 않는다면 1,000장 정도는 2~3일 내에 빠질 물량이었다.

그리고 드디어 이벤트 당일이 되었다. 미국산 유명 청바지 이벤트가 노출되고 총 일주일 동안 행사가 진행될 계획이었다. 이벤트 다음 날이었다. 회사에 출근하는데 컴퓨터로 쇼핑몰 판매자 계정에 접속하던 직원이 깜짝 놀라며 내게 말했다.

"사장님! 이거 대박인데요? 어제 하루에만 500장 나갔어요!"

그러나 나는 오히려 하루 만에 물량이 빠지지 않아서 다행이라고 생각했다. 한편 우리 회사 직원이 B회사 쪽으로 주문 아이템을 스타일별로 나눠 배송지 주소와 함께 보내줬더니 '이렇게 많이 들어왔어요?'라며 당황한 눈치였다고 했다. 그들이 온라인에서 팔 때는 하루에 3장 주문 들어오면 판매가 제일 잘 될 때였다고.

그렇게 온라인 판매가 잘 되자 서서히 본색을 드러내기 시작했다. 일이 너무 복잡해져서 그러는데 교포 사장에게 내 회사 이름으로 받던 수출 물량과 수입량을 자신의 조카가 운영하는 회사로 보낼 테니 나는 국내 거래만 맡아달라고 하는 게 아닌가? 내가 받아들이기엔 '이젠 알만큼 알았으니 그만 우리는 헤어지자'는 말로 들렸다. 그러더니 쇼핑몰 결제도 직접 하겠다고 하면서 나와 거래하던 모든 사업들을 조카 회사로 돌리겠다는 이야기를 꺼냈다. 물론 나는 당황하진 않았다. 이미 예상하고 준비해두던 터였다. 드디어 때가 되었을 뿐이었다. 그래도 한편으론 내 생각이 정확하게 맞았다는 걸 확인하자 씁쓸한 기분이었다. 호의를 갖고 같이 성장하려 했던 우리 회사를 상대로 이런 일을 벌이다니 괘씸하기보다는 측은했다.

얼마 지나지 않아 '이게 마지막 거래구나'라고 판단되는 순간이 왔다. 꾸준히 물려서 진행되던 주문이 멈추고 마지막 남은 물량만 수출하면 B회사 측에서 우리와의 거래가 불필요해질 무렵이었다. 그때를 놓치면 안 되었다. 나는 은행업무 담당 직원에게 '이번 물건 내보내면 은행에 네고(Negotiation)를 바로 해두라'고 지시했다.

수출 거래에선 신규 업체일 경우엔 선적 서류가 접수되더라도 3~4일 정도가 지나야 바이어 측의 허락을 받아 돈을 지급해주는데, 업체와 은행 사이에 신용이 쌓이게 되면 선적 서류 접수와 동시에 대금을 입금해주고 은행이 수입자에게 돈을 받는 구조로 바뀌게 된다. 이걸 모를 리 없었던 나는 마지막 거래라고 판단한 그 순간에 은행에 바로 네고를 요청했고 이상 없이 대금을 결제 받았다. 은행거래에서 서류방식을 전환하면서 네고 시기를 조절해둔 것만으로도 위기를 피해갈 수 있었다.

마지막 거래라는 걸 숨겼다가 내게 역으로 제품 클레임을 치면서 손해를 피해 빠져나갈 생각이던 그 조카의 회사는 난리가 났다. 은행이 이미 우리 회사로 돈을 지급하고 B업체에 입금하라고 연락했기 때문이다. 애초에 대금 결제할 의사가 없었고 오로지 마지막 거래를 클레임으로 벗어나려던 찰나였는데, 계획이 수포로 돌아가자 황급히 그 대금을 마련하느라 조카의 회사는 큰 소동을 치른 모양이었다. 심지어 상황이 좀 안정된 후에는 이런 법이 어디 있냐며 내게 항의를 하려는 시도까지 했다. 그래서 내가 그들의 계획이 이렇지 않았느냐며 대꾸하자 '어떻게 그걸 알았냐?'고 말하며 연락을 끊는 게 아닌가.

사실 그들 입장에서 내 회사에게 항의를 할 근거도 없었다. 법적으로도 우리 회사는 정상 거래였고, 오히려 조카의 회사와 B회사가 남의 영업노하우를 고스란히 빼려고 하던 대가를 톡톡히 받았을 뿐이다.

"돈을 버는 방법은 많다. 그러나 돈을 쓰는 방법은 하나다.
그건 지갑을 여는 일이다."

상대를 완벽히 알고 이기기 전까지
절대 아무 것도 시작하지 말라!

거래를 할 때는 상대방에 대해 철저한 사전 조사를 하고 충분한 정보를 확보해 대비해야 한다. 무역을 할 때는 상대 업체에 대해 신용 조사를 하는 게 기본이다. 그런데 의외로 바이어라고 하면 대뜸 모든 걸 배려해 주는 회사들이 많다. 사람과 사람이 만날 때도 상대방에 대해 알기까지는 서먹한 게 정상 아닌가? 바이어라는 단어가 주는 신비감에 빠져 모든 걸 '괜찮겠거니' 의지하다간 회사 문 닫는 일도 생길 수 있으므로 조심해야 한다. 거래를 할 때는 반드시 신용 있는 회사와 거래를 해야 한다.

위에서 소개한 거래의 경우도 마찬가지다. 내가 아는 바에 의하면 그 업체는 미국에서도 악명 높기로 소문난 회사와 거래하는 기업이었고, 결과적으로 그 회사에게 자기네가 당한 수법을 애꿎은 다른 회사인 한국기업에 써먹으려 했던 것이다. 그나마 내가 그들의 거래 업체들에 대한 정보를 잘 알고 있었기에 적절히 대응할 수 있었다.

미국 B회사의 경우와는 조금 다를 수도 있지만 한번은 이런 일도 있었다. B업체와 거래를 마무리하고 얼마 후, 한 패션기업에서 일한다는 부장 직급의 남자가 이직을 할 거라며 우리 회사로 접근했다. 1년여 전부터 작업해 오던 바이어가 있는데 곧 오더(order)가 터질 시기가 되어 독립하려는 중이고, 만약 우리 회사에서 그 오더를 처리해주면 나와 거래관계가 되고 싶다는 얘기였다.

그런데 이야기를 들어보니 오더 금액은 10억 원대인데 비해 이익 규모는 고작 7천만 원대였다. 10%도 아니고 7%라니? 디자인을 보아하니 여간 까다로운 게 아니었다. 디자인 별로 스타일 수도 많아서 작업하기에 쉬운 오더가 아니었다. 오더라고 해서 좋아하며 시작했다가는 바로 클레임 받고 저가에 넘기거나 회사 문을 닫을 수도 있는 주문이었다.

그건 거래를 할지 말지가 아니었다. 무조건 해서는 안 되는 거래였다. 7% 이익 보자고 93%의 위험을 감수할 순 없었다. 나는 그 남자가 왜 우리 회사로 와서 일하자고 하는지가 궁금했다.

그가 근무하는 회사가 자금 사정이 나빠져서? 그렇다면 오히려 그 바이어를 회사에 연결해서 자금을 융통하고 무역금융이나 기타 수출지원 금융 등을 써야 하는 게 순리였다. 회사가 어려워졌다고 그곳의 직원이 회사의 바이어를 빼서 독립한다는 건 상도의가 아니었다. 그럼, 회사 경영진과 싸워서? 그렇다고 회사 거래처를 갖고 나온다는 것도 상도의가 아니었다. 그 남자가 독립하기엔 충분한 자금이 없어서? 돈이 없다면 그가 내게 주려는 오더는 최초의 오더이고 그 바이어가 줄 수 있는 오더 중에서도 가장 적은 물량일 게 분명했다. 최초 오더를 나한테 넘기고 자기는 큰 물량 오더를 맡겠다는 심보였다. 이래저래 그 남자는 돌려보내는 게 합당했다.

비즈니스를 하다 보면 진짜 별의별 사람을 다 만난다는 말이 맞다. 돈을 놓고 꼬이는 인간군상의 장터라고 비유해도 좋을 정도다.

상대방에 대해 완벽한 정보를 알려면 상대의 완벽하게 보이려는 속임수에 속지 말아야 한다는 전제 조건이 붙는다. 가령, 강남 지역 일대에 월세가 비싸게 보이는 사무실에 방문했다고 하자. 당신과 거래하려는 회사가 거기에 있다면? 대부분의 경우 그 회사의 겉모습에 혹한 나머지 부동산등기부등본이나 법인등본, 회사의 매출, 회사의 권리 보유상황 등을 자세히 알아보지 못하게 된다.

"왜 그래? 거기 직원들 엄청 많던데?"

자세히 알아보면 직원들 대부분은 임시직으로 근무하고 있는 것일 수도 있고, 그들도 피해자라는 것을 알 수도 있다. 그런 업체는 사무실을 한 달 치 월세만 미리 내고, 몇 개월만 한시적으로 운영하는 곳이 적지 않다. 이런 문제는 법인등기부등본을 떼어보면 쉽게 파악할 수 있다. 현재 주소지로 이사 온 시점이 언제인지, 회사의 이사진 구성원 나이가 몇 살인지, 각각의 경영진의 경력이 어떤 사람들인지 대강 알 수 있기 때문이다.

속이는 회사도 나쁘지만 속는 사람도 나쁘다. 속는 사람이 있으니까 속이려는 사람들이 생겨나는 것이다. 속지 말아야 한다. 그래야 좋은 회사들이 남는다.

만약 당신이 회사의 홍보업무를 하다가 당신의 상품 제안을 받은 사람이 투자하고 싶다고 한다. 당신은 상대를 어떻게 대우할 것인가?

1. 우선 어떤 형태의 투자이며, 조건은 어떻고, 투자금 지급 시기는 언제인지 등 여러 부분을 꼼꼼히 따져야 한다.

2. 투자자라고 해서 회사보다 지위가 높은 게 아니다. 성장 가능성 높은 회사는 오히려 투자자를 기피한다. 돈이 될 만한 회사라고 생각되면 투자자를 모집하지 않아도 투자자들이 알아서 모여든다. 투자자들이 다가오지 않고, 회사가 직접 투자자를 찾아 나선다면 당신은 한번 생각할 필요가 있다. 당신이 회사 경영진이 아니고 투자자라면 회사 아이템이 투자할 만큼 매력적인가? 아닌가? 당신이 결정 내리기를 꺼린다면 그건 다른 투자자도 마찬가지다. 그래서 투자자를 행세하며 놀고먹고 다니는 거지들이 많다는 건 상장 가능성이 부족한 회사들이 많다는 얘기도 된다.

3. 상대가 투자한다고 해서 회사 소개나 기술 분석 등의 자세한 정보를 공개해서는 안 된다. 결국엔 단물만 뺏기는 셈이 된다.

회사를 경영하던 중에 어느 날 갑자기 투자자가 나타났다면 우선 마음을 가라앉히고 찬찬히 생각해야 한다. 그가 어떻게 알고 우리 회사를 찾아 왔을까 생각하고, 그 다음 순서로 투자를 결정하는데 앞서 업체조사를 하는 회계사가 누구인지, 변호사가 누구인지, 투자자와 어떤 관계인지 등을 확인해야 한다. 그리고 투자계약서를 작성할 때에도 우리 회사만의 중요한 정보에 대해서는 철저하게 비밀유지를 해야 한다는 조항 등을 계약서 문구에 넣는 것처럼 2중, 3중 대비책을 마련해둬야 한다. 투자자는 투자자일 뿐, 이익이 안 되면 언제든 빠져나갈 수 있는 상대라는 걸 잊어선 안 된다.

투자를 가장한, 회사를 망하게 하려는 업자들도 많다. 특히 돈도 없고 회사 경영도 모르는 불량인들이 '주식회사'를 인수해서 주식을 담보로 대출받아 돈만 받고 부도 처리하는 수법이 비일비재하다. 이들이 돈 한 푼 없이 남의 회사를 인수하는 방법은 M&A 분야에서 적당한 회사를 고르거나 상장시장에서 자금이 부족한 기업을 골라서 금융권 여신 규모 등을 조사한 후 대출 여력이 있다고 판단될 때 작업을 시작한다.

돈 한 푼 없이 어떻게 회사를 인수하냐고? 회사를 인수하는 주식 대금은 사채업자에게서 빌려 지불한 후에 경영권만 쥐게 되면 그 즉시 금융권 주식 담보 대출, 자산 담보 대출 등을 이용해 뽑을 수 있는 돈을 모두 뺀다. 그리고 그들이 빌려온 사채부터 갚고, 나머지는 대표이사 횡령 배임 후에 잠적해 버리는 것이다. '바지사장'도 이때 등장한다. 금융권 신용 상태가 양호한 퇴직자를 골라 자리만 있고 권한이 없는 사장 자리에 앉힌 후에 모든 나쁜 짓을 뒤에서 저지르는 것이다. 그들이 만든 바지사장에게는 아무도 모르게 깍듯한 예우로 대하며 안심시키다가 일정한 때가 되면 순식간에 부정을 저지르고 회사를 망하게 한다.

그렇다면, 위에서 7% 이익 보자고 93% 위험을 감수할 순 없다고 한 점에 대해 이해했는지 알아보자. 사업 초보자들은 위와 같은 제안이 오면 마치 당장에라도 7천만 원이 회사에 들어오는 줄 알고 덥석 제안을 받아들이는 경우가 있다. 사업은 수치싸움이다. 계수에 민감해야 하는 법이다.

예를 들어 보자. 주식투자의 경우다. 초기 투자금을 100만 원으로 시작했다고 치자. 주식을 사고 이익이 남으면 목표 수익률을 정해 두고 팔아야 하는데, 너무 높게 잡지 말고 3~5%정도로 봐야 한다. 한 때는 투자금 대비 몇 백%가 되는 이익률도 있던 적이 있지만 지금은 그런 대박 기회가 거의 없다고 봐야 한다. 그래서 한 번 거래에 5% 수익률에 3일마다 이익을 내고 재투자한다는 설정이라면 일주일 후에는 1,102,500원이 된다. 이런 식으로 한 달에 총 8번 이익이 난 것으로 계산하면 150만 원이 된다. 한 달에 이익률 50%면 1년은 산술적으로 단순 계산해도 600%다. 절대 적은 돈이 아니다.

문제는 손실률이다. 주식이란 게 이익만 낼 순 없고 분명 손실

볼 때도 있다. 이 시기를 잘 보고 제때에 빠져나와야 한다. 손실률도 5%라고 해보자. 100만 원 투자했는데 하한가를 쳐서 95만원이 됐다면? 바로 털고 나와야 한다. 지켜보겠다고 하다가 80만 원만 남을 수 있다. 이때도 본전 생각하고 버티다간 큰일 난다.

95만 원으로 5만원을 벌자면 5.2% 수익률을 더 올리면 본전을 찾는다. 100만 원이 된다. 전혀 불가능한 비율은 아니다. 그런데 80만 원이 남았다면? 100만 원 본전까진 20만 원이다. 80만 원에서 20만 원을 더 벌자면 25% 수익률을 올려야 한다. 그래야만 본전이 된다. 5.2% 수익률 올려서 본전을 찾을 것인가? 25% 수익률 올려서 본전을 찾을 것인가? 어느 게 더 쉽나? 100만 원 본전 생각하면서 기다렸더니 주가가 50만 원까지 하락했다고 하자. 50만 원으로 50만 원을 더 벌어야만 본전이 된다. 50만 원의 100% 수익률을 올려야만 가능한 금액이다.

수익률에 대해 이야기하면서 복리에 대해 알아두자.

월 5만원씩 40년 투자할 경우, 만기에 당신은 얼마나 벌게 될까?

1. 단돈 5만 원을 펀드에 투자해서 수익률 30%일 경우를 계산해 보자.

   월복리로 처음에 5만 원을 넣고 연 30% 수익률일 경우, 월 2.5% 수익이므로 첫 달 5만 원을 40년 후에 찾을 때는 원금 × $(1+R)^n$ 수식에 의해서 $W50,000 \times (1+0.025)^{480}$ = 70억 2천만 원이 된다. 단돈 5만 원을 40년 뒤에 찾는다고 해도 수익률만 제대로 지켜진다면 70억 원이 되는 셈이다. 현재 당신의 5만원은 어떻게 쓰이고 있는가?

2. 같은 조건에서 매월 5만 원씩 투자할 경우를 계산해 보자.

첫 달에 이어 둘째 달에 넣은 5만 원은 $W50,000 \times (1+0.025)^{479}$ 으로 계산해서 40회를 더하게 되고 마지막 달에 넣는 5만원은 $W50,000 \times (1+0.025)^1$이 된다. 여기서 금융이자 등에 대한 세금과 수수료를 뺀다고 해도 30세인 당신이 40년 후 70세가 될 순간엔 현금자산 2천억 원이 넘는 거부가 된다.

비즈니스와 장사의 정석은 인간관계의 전략뿐 아니라 수치에 강해야 한다. 이 정도는 기초적인 것이다. 이쯤에서 상술 배우기를 포기하고 벌어둔 돈을 갖고 금융투자만 하겠다는 독자도 있을지 모르겠다.

물론 여기에도 위험요인이 있다. 꾸준한 30% 수익률을 올려줄 천재적 투자 관리자를 만나기 어려운 점, 그래서 일순간에 반토막 마이너스 수익률이 될 수 있다는 점이다. 그래서 항상 부자들에게 물어봐서라도 돈을 관리해 주는 투자자문업체를 찾는 게 중요하다. 물론 원숭이도 나무에서 떨어진다고 항상 옳은 투자만 하는 건 아니므로 제대로 40년 간 수익률을 유지하기란 쉬운 게 아니다. 이래저래 사업을 해야 하는 이유가 생긴다.

투자를 하더라도 사업은 해야 한다는 뜻이다. 투자에서 생길 수 있는 손실 위험을 줄이기 위함이 아니더라도 인생의 가치를 위해서 사업에 도전하는 게 필요하다. 무모한 사업을 하라는 이야기가 아니다. 자신의 여력 내에서 안정적인 사업을 해야 한다는 의미다. 투자를 한다는 건 개인의 이익을 위해서이고 사회 기여도가 크진 않지만, 사업을 한다는 건 직원을 채용해서 일자리를 제공하는 점을 포함해 좋은 제품을 사람들에게 제공하는 것처럼 사회 기여 측면이 강하기 때문이다.

상인들의 약속은
어디까지 믿어야 할까?

삼국 상인들에게 있는, 상대방이 삼국 상인들을 바라볼 때 비춰지는 '단점'은 무엇일까? 우리가 우리의 눈으로 볼 수 없는 단점들이 있다.

한국상인에게는 처음 만난 사이라도 나이에 따라 형동생 관계가 될 수 있고, 출신지역이나 학교에 따라 선후배 관계가 될 수 있는 반면, 거래 관계가 끊어지는 것도 즉흥적이고 순간적이 될 수 있다는 단점이 있다. 가령, 한국상인들은 거래 상대방에게도 처음 만난 사이라도 몇 살인지, 어느 지역 출신인지, 어디 사는지, 학교는 어디 나왔는지 물어보곤 한다. 예전보다는 많이 줄었지만 완전히 사라지진 않았다. 그렇게 상대에 대해 알게 되고 서로 공통된 요소가 생기면 형동생이 되거나 선후배가 되거나 고향친구가 된다. 하다못해 서로 술을 좋아한다는 공통분모가 있다면 술친구라도 된다. 골프를 통해 비즈니스가 이뤄지는 일들이 많은 것처럼 말이다.

그런데 한국상인들 간 거래는 단기간에 밀접한 사이가 되어 거래가 시작되더라도 결말도 단기간에 이뤄진다는 게 단점이다. 연락을 안 하고 잠수를 하거나 아무도 모르게 폐업하거나 파산이 되어버린다. 물론, 경영상 오판으로 인하여 기업경영이 잘못될 수는 있는데 여기서 '단기간'이라는 것은 때로는 한국상인 자신도 모르게 기업 경영 상태가 어려워져서 거래가 끊어지는 일이 생긴다는 의미다.

중국상인들과는 자칫하다가 '필요한 것만 빼앗기고 내쫓기는 상황'이 되곤 한다. 중국상인들은 그들이 원하는 것이 있다면 만만디가 사라진다. 자신의 이익을 얻기 위해선 세계 어느 지역이라도 간다. 한국인 패션디자이너가 필요하다면 연봉의 3배, 아파트와 자동차 제공처럼 모든 조건을 다 들어주고서라도 데려온다. 그런데 중국상인들이 필요한 걸 얻은 뒤에는 모든 조건들이 순식간에 사라진다. 한국인 패션디자이너에게 모든 조건을 들어주고 5년 취업 보장을 했다고 해보자. 한국인 패션디자이너에게서 더 이상 얻을 게 없다고 판단되면 5년 취업보장이 아니라 단 5일 만에 사라질 수도 있다.

그래서 중국상인과 거래를 할 때는 그들에게 필요한 것을 절대로 주어선 안 된다. 중국상인들은 상대방이 어떠한 조건을 내걸더라도 다 들어줄 것처럼 말하지만 필요한 걸 얻는 순간, 모든 조건들이 사라지고 약속은 무용지물이 된다. '방법이 없다' 라든가 '법이 바뀌었다'고 하는 게 그들의 답변이다. 중국상인들과 거래해 본 한국상인들이 자주 말하는 '황당함'이 이런 경우다.

일본상인들과는 비즈니스에서도 '까치까치야마' 전략이 꾸준히 사용된다. 가령, 일본상인들이 동대문시장에 와서 물건을 사갔다고 하자. 매주 화요일마다 동대문시장에 오던 일본상인들은 한국상인들과 거래가 되면 매주 오던 걸 격주로 줄이고 한 달 간격으로 늘리며 '바빠서', '다른 상인들이 일본에 와서 상담하느라' 등의 이유를 댄다. 그러면 한국상인들이 매주, 격주로 일본으로 출장을 간다.

어디 그뿐인가. 그들은 매주 현금 결제하는 것도 격주 결제, 월말 정산, 익월 결제 등으로 조건을 바꾸자고 제안한다. 한국상인들로선 거절할 방법이 없다. 일본상인들이 "다른 상인들은 해준다는데 왜 한국은 안 해주는가?" 반문하면 "우리도 해주겠다."가 된다. 매주 동대문시장에 방문해서 현금으로 물건을 사가던 일본상인들이 언젠가부터 안 오기 시작하고 한국상인들은 샘플을 들고 일본상인들에게 다가간다. 차츰차츰 전세가 뒤바뀌는 상황이 된다. 일본상인들과 거래하는 한국상인들이 말하는 '상황이 그렇게 되더라'는 게 이런 경우다.

요요기 공원 유스호스텔에서 다시 만난 그들

•

•

⊕

"인플루언서라며? 나도 그거 하는 방법 좀 알려줘!"

또 전화가 왔다. 벌써 며칠 째다. 온라인 마케팅을 해야겠다며 블로그를 만들더니 관리하기가 너무 어려워서 힘들다며 제대로 운영하는 아이디어를 달라고 난리다. 블로그는 매일 글을 올리면서 최소 3개월은 해야 '유지되는 블로그'에 포함된다. 그 이후에도 정기적으로 글을 올리고 다른 방문자들과 댓글로 소통을 이어나가야 인맥이 만들어지면서 블로그가 인기를 얻게 된다고 알려줘도 막무가내다. 상대는 뭔가 요행수가 있을 것 같은데 숨긴다며 매달린다.

"그러지 말고 한 번에 방문자 수를 늘리는 법 알려달라고!"

정말 그런 방법이 있을까? 사실, 블로그가 뭔지 그 성격을 조금만 이해한다면 그런 방법이 아예 없는 것도 아니다. 블로그, 트위터, 페이스북 등에서 이웃을 늘리고, 방문자를 늘리고 친구를 늘리는 방법이 없진 않다. 대부분의 사람들이 '블로그=블로그', '페이스북=페이스북'이라고만 인식하기에 잘 모를 뿐이다.

트위터, 블로그, 페이스북 등에서 팔로워, 이웃, 친구들을 빨리 모으는 방법은? 간단하다. 미인이 운영하는 계정으로 만들면 어렵지 않다. 실제 남자더라도 온라인상에선 마치 여자가 운영하는 계정으로 꾸미는 경우인데, 자신이 미인이 아니더라도 다소의 과한 포토샵을 활용해 미인이 되어 운영하는 경우도 수두룩하다. 순식간에 팔로워가 늘어나고 영향력이 생긴다. 댓글이 주르륵 달리고 올리는 글마다 반응이 뒤따른다. 아프리카TV에서 미녀 BJ들이 인기 있는 이유도 같다고 볼 수 있다.

만약 당신이 사업의 홍보수단으로 블로그를 만들었는데 방문자 모으기가 힘들어서 그만 뒀다? 온라인 장사를 시작한 상인인데 온라인 홍보를 하기 힘들어서 비싼 키워드 광고비만 쓰다가 망했다? 사업을 접었다? 아무나 하는 거 아니라고 배우기만 해놓고 이젠 안 한다? 그렇다면 당신은 아주 간단하지만, 당연한 걸 놓친 거다. 당신이 선호하는 블로그와 트위터, 페이스북을 되돌아 보자. 고객과 상인의 만남을 승부라고 생각할 때 최소한 당신은 〈손자병법〉에도 나온 '미인계(미남계)'를 사용하지도 않았다.

그렇게 해놓고 사업의 실패와 성공을 이야기하는 건 너무 안이한 생각이다. 예쁜 여자는 같은 여자들도 좋아한다. 성상품화가 아니고 양성평등 이야기가 아니다. 회사는 이윤을 위해 존재한다. 회사가 손해를 본다면 존재 의미가 사라지는 것인데, 〈손자병법〉에도 나온 전략을 왜 사용하지 않는가? 사업가로서의 경영자질에 대한 반문을 하는 것이다.

'미인계(미남계)'는 남녀 할 것 없이 모두에게 시도해 볼 수 있는 전략이다. 그럼 미인계 전법을 온라인쇼핑몰에 접목시키면 어떨까? 포털 사이트에 모델로 내세우면 어떨까?

쇼핑몰엔 가능하지만 포털 사이트엔 성공을 장담하기 어렵다. 콘텐츠로 승부해야 하는 웹사이트 운영업체들은 미인들만 앞세우기도 어렵다. 그래서 철저한 데이터베이스로 사람들이 원하는 콘텐츠만 집약시키는 편집구성 방법을 쓰고 있다. 모니터에서 당신의 눈이 움직이는 길이 이미 전문적으로 파악되어 있다는 점이다.

가령 이런 식이다. 인터넷 기업들은 해당 사이트를 개설한 후, 특정 기준에 해당하는 안구의 움직임을 체크할 수 있는 전용카메라를 모니터에 설치해 정기적으로 모니터링 한다. 그리고 그들이 어떤 메뉴를 주로 사용하는지, 어느 위치를 자주 보는지 철저하게 자료로 만들어 정보를 뽑아낸다. 광고 단가는 모니터 안에서 이뤄지는 모든 마우스 움직임, 눈 움직임, 광고 위치 등은 철저한 계산 하에 정해진다.

쇼핑몰은 대중적인 것이다. 그런데 당신의 개성대로만 만들었다면 이미 실패한 것이나 다름없다. '인터넷 쇼핑몰이라고 뭐 대수야? 장사하듯 그냥 물건 올려두면 사갈 사람은 사겠지.' 이런 생각을 하는 이들은 쇼핑몰을 열지 않아야 할 사람들이다. 온라인 쇼핑몰은 오프라인 가게의 인터넷 상점이 아니다. 온라인 상점만의 전략으로 다가서야 한다. 오프라인 상술과 온라인 상술이 다르기 때문이다. 물론 비숫한 부분도 없진 않지만 분명한 건 오프라인과 온라인의 차이점이 있다는 사실이다.

위 이야기는 명품쇼핑몰을 차린 중국상인과의 이야기다. 한류 바람으로 한국 상품이 인기를 얻게 되자 중국에서 한국 상품을 판매하던 그가 명품상품으로 눈을 돌린 건 중국에 부자들이 급증하면서 명품 수요가 폭증했기 때문이다. 이 중국상인은 한술 더 떠 한국에서도 명품을 판매하겠다며 블로그 마케팅, SNS 마케팅, 유튜브 홍보까지 아주 다각도로 물어보는 상황이었다. '돈'에 대해선 '만만디'가 없는 중국상인의 본 모습, 그 자체였다.

그로부터 얼마 후, 이 중국상인을 다시 만난 건 일본 요요기 공원 유스호스텔이었다.

"나 밀라노(Milano)에 공장 차렸어."

그의 다음 이야기는 더 놀라웠다. 중국상인들이 이탈리아 명품 브랜드 인수에 나섰다는 이야기는 오래 전부터 알고 있었다. 그리고 이탈리아 명품브랜드 본사에서는 제품을 생산할 근로자를 구하기가 점점 어려워지자 외국인 근로자를 데려왔는데, 대다수가 중국인이라는 것도 알고 있었다.

명품 브랜드 made in Italy by Chinese

이탈리아 패션브랜드들은 인접한 방글라데시에서 주로 만들어왔는데 어느새 중국인 노동자들이 이탈리아에 밀려들면서 이탈리아 내에서 생산하고 있는 상황, 중국상인들이 지분을 소유한 명품브랜드 회사에서 운영하는 공장에 중국인 근로자가 생산하는 명품브랜드 제품들, 그 명품제품을 다시 중국에 수출해서 판매하는 상황…. 이게 도대체 뭐가 뭔지, 헷갈리는 상황이라는 것도 잘 알고 있었다. 내가 놀란 것은 그가 이탈리아에 공장까지 만들었다는 이야기를 한 점이다. 명품브랜드 쇼핑몰을 운영하던 사람이 이제는 이탈리아에 공장을 차리고 명품 브랜드 제품을 직접 만들어서 직접 공급하겠다는 것이다.

그는 요요기 공원 인근 공터에서 매주 주말에 열리는 벼룩시장에 들러 돈이 될 만한 상품을 사러 왔다고 한다. 국경을 가리지 않는 그의 장사술에 놀라움을 금치 못했다. 왜냐하면 그의 계획이 눈에 보였기 때문이다.

그는 이탈리아에서 생산하고 중국인들에게 판매하면서 뭔가 더 고부가가치를 얻을 수 있는 아이템을 찾고자 했을 것이다. 중국인 부자들은 주로 직접 방문해서 현지에서 쇼핑을 하는 걸 선호하지 인터넷 쇼핑몰에서 사는 건 그다지 좋아하는 편이 아니다. 중국인 부자들에겐 현찰과 오리지널이란 게 중요하기 때문이다. 그런데 중국인을 대상으로 인터넷 쇼핑몰을 한다? 이 경우라면 해외여행 가서 쇼핑할 형편이 되지 않는 중국인을 대상으로 소비욕과 과시욕을 해결할 수 있는 상품을 판매하는 거라고 봐야 했다. 내 짐작으로는 그가 이탈리아에서 공장을 차렸다곤 하더라도 제대로 된 오리지널 제품을 하청 생산하는 건 아니라고 보였던 이유이기도 하다.

다시 말해서, 그는 중국인들이 원하는 상품, 채면을 세울 수 있고 과시할 수 있는 상품이라면 뭐든지 만들 수 있는 시스템으로 공장을 만들었다고 봐야했다. 그렇다면 그에게 필요한 것은 무엇일까? 중국인 소비자들이 원하는 고가의 상품을 낮은 가격에 판매하면 될 일이다. 비슷한 스타일이거나 또는 쌍이 없는 상품, 즉 '소비자들이 보기에 이건 비쌀만 하다'는 상품을 공급하면 될 일이다.

그런데 그는 일본에 와서, 일본에 벼룩시장에 들러, 일본 사람들이 좋아하는 일본식 상품을 찾는 게 목적이었다. 생각해 보자. 벼룩시장은 중고제품을 판다. 어느 일본인이 샀던 물건을 다시 내놓는 곳이란 의미다. 그렇다면 벼룩시장에선 일본인들의 쇼핑 스타일을 알 수가 있다. 일본인들이 어떤 디자인을 고르는지, 어떤 상품을 좋아하는지 어림으로나마 파악할 수 있다. 일본에 와서 벼룩시장에 들러 그가 찾는 것은 중고제품이 아니라 일본인의 쇼핑스타일이었던 것이다.

그 다음은 아마도 이탈리아에 돌아가서 일본식 디자인의 아이템을 이용한, 이탈리아산 상품을 만들어 쇼핑몰에서 팔 것이다. 그가 벼룩시장에서 사간 오리지널 일본제품들은 쇼핑몰 상품페이지에 데커레이션이 되어 중국인 소비자들에게 일본 느낌을 전달해줄 것이지만 말이다.

"보통 상인은 손님에게 '어서 오세요', '안녕히 가세요' 인사하고
훌륭한 상인은 '반갑습니다!', '다음에 또 뵐게요!'라고 인사한다.
보통 상인은 돈을 남기고 훌륭한 상인은 인연을 남긴다."

온라인 고객에게는 온라인 상술이 필요하다

인터넷 쇼핑몰에서 상술은 가짜 후기, 키워드 온라인 광고가 전부
가 아니다. 미인계가 곧 매출로 이어지는 것도 아니다. 예를 들어보자.

한번은 수만 명의 팬을 보유한 유명스타가 인터넷 쇼핑몰을 열
면서 일일 방문자가 5만 명이 넘는 기염을 토했다는 방송을 본 적이
있다. 사이트가 다운되는 일이 벌어질 정도였다고 한다. 그렇다면 그
날 그 쇼핑몰의 매출은 얼마나 될까?

"5만 명이 왔는데 쇼핑을 한 사람은 5명이었어요."

스타의 유명세는 호기심을 유발할 수 있지만, 실제 매출로 이어
지게 하는 건 온라인 쇼핑몰의 신뢰도다.

예를 들어 컴퓨터 판매업자들은 오프라인 가게를 운영하면서도
너나 할 것 없이 '다나와', '옥션', 'G마켓' 등의 유명 도매사이트에 제품
을 올려둔다. 그러나 정작 그들은 자신의 물건이 온라인으로 판매되
는 것에는 별 관심이 없다. 처음부터 온라인 판매는 목적이 아니었던

거다.

그들은 오프라인 매장에 찾아오는 고객들과 제품에 대한 상담이나 거래를 하게 될 때 온라인을 활용한다. 자기가 도매사이트에 미리 올려둔 제품을 찾아 보여주며 온라인 상 가격보다도 밑지게 받을 테니 좋은 기회에 제품을 구입해보라고 제안하는 것이다. 그러면 우리의 '호갱(호구 고객)'님은 오프라인 매장 직원의 말에 구매욕구가 발동할 수밖에 없다. 이게 1차적인 상술이다.

그래서 그들이 인터넷에 올려둔 가격은 가짜인 경우가 많다. 일단 남들보다 싸게 올려두고 방문자가 생기면 숍으로 오게끔 만든 후에 싼 가격 제품 외에 다른 제품을 끼워 팔아(끼워 파는 제품의 단가를 높여서) 정상가격을 다 받는 경우도 수두룩하다. 고객은 가게 안의 제품이 하나가 싸면 다른 것도 싸다는 인식을 하는 편인데 이걸 역이용한 전략이라고 할 수 있다.

그럼 2차적인 방법은 무엇일까? 우리가 흔히 아는 가짜 후기 또는 키워드 온라인 광고다. 그러나 방법은 그 의도성이 드러나 고객으로부터 통하지 않은지 오래다. 그렇다면 결국 '가격'으로밖에 승부를 걸 수 없다는 이야기다.

소비자는 온라인상에서 원하는 상품을 찾고, 사용 후기부터 확인해 본다. 후기가 어느 정도 만족스럽다면 그때부터 상품 정보를 꼼꼼하게 따져본다. 그러면서 상품이 정말 마음에 들고, 구입해야겠다는 확신을 갖게 된다. 그러나 그렇다고 해서 그 순간 결제가 이루어지는 것은 아니다. 혹시 다른 사이트에서 같은 상품을 더 싸게 팔지도 모르는 일이 아닌가? 그때부터는 가격을 비교할 수 있는 사이트를 열어보는 손이 분주해지게 된다. 아무리 예뻐도, 아무리 후기가 좋아도 가격이 싸야 한다. 당신이 온라인 쇼핑하는 법과 다른 점이 있는가?

정말 소비자는 가격만 싸면 모여드는 걸까? 아니다. 온라인 상술은 철저하게 소비자입장이 되어야 한다. 가격도 싸고 배송비도 무료고, 총알배송이어야 하며 반품·교환·환불이 쉬워야 한다. 소비자의 문의사항도 바로바로 처리해줘야 한다. 그러려면 판매자는 항상 통화가 잘 되어야 하고 게시판 답글에 바로바로 대응해야 한다. 네티즌들은 3초만 벗어나도 지루함을 느낀다고 한다. 그러니 늦어도 30분 이내엔 답변을 올려줘야 한다. 그래야 불안해지지 않는다. 그렇다. 온라인 상술의 최대 덕목은 네티즌들의 불안감을 잠재우는 것이다.

그렇다면 거꾸로 잘나가는 온라인 쇼핑몰 만드는 법을 정리해보자. 영어로 '목록을 만들다'는 의미의 'list'에 'en'을 붙여 동사화(動詞化)시키면 'listen'이 된다. 단순히 이야기를 들으라는 것이 아니라 '목록화'해서 들으라는 의미다. 여러분이 온라인 쇼핑몰에 도전하고 싶다면 지금부터 앞의 내용을 돌이켜보며 'listen'해 보자.

(1) 제품이 좋아야 하는 건 기본 중의 기본이다.

경쟁업체들보다 제품이 다양하거나, 독점적이어야 한다. 기본적으로 다른 데서 볼 수 없는 상품을 구비하는 것이 좋다. 그런데 다른데도 파는 상품이라면 고객은 가격만 비교해 보고 금세 다른 곳을 찾아간다. 그 때문에 'wish list'라는 항목을 만들어 고객이 '구해달라는 상품' 목록을 받는 곳도 있다. 쇼핑몰에 없으면 구해주겠다는 서비스를 말한다.

(2) 온라인 쇼핑몰은 화사하고, 정돈된 고급스런 분위기가 나도록 만드는 게 필수다.

오프라인 가게도 간판과 인테리어가 중요하듯 온라인 쇼핑몰 매장도 이미지가 중요하다. 고객들은 헛걸음하고 싶어 하지 않는다. 그러므로 신뢰감을 줄 수 있는 이미지로 사이트를 꾸미는 것이 1차적으로 중요하다. 그러나 이때 가장 중요한 것은 사이트의 활성화 여부다. 쇼핑몰의 상품이나 진열 상태가 얼마나 자주 바뀌는지, 문의게시판에 글이 많은지, 답변이 제때 이뤄지는지 등을 살핀다. 당신이 어떤 온라인 쇼핑몰을 자주 찾는지를 생각해보면 답이 나온다.

(3) 미녀·미남 모델, 예쁜 사진이 중요하다.

네티즌들은 인터넷 쇼핑몰에 방문해 준 것만으로도 선심을 썼다고 여긴다. 그만큼 방문자 수가 중요하기 때문이다. 쇼핑몰에 미남미녀들이 많이 등장한다면 방문자 수는 걱정하지 않아도 된다. 미남미녀가 착용한 의상과 아이템을 구입하면 자신도 미남미녀가 된다는, 될 수 있다는 판타지를 부여해 주는 것이다.

(4) 배경도 예뻐야 한다.

홍대나 압구정동, 청담동은 이제 모르는 사람이 없다. 패션은 착용하는 즐거움 외에 어느 장소에서 돋보이는가도 중요하다. 그래서 제품을 담는 배경이 돋보여야 소비자들의 판타지가 실제가 되고, 구매로 연결된다.

(5) 상세한 정보를 줘야 한다.

인터넷 쇼핑이 익숙한 소비자는 작은 정보에도 예민하다. 몇 가지 정보를 대충 넘겨서 실패한 경우가 누적되다 보니 고객들은 정보에 예민할 수밖에 없다. 그래서 제품의 정보가 미흡할 경우 쇼핑몰은 그에 대한 전화를 받느라고 시간을 낭비하게 된다. 쇼핑몰에서 상품 정보는 판매자에게 묻지 않아도 그들 스스로 상품 정보를 모두 알아냈다는 느낌이 들 정도로 담겨 있어야 한다.

(6) 가격이 싸야 하며 안심결제가 가능해야 한다.

소셜커머스, 오픈마켓보다 가격이 싸야 한다. 1천 원이라도 비싸다면 반드시 그만큼의 혜택이 있어야 한다. 그들은 주문을 하더라도 7일 이내에 취소하고 현금을 돌려받을 수 있는 '권력'을 가진 소비자이다. 그들이 쇼핑을 하고 최소한 일주일 동안 '잘 샀다'고 느끼게 해야 한다.

고객은 쇼핑몰에서 마음에 드는 상품을 보더라도 바로 구매하기보다 우선 장바구니에 담아두거나 프린트로 출력해 놓거나 스마트

폰으로 찍어두는 신중함을 기한다. 같은 제품이나 유사한 제품을 찾아 다른 쇼핑몰로 이동해 제품 정보와 가격을 비교해 본다. 오픈마켓이나 소셜커머스도 간다. 여기에서도 찾지 못하면 백화점에도 가고 동대문 시장에도 간다. 구글과 네이버에서 검색도 하고 지식검색에 '이 제품 어디서 살 수 있는지?' 질문도 올린다. 해외쇼핑몰에서도 찾아본다. 그래도 정보가 모자라면 옷 장사를 하거나 패션 쇼핑몰을 운영한다는 친구에게 전화해 묻는다. '이거 만들어 줄 수 있어?'

네티즌들의 정보력이 이 정도 수준이니, 사업 경험이 부족한 상인이라면 난감할 수밖에 없다. 고객이 곧 살 것처럼 장바구니에 제품을 담아놨다고 해서 '기대'만 하고 있을 뿐이다. 그러나 그 후 결제 소식은 없고, 상인은 '곧 팔리겠지? 월급날 기다리나? 용돈이 부족한가 보군?' 등 자신을 위로하는 추측만 해야 할 지도 모른다.

소비자는 어떻게든 상품 정보를 찾아낸다. 그리고 가격비교를 한다. 해외직구 쇼핑몰일 경우 관세와 배송료까지 조사한다. 그렇게 단돈 100원이라도 저렴하다면 가격이 싼 곳에서 쇼핑을 한다. '바로구매'는 클릭하지 않는다. 장바구니에 담아놓을 뿐이다. '바로구매'는 '바로 호갱'을 인증하는 것이나 다름없다는 것을 소비자는 너무도 잘 알고 있다.

그래서 요즘 상인은 소비자의 동선을 꿰고 미리 대처하는 상술을 펼친다. 직접 가격비교 사이트에 상품을 올리고, 해외직구 쇼핑몰을 만들어서 운영한다. 중국의 오픈마켓 타오바오(www.taobao.com) 쇼핑몰이나 미국의 이베이(www.ebay.com)에도, 아마존(www.amazone.

com)에도 한국인 판매자들이 진출한 지 오래다. 세계 각지에 오프라인 숍까지 차린 한국 상인들이 많다.

상인들은 소비자보다 한발 빠르게 움직여 소비자가 갈만한 곳엔 모두 상품을 올려두고 가격을 살짝 조정해두며 자신의 쇼핑몰로 유도한다. 소비자는 본인이 똑똑하게 스스로 정보를 찾는다고 생각하지만 실은 한발 앞선 상인들의 상술에 걸려든 것일 지도 모른다.

(7) 배송이 빨라야 한다.

배송이 늦으면 그것도 단순변심의 사유가 될 수 있다. 소비자가 '짜증나네?'란 말을 못하게 해야 한다.

(8) 고객문의에 빠르게 응대해야 한다.

온라인을 이용한 고객들은 실시간으로 정보를 얻길 바란다. 숍에서 판매자에게 물어보는 것처럼 바로바로 응대가 이뤄져야 한다. 게시판뿐 아니라 카카오톡이나 문자 활용으로 상담이 빨라야 하고 배송 과정 통보가 이뤄져야 한다. 그것도 상냥하게 서비스 충만한 자세여야 한다. 친구처럼, 언니처럼 응대해라.

장사에는 국경이 없다는 말, 진짜일까?

중국 난징(南京)에서 일본인 이야기를 하면 그곳 사람들의 눈빛이 달라진다. 거부감을 일으키고 적개심을 표출한다. 그곳 중국인들이 기억하는 '난징 대학살'의 분노가 세대를 따라 이어지고 있어서다. 중국의 어느 술집에서는 '일본인 출입금지'를 써 붙여두기도 하고 어느 가게에서는 점원이 일본인처럼 보이는 사람에겐 일본인이냐고 묻고 일본인일 경우 가게에서 나가달라는 요구도 한다.

한번은 일본에서 초밥가게에 들렀다. 가게는 일본인 사장, 손님은 한국인, 서빙은 중국인 유학생이 담당하고 있다는 걸 알게 되었다. 크지 않은 초밥식당이었는데 3국 사람들이 어울려 있었다.

한국에서는 반일감정이 크다. 국가 간 운동경기에서 일본을 상

---

2   중일 전쟁 당시 중국의 수도인 '난징'을 점령한 일본이 1937년 12월 13일부터 1938년 2월까지 6주간에 걸쳐 중국인을 무차별 학살한 사건으로서, 필자가 난징 현지에서 살고 있는 중국인들에게 전해 듣기로는 그 당시 최소 약70만 명의 중국인들이 학살되었다고 한다.

대로 하는 경기라면 절대로 져선 안 된다는 게 '국룰(국가의 룰rule)'이라 불릴 정도다. 일본과의 야구경기에서 만루 홈런으로 극적인 역전승을 한 일이 있는데 한국의 술집에선 밤새도록 축하파티가 벌어졌다는 이 야기도 전해들은 기억이 있다. 모 운동종목 국가대표로 일본 원정 시 합을 가진 지인에게 듣기로는 팀원 모두가 '일본에게 만큼은 지지 않는다'는 각오로 시합에 임했다고 한다. 몸은 힘들어 죽을 것 같았지만 기어코 승리했다면서 어디서 그런 힘이 나왔는지 지금도 알 수 없다고 했다. 일제강점기를 겪은 한국의 당연한 국민정서이기도 하다.

그런데 일본으로 여행을 오는 사람들 대부분이 한국인이고 일본 애니메이션, 일본음식을 즐기는 한국인들도 대다수이다. 역사는 역사대로, 경제는 경제대로 이뤄진다.

다시 중국 광둥성의 예를 들어보자. 광둥성의 '둥관'이나 '썬전' 지역은 IT 관련 기업들이 많다. 특히 외국 기업들이 투자해서 현지에 세운 기업들이 다수다. 인근 지역인 '장안', '후먼', '창핑', '따랑', '쩡천'에는 패션산업에 특화된 지역들이 있는데 신발, 가방, 의류 등을 생산하는 공장들이 부지기수다. 이 지역으로 가는 교통편에는 기차, 비행기, 버스, 택시가 있고 하루가 멀다 하고 각 지역 공장들로 향하는 외국인들이 교통수단마다 꽉꽉 들어차 있다.

그런데 이러한 외국인들 중에는 일본인들도 많다. 그래서 광둥성 광저우 인근 공장 도시에 가보면 일본인들을 대상으로 영업하는 식당, 숙박업소, 호텔도 많다. 일본인 바이어와 거래하는 어느 중국인은 "일본상인들은 신뢰할 수 있다."며 거래하는데 있어서 생산주문을 해놓고 안 가져가는 일은 없다는 말도 덧붙인다. 이 말은 공장에 생산 주문해 놓고 물건을 안 가져가고 결제를 안 해주는 바이어들도 많다는 의미다. 그 가운데 일본상인들은 약속을 지킨다며 신뢰한다고 말하는 사람이 중국인이라는 점이다.

그래서 장사에는 국가 간 국경이 없다. 정치적으로 해결할 문제는 정치적으로, 경제적으로 교류해야 할 문제는 경제적 이해타산에 의해 이뤄져야 한다. 실제로 그렇게 이뤄지고 있다. 중국의 어느 한식당에 들러 거래처 일본인 사장을 만나서 중국인 종업원(중국어로 '복무원')에게 서빙을 받는다. 그 날의 식대는 중국 정부에 세금으로 징수되고 식당 사장의 수익이 되어 다시 중국인들에게 사용된다.

잘 안다고 생각한 사람일수록 잘 모르는 사람이다

•

•

$

"어서 오세요."

약속 장소에 먼저 도착한 김 대표가 최 대표를 반겼다. 저녁 7시에 만나기로 했는데 최 대표가 조금 늦었다. 구로디지털단지 부근에 있는 회사에서 퇴근하는 대로 오는 길인데 신촌의 비즈니스 카페까지 오기에는 거리가 좀 멀었던 모양이다. 최 대표는 중국인이다.

"잘 지냈어?"

지난 주에 봤으니까 일주일도 안 되어 벌써 두 번째 만남이다. 김 대표와 최 대표는 한국과 중국에서 비즈니스를 해오며 서로 알고 지낸 지 10년 가까이 되는 절친한 사이다. 그동안 한 번도 서로에게 화를 내본 적이 없고 심하게 다퉈본 적도 없다. 둘은 가족처럼 믿고 의지하는 친구가 누구냐고 물으면 서로를 꼽을 정도였다.

오늘은 김 대표가 최 대표를 만나자고 연락했다. 오래전부터 김 대표가 준비해 오던 IT 사업에 최 대표가 참여하기로 하면서 계약서를 작성하기로 한 날이기 때문이다. 최 대표는 김 대표에게서 사업 아이디어를 듣고 그건 대박나는 사업이라며 같이 하자고 제의했던 것이다.

최 대표가 준비해온 계약서를 서류 가방에서 꺼내 김 대표에게 내밀었다.

계약서는 각 2페이지씩 되어 있었고 계약조항도 간단했다. 계약금은 없는 걸로 했고, 계약 주체는 각자의 법인명으로 했다. 이를테면 김 대표의 기술을 최 대표의 회사가 계약해서 사업적으로 활용하는 방식이었다. 수익 배분도 공정하게 5:5로 했다. 그러나 김 대표는 사업하는 데 있어서 사이트 호스팅 비용이나 결제기능을 추가하는 비용을 자신이 부담하겠다고 했다. 최 대표가 할 일은 현재 별다른 매출이 없는 자신의 법인을 잘 경영해서 돈을 많이 벌면 될 뿐이었다. 김 대표는 최 대표가 잘 되는 모습을 보고 싶었다.

김 대표가 개발한 IT 사업은 그동안 그가 10여 년 넘게 노력하며 만들어낸 프로그램 기술을 기반으로 한 것이었다. 드디어 사업화가 가능할 정도로 이뤄 놓은 상황에서 최 대표와 함께 사업하게 되어 김 대표는 진심으로 기뻐했다. 최 대표가 내미는 계약서도 볼 필요가 없었다. 알아서 잘해주었을 게 분명했기 때문이다. 다만 이익이 나면 최 대표에게 더 돌아갈 수 있게 하고 싶은 마음뿐이었다.

"내용 보고 사인하자."

"계약서 뭐 읽어볼 필요 있겠어요?"

"그렇지? 그럼 제일 아래 거기 사인만 하자. 2부 다."

최 대표가 김 대표가 사인할 부분을 가리켰다. 그런데 김 대표의 눈에 계약서 말미에 이런 문장이 하나 들어오는 것이 아닌가?

해당 프로그램은 계약과 동시에 (최 대표의) 주식회사ㅇㅇㅇ의 소유로 이전되며, 주식회사 ㅇㅇㅇ가 관리한다.

이게 무슨 뜻인가? 김 대표가 10년을 노력해 만든 프로그램이 사업계약서를 쓰는 순간 최 대표의 소유로 넘어간다는 내용이었다. 김 대표와 최 대표의 지나온 또 다른 10년이 그 계약서 하나로 정리되는 순간이었다.

김 대표는 사인하려던 손을 거두고 최 대표를 한 번 쳐다봤다. 그런데 최 대표는 문제 될 게 있느냐는 표정이었다. 김 대표는 그의 뻔뻔함에 아무 말도 할 수 없었다. 그리고 최 대표가 내민 계약서의 '(최 대표의) 주식회사ㅇㅇㅇ의 소유로 이전되며'를 지운 후 사인을 했다. 최 대표 얼굴에서 당황하는 표정이 스쳤다. 그것은 안타깝게도 '낭패'라는 표현일 뿐, '미안하다. 실수였다.'는 의미가 아니었다. 최 대표의 엄지손톱과 새끼손톱이 김 대표의 눈에 들어왔다. 길고 지저분해 보이는 손톱, 최 대표는 그 손톱이 있는 손가락으로 계약서를 집어 들며 입맛을 다시더니 이내 미소를 지으며 식사하러 가자고 말했다.

김 대표는 그날 이후로 최 대표를 자주 만나지 않았다. 사이트 사업도 흐지부지되는 모양새였다. 최 대표는 처음과 다르게 의욕적으로 사업을 펼치지 않았다. 최 대표는 도대체 무슨 의도로 김 대표에게 그런 계약서를 내밀었던 것일까? 지금도 그 숨은 의도가 궁금하다. 그러나 굳이 묻고 싶지는 않았다. 10년의 세월에 뒤통수 맞고 싶지는 않았던 것이다. 그날 이후로 김 대표에게 있어서 최 대표는 '가장 친한 사람'에서 '아는 사람'으로 바뀌었다.

모든 계약서(위임장 포함)는 한 단어, 한 줄이 중요하다. 계약은 상호·신의·성실에 의해서만 이루어지는 게 아니라 '계약법'의 적용을 받기 때문이다.

"공든 탑도 무너진다. 힘들게 쌓은 탑이 무너지려면
소리 없이 1초도 안 걸린다."

법(法)은 상식이다

상인에게 법(法)은 무기이면서 갑옷이다.

'나는 법 없이도 살 사람이야!'라는 말은 틀렸다. 그렇게 말하는
사람은 이미 '문법(文法)'에 맞게 말하는 순간임을 깨달아야 한다. 문법
이 없으면 대화가 통하지 않는다. 법은 우리 생활 깊숙이 들어와서 사
람들의 모든 행동에 직간접적으로 영향을 미친다. 상인에게는 민법,
형법도 문법처럼 상식이 되어야 한다. 알아두면 좋은 게 아니라 반드
시 알아둬야 하는 지식이다.

여기에서는 각종 계약을 할 때 필수적으로 알아둬야 할 계약서
상 용어에 대해 정리해 보기로 한다. 단 여기서 적는 용어설명은 대략
적인 이해를 돕기 위한 설명이므로 자세한 내용은 법무사 또는 변호
사 등의 전문가들과 상의하기 바란다.

(1) '상호·신의·성실'이라는 문구의 의미?

계약 당사자들에게 최선을 다하는 의무를 강조하는 문구다. 계약은 보통 '갑', '을', 병' 순서로 당사자를 정하는데 두 명이 계약할 경우 '갑'과 '을'이 되고, 세 명이 계약할 경우 계약서에는 '갑'과 '을', '병'이 기재된다. 여기서 '갑, 을, 병'이란 계약을 하는 당사자들을 말하며 계약서상에서 어떤 내용에 대해 당사자들을 가리키는 단어로 쓰인다.

그런데 한 가지 기억해야 할 점은 '갑, 을 병'으로 3자 계약을 했을 때는 셋 중 한 명이라도 '파기'할 경우 나머지도 모두 자동으로 파기된다는 점이다.

(2) '비밀 유지' 조항이란?

계약서상에 기재된 모든 내용과 계약서에 기재한 특정한 내용에 대해 외부로 유출하지 않는다는 비밀을 의무로 넣는 조건이다. 두 명이 계약 당사자라면 계약자 외에 다른 사람에게 계약 내용을 알려주면 안 된다는 뜻이다. 비밀유지 조항에 덧붙여 비밀이 유출될 경우 상대방에게 손해를 배상하게 하는 책임조항을 넣을 수도 있다.

(3) '또는', '그리고'의 법적 차이?

두 가지 이상의 내용을 이야기할 때 '또는'이란 단어는 앞과 뒤 모두를 이야기하거나 어느 한 개를 이야기한다. 예를 들어 '1 또는 2'라는 조항이 있다면 1이어도 적용되고 2이어도 적용된다는 의미다. 반면에 '그리고'란 단어는 앞과 뒤 모두 해당된다는 의미다. 예를 들어, '철수 그리고 영희'라고 한다면 철수와 영희 모두가 해당된다는 의미다.

(4) 위약금이란? 지체배상금이란? 착수금이란?

위약금이란 계약을 어긴 사람이 물어내는 손해배상금을 말한다. 지체배상금이란 계약에서 정한 기간 이내에 계약된 내용이 이수되지 않을 경우 늦어지는 날짜만큼 상대방에게 손해배상을 청구할 수 있는 장치이다. 착수금은 글자 의미대로 '손을 대는 순간 발생하는 비용'이란 뜻이다. 예를 들어, 변호사들이 의뢰인들로부터 사건을 맡기로 하는 순간에 받는 돈을 말한다.

(5) '계약법'에 대해 알아두라!

계약법이란 두 명 이상의 사람들이 약속에 따라 맺는 계약에 관한 법으로 이해할 수 있다. 상품을 얻는 대신 돈을 주고받거나 용역을 제공하거나 돈을 지불하는 식의 거래 관계에서 주로 이뤄진다.

(6) '차용증'의 효력

차용증은 어떤 사람이 다른 사람에게 돈을 빌렸을 때 돈을 빌린 사실에 대해 기록을 남겨둔 것으로, 두 사람 사이에 돈을 주고받은 근거가 된다. 차용증에는 '차용증'이란 제목을 쓰고 빌려간 사람, 날짜, 금액, 갚기로 약속한 날, 빌려준 사람, 빌려 간 사람의 서명 또는 인감도장 등을 찍는다.

(7) '현금보관증'의 위력

어떤 사람이 다른 사람에게 돈을 맡기고 돈을 맡은 사람에게 받아두는 증거다. '현금보관증'이란 제목을 적고 금액과 날짜, 돈을 맡긴 사람, 돈을 맡은 사람의 이름과 주민등록번호, 연락처 등을 기재한다.

현금보관증은 어떤 점에서 차용증과 비슷한데 차용증은 민사소송의 대상이지만 현금보관증은 형사사건의 대상도 된다는 점에서 차이가 있다. 예를 들어 내가 현금보관증을 근거로 상대에게 돈을 돌려달라고 했을 때 이를 이행하지 않을 경우 상대는 내 돈을 횡령한 죄를 짓게 되는 것이다.

(8) 문서가 법적 효력을 지니려면?

어떤 문서가 법적 효력을 지니려면 '날짜, 작성자, 서명, 제목, 내용' 등이 필수로 기재되어야 한다. 휴지에 쓰거나 나무에 쓰거나 무관하고 말로 계약하는 구두계약도 가능하다. 이메일도 전자문서가 되는 점을 기억하자.

(9) 초상권의 범위

초상권이란 어떤 사람의 얼굴을 그 당사자만 사용할 수 있다는 권리다. 주로 연예인과 같은 유명인들의 재산상 권리이기도 하다. 최근엔 그 사람의 얼굴뿐 아니라 겉모습도 초상권 범위에 포함된다고 보는 추세다.

(10) 양도, 양수, 위임

양도는 권리를 준다는 의미이고, 양수란 권리를 받는다는 의미이며, 위임은 권리는 맡긴다는 의미다.

(11) 녹음자료의 효력: 제3자의 대화 녹음은 죄!

회의 참석 등에서 내가 관여한 대화 녹음은 무관하지만 내가 당사자로 참여하는 게 아닌 타인의 대화를 그들의 동의 없이 녹음하는 행동은 죄가 된다. 정당하게 녹음한 자료를 증거로 삼기 위해선 문서로 옮겨 적은 뒤 공증을 받아 서류로 만들어야 한다. 공증이란 변호사 자격을 갖춘 사람 중에서 일정 권한을 받은 자가 법적 지위를 인정해 주는 행동이나 그 증서를 말한다.

(12) 계약서(각서, 차용증, 현금보관증 등) 같은 문서가 무효가 될 수 도 있는 경우

① 계약서가 타의나 강요에 의해 작성되었을 때

의사가 확실하지 않은 상태나 심신미약 등의 상태에서 강요나 겁박에 의해 본인의 의사와 무관하게 계약서를 작성했다면 무효가 될 가능성이 크다. 상대방이 미리 써온 계약서를 제시하며 당신에게 그대로 받아 적을 것을 강요한다면 즉시 경찰을 불러야 한다. 그러지 못할 경우는 상대가 미리 써온 계약서 원본을 확보하는 게 중요하다. 아니면 상황을 녹음이라도 해야 한다. 그것도 여의치 않다면 CCTV가 설치된 곳으로 상대를 유인해서 관련 증거를 영상으로라도 남겨

야 한다.

② 인감도장이 문제될 때

인감도장은 지장이나 자필 사인보다 위험하다. 가짜 도장이 판치기 때문이다. 계약서에 도장을 찍어두고 이후엔 '내가 모르는 도장'이라고 주장하는 사람들도 있다. 그래서 계약서나 중요한 문서에 인감도장을 찍을 경우 '인감증명서'를 첨부하는 일이 많다.

인감증명서는 개인의 재산을 주고받을 때 사용하는 중요한 공식 도장이므로 발급 대상자를 '본인'으로만, 또는 믿을 수 있는 가족 등 최소 인원으로 지정해 두도록 한다. 인감증명서를 발급할 때는 반드시 [용도]란에 '사용처'가 어디인지 기재해 불법적인 용도로 사용되지 않도록 한다.

③ 계약서나 문서상에 문제가 없다 하더라도 도박 빚처럼 불법 행위를 위한 계약이나 그로 인한 채권채무 관계는 무효가 된다.

중국인이 손톱을 기르는 이유?

중국인들 중에는 새끼손톱과 엄지손톱을 일부러 기르는 경우도 있다. 한국상인들이 중국상인을 처음 만나는 자리인데 손톱을 깎지 않고 기른 중국상인을 본다면 어떤 생각을 할까? 지저분하다고 여기고 기분 나빠할 것이다. 비즈니스 매너가 없다고 여길 것이다. 어쩌면 그 중국상인을 무시하는 마음도 들 것이다.

그런데 중국상인 입장에서 생각하자면, 한국상인을 만나면서 자신의 재력을 과시하려 한다. 긴 손톱은 한국상인과 거래할 수 있는 든든한 재력을 갖췄으니 안심하라는 메시지일 수 있다.

어떤 점에서 그럴까? 한국상인은 거래 상대방에게 매너 있고 깨끗하게 잘 차려입고, 좋은 차 타고 다니며 명품 브랜드 제품 한두 가지 정도는 차려입고 미팅하면서 '돈 있는 모습'을 보여주려고 하는 반면, 중국상인은 엄지손톱을 기르고 새끼손톱을 기른 모습을 보여주며 돈 있는 모습을 보여준다.

중국상인은 상징적으로 '엄지손톱을 길러서 이빨 사이에 낀 고기를 뺄 정도로 잘 먹고 산다'는 의미를 나타내고 '새끼손톱을 길러서

콧구멍이나 후비고 살아갈 정도로 돈을 많이 벌어놔서 돈 벌려고 애써 일하지 아니하여도 된다'는 의미로 사용하기 때문이다.

중국에 케이블 통신을 들여오겠소!

●

●

⊕

박 대표는 무역회사를 운영한다. 어느 해, 여름. 무더운 광둥성 여름 날씨 속에서 박 대표는 인근 산 언덕을 뛰어다니고 있었다. 하루에도 몇 번씩 산을 오르내리고 고층건물들을 누비며 중국인 거래처 사장과 만남을 이어갔다.

"이곳에 케이블 통신이 들어오기만 하면 인터넷 통신 시장을 잡는 거요. 모뎀 필요 없고 전력선만 연결되어 있으면 인터넷이 되니까요."

박 대표는 당시 인터넷 통신 환경이 채 갖춰지지 않은 지역을 다니며 전력선 통신, 즉 케이블망을 이용한 인터넷 통신 사업을 펼쳐보려는 중이었다. 거래처로 나선 중국인 사장도 꽤나 기대하는 눈치였다. 박 대표는 한 달에 3~4번, 어느 때는 중국에서 아예 살다시피 하며 중국 거래처에 전력케이블을 활용하는 인터넷 통신 비즈니스를 제안했다. 중국 거래처의 대답은 이랬다.

"이곳 중국인들은 아무리 이야기를 해도 믿지 않으니 박 대표님이 우선적으로 전력 케이블망을 깔아두시고 인터넷 통신이 되는 것을 보여줍시다. 그러면 중국인들도 그걸 보고 우리 말을 이해할 겁니다."

박 대표는 잠시 생각해봤지만 그 중국인 사장의 이야기도 신빙성이 있었다. 보여주지 않으면 믿지 못하는 세상, 특히나 의심 많은 중국인들에겐 먼저 보여줘야 믿을 것이라고 생각했다. 박 대표는 그날부터 한국과 중국을 오가며 전력 케이블망을 땅에 묻고 인터넷 통신 환경을 만들어 냈다. 비용은 대략 3억 원 정도가 투자되었다. 그로부터 얼마 후, 박 대표가 서울에 들어왔다.

"실제 직수입품인지 수입면장도 첨부해주세요."

박 대표가 국내에 돌아온 지 얼마 지나지 않은 시기, E쇼핑몰 대표는 쇼핑몰 이벤트 상품으로 판매할 프리미엄 청바지를 구입하면서 수입면장도 첨부해 달라고 요구했다. 요즘 쇼핑몰에 가짜 제품들이 나돌면서 소비자뿐 아니라 그를 관리 감독하는 정부 기관에서까지도 의심하고 있기 때문에 수입면장이 필요하다는 것이었다. 나름대로 일리 있는 주장이었다.

박 대표는 E쇼핑몰이 주문한 청바지 샘플들을 모두 이상 없이 납품한 다음 결제를 받고 나서 E쇼핑몰 대표에게 약속한 수입면장을 보내줬다. 그러자 잠시 후 E쇼핑몰 대표에게서 전화가 걸려 왔다.

"수입면장에 외국 수출업체의 세부 내용이 가려져 있네요? 이러면 안 됩니다."

E쇼핑몰 대표는 수입면장에 기재된 수출업체 상호와 주소, 연

락처까지 공개되어야 한다고 덧붙였다. 박 대표는 그제야 E쇼핑몰 대표의 속셈을 알 것 같았다. 박 대표와는 거래하는 척하면서 실제로는 수출업체의 정보를 알아내려고 했던 것이다.

해외 프리미엄 청바지가 온라인 쇼핑몰뿐 아니라 오프라인 매장에서도 인기 있어 잘 팔리던 시절, 각 업체들은 프리미엄 진 제품을 도매로 공급하는 왕도매 업체를 찾아내려고 눈에 불을 켜고 경쟁했다. 소문으로 듣기에 왕도매의 프리미엄 진 공급가는 장당 4~5만 원 내지는 비싸야 7~8만 원 정도라고 한다. 그런데 소비자들에게 팔리는 가격은 20만 원 이상, 비싸게는 100만 원에도 거래되었다.

대부분 미국을 통해 들어오는 제품들은 미국 내 유통경로를 통해 각국의 수입업자들에게 공급되는 상황이었는데 박 대표는 운 좋게 지인을 통해 왕도매 업체와 연결되어 제품을 저렴하게 확보한 터였다.

여기서 미국의 상품 유통 경로를 알고 넘어가자. 세계 최대 소비시장인 미국은 모든 상품들이 넘치는 나라다. 그래서 다양한 경로의 유통 시스템이 발달했다. 상품제조업자들의 유통 경로는 크게 백화점 라인, 소매점 라인, 왕도매 라인, 면세점 라인으로 구분된다. 제품상 큰 차이는 없지만 백화점 유통이냐 소매점 유통이냐에 따라 세부적인 디자인이나 라벨표시가 달라지고, 그에 따라 가격에 차이가 생긴다. 그리고 제조업체는 각각의 지정된 유통라인을 통해서만 제품을 공급하는 게 관행이다. 각각의 유통경로와 제조업체들 사이에 신용관계가 철두철미하기 때문이다.

그래서 외국의 업체가 관심 제품에 대해 문의하고 제품 공급을 부탁해도 제조업체는 유통업체를 소개해 줄 뿐 직접 공급하지는 않는다. 새로운 유통망을 만들기보다 기존 유통망을 보호해 주는 것을 원칙으로 하고 있다. 심지어 제품이 공급된 유통업체를 소개해 주지 않는 곳도 부지기수다.

자, 그럼 다시 프리미엄 청바지 이야기로 돌아와서 생각해 보자. 이 경우도 마찬가지였다. 한국에서 여러 업체들이 미국으로 건너가 제조업체를 찾아갔지만 하나같이 허탕을 치고 돌아와야만 했다. 그렇다고 미국 백화점에서 소매가격으로 구입하여 팔기엔 단가경쟁이 안 됐다. 그러던 중 박 대표는 미국에서 패션의류 소매점에 근무했던 경험으로 미국 내에 공급선을 확보할 수 있게 됐다.

박 대표는 E쇼핑몰에 제품을 공급해 주면서 미국 현지 수출업자의 정보를 자세하게 밝힐 수가 없었다. 유통망을 흐리지 않으려는 업체들 간 약속 때문이었다. 그런데 E쇼핑몰 대표는 그런 사정에 대해서는 잘 모르고, 박 대표에게서 정보를 캐내려 했던 것이다.

박 대표는 이렇게 대답할 수밖에 없었다.

"진품이냐고 누가 수입면장 보여 달라고 하면 말씀하세요. 그때 모두 확인시켜 드릴게요. 진품이 아니면 저희가 다 책임지겠습니다. 걱정하시지 않으셔도 돼요."

또 다른 경우다. 거래를 가장한 상대방의 공급선 빼앗기 전략이 위에서 설명한 '수입면장 정보 찾기'라면 이번엔 중간 업체를 버리고 생산 공장과 직접 거래하기 위해 자주 쓰이는 전략이다. 한국에서는 대부분 주문업체가 직접 공장에 부탁해 제품을 만드는 것이 일반적이다. 그러나 간혹 이 둘 사이에 중간대행업체가 끼어들어서 생산관리를 하는 경우가 있다.

일본의 경우엔 이 시스템이 정착되어 있어 무역회사가 주문업체를 대신해서 해외 공장들과 생산 및 수입을 대행하는 일이 많다. 공장과 에이전트와 수입업체가 각자의 역할을 맡아 상품을 유통하는 방식이다. 그래서 한국 상품을 일본 숍에 납품하게 되더라도 무역회사를 통해야 한다. 그런 의미에서 본다면 일본 무역회사 입장에서 한국 업체는 공장인 셈이다. 그러다보니 한국 업체 입장에선 생산단가가 낮아야 한다는 압박감에 시달리게 된다. 그래서 한국 업체가 중국 공장들과 거래하여 만든 상품을 일본 무역회사로 보내게 될 경우는 중국 공장 사이에 또 다른 업체가 끼어들지 않도록 하는 게 원칙이 되었다. 거래 과정에서 숟가락 얹으려는 업체를 빼면 뺄수록 나머지 업체들이 갖는 이익이 늘어나는 법이다. 요즘처럼 생산원가가 낮아지는 상황에선 매우 심각하고 중요한 일일 수밖에 없다.

여기서 중간에 에이전트 역할을 하던 Q업체의 사건이 터진다.

"상품 선적 전에 저희 직원 보낼 테니 현지에서 공장 방문하고 검품할게요."

Q업체는 한국의 Z업체 대표로부터 연락을 받았다. Z업체는 일본으로 상품을 수출하는 기업인데 Q업체를 통해 중국에서 생산한 상품을 일본으로 수출하는 중이었다. Z업체에서 중국으로 직원을 보내 Q업체가 관리하는 공장에서 완성품을 검품하겠다는 이야기였다.

통상적으로 있을 수 있는 일이었다. Q업체는 Z업체 대표의 이야기에 별다른 의심을 하지 않았다. 그런데 Z업체 파견 직원이 중국 공장에서 완성품을 검품하면서 하나씩 트집을 잡기 시작했다. 일상적으로 불량이 아닌 부분도 걸고 넘어졌고, 업무 지시가 이게 아니었느니, 다른 자재를 써야 했느니 식으로 Q업체를 깎아내리기에 바빴다. 심지어 억지로 실밥을 뜯어내려는 모습까지 보이면서 '불량품이 있어야 된다는 어떤 지시를 받은 사람'처럼 행동했다. 그리고 Q업체 대표 앞에서 보란 듯, 대표에게 전화해서 불량품이라 수출할 수 없겠다고 했다. 그런데 중국공장 사장 앞에선 '공장이 참 좋다'던가 '품질이 좋다'는 식으로 바꾸어 말했다. 불량이 난 건 중국공장 잘못이 아니고, 중간에서 핸들링을 잘 못한 Q업체 책임이 크다는 이야기였다.

Q업체 대표가 보기에 Z업체는 수출단가가 문제가 되자 해당 주문 건에서 에이전시를 빼버리고 중국공장과 직거래하기 위해 모종의 계획을 세운 게 분명했다. Z업체는 Q업체 때문에 일본으로 제때 수출하지 못하고 손해를 볼 수도 있을 것 같다는 분위기를 조성하기에 이르렀다. 그러자 중국공장 입장에서도 난처해졌다. 자칫하다간 제품 생산비를 결제를 받지 못할 수도 있겠다 싶어 Q업체 눈치를 살피지 않을 수 없었다.

어느 날, Q업체 대표는 Z업체 대표에게 자기가 중간에서 빠질 테니 중국 공장과 직거래하는 방식으로 바꿔도 좋다고 연락해야 했다. 그리고 나머지 손해가 나는 부분이 있으면 자기한테 연락하라는 말도 덧붙였다. Z업체의 속셈을 모르는 바가 아니었지만 자칫하다간 중국 내에서 Q업체에 대한 이미지가 나빠질 우려가 있었다. 바이어 하나를 포기할 수 있지만 중국 현지공장들 사이에서 나쁜 소문이 나면 회사 전체를 포기하는 것과 같았기 때문이다. 결국, Q업체는 중국에서 물색한 공장 중 제일 실력 좋고 납기를 제때 맞추는 좋은 공장을 잃게 됐다. 공장을 찾기 위해 그동안 들인 시간과 경비가 한순간에 날아가 버린 순간이기도 했다.

Q업체는 어디서부터 실수를 한 걸까? 문제는 바이어 선택에서 시작되었다고 봐야 했다. 일본 기업과 거래하는 생산 수출업체인 Z업체에게서 다시 재하청을 받아 생산한다는 것 자체가 생산단가를 맞출 수 없는 조건임을 미리 알았어야 했다. 이를 테면 공장이 공장에게 하청을 받아서 공장에게 주문을 넣는 구조였던 셈이다. 애초에 수익을 낼 수 없는 거래방식이었다. Z업체로서는 살아남기 위해 Q업체를 칠 수밖에 없었고, Q업체는 자신의 눈앞에서 좋은 공장 한 곳을 다른 사람에게로 떠나 보낼 수밖에 없었다.

며칠 후, 박 대표와 Q업체 사장이 만났다. 서로의 일에 대해선 주고받는 사이가 아니었다. 그저 상대방 이야기를 들어주고 격려해 주는 사이, 그 날도 박 대표는 Q업체 사장의 이야기를 듣고는 더 좋은 일이 있을 거라며 격려해 주었다.

그 사이, 박 대표의 전화기가 울렸다. 중국에 전력케이블망 인터넷 통신 사업을 추진하면서 샘플로 깔아둔 것에 대해 연락이 온 것이었다. 중국인 거래처 사장은 박 대표에게 인터넷 통신 사업은 다른 업체랑 하게 되었으니 박 대표가 깔아둔 케이블망 통신선은 다시 걷어가도 좋다는 통지였다. 박 대표는 Q업체 사장의 얼굴을 보며 말없이 술잔만 들이켰다.

"어느 날 자고 일어났더니 유명해졌다는 사람은
언제 잠자리에 들었는지 모를 정도로 최선을 다한 사람이다."

바이어는 천사가 아니다

상거래를 하다보면 소비자 중심으로 거래가 이루어진다는 걸 알게 된다. 기업과 기업의 거래에서도 주문자나 수입업자가 중심이다. 그래서 상대적으로, 물건을 팔아야하는 수출자나 상인 또는 공장이 선의의 바이어처럼 보일 수 있지만, 긴장의 고리를 늦추지 않고 항상 회사를 지켜내는 대비를 갖춰야 한다.

바이어들이 거래처를 고르는 기준은 어디까지나 가격이다. 오늘은 돈을 벌게 해주는 천사 같은 바이어로 보이지만, 원부자재 가격 인상으로 생산 단가가 올라 구입 가격 계산에 맞지 않는다면 그들은 순식간에 악질 고리대금업자로 변하거나, 언제든 가방을 싸고 떠날 수 있는 존재다.

당신은 중간 업체인가? 그렇다면 기억하자. 바이어와 첫 만남이 이뤄지는 단계에서 상대의 모든 공격을 막아낼 채비를 갖춰야 한다. 당신이 생산 공장이라고 해도 마찬가지다. 당신은 기술과 노하우, 시설과 장비, 자금력까지 어느 것 하나 소홀히 하면 안 된다. 바이어의 은혜는 없다. 바이어와 맞서 유리하게 이기려면 무엇보다도 당신 것이 있어야 한다. 바이어가 당신을 떠날 수 없는 이유가 있어야 한다. 그런 무기가 될 수 있는 것이 특허, 상표, 디자인 그리고 저작권이다. 그 중에 생산단가를 높일 수 있는 가장 강력한 무기는 지적재산권이다. 바이어가 필요로 하는 권리가 당신에게 있다면 바이어는 절대로 당신을 떠나지 못한다. 그러므로 사업상 상거래에서 생길 수 있는 예기치 못한 피해를 줄이거나 막으려면 저작권, 의장권, 특허권 등을 등록한 후에 사업을 시작해야 한다. 그렇다면 각각의 권리에 대해 알아두자.

(1) 저작권은 창작적 표현 형태를 보호한다.

저작권은 창작물을 만든 사람의 권리를 말한다. A라는 사람이 남의 것을 본 따지 않고 스스로 글이나 그림, 사진, 도면, 디자인, 건물, 조형물 등의 저작물을 만들었다면 거기에 '권리'를 부여하고 보호해주는 법적 장치다.

저작권의 핵심은 '창의성'이다. 패션디자이너의 경우 디자인이나 건물 디자인, 상품 디자인 등 디자인의 형태가 아니더라도 사업계획서나 제안서가 창작성이 있다면 저작물이 될 수 있다. 연령제한도 없어 꼬마 아이가 만든 것이라 해도 창작성이 인정되면 그 저작권을 보호해 준다.

저작권을 등록할 때는 몇 가지 주의할 점이 있다. 첫째, 아이디어가 아니라 창작적 표현형식을 보호해 준다는 점이다. 예를 들어, 컴

퓨터 프로그램을 생각하자면 프로그래밍 언어에서 소스코드, 회원가
입 방식, 로그인 방식 등의 단순 기능에 대한 아이디어는 저작권 보호
대상이 아니지만, 모니터 화면에 표현되는 표현형식은 저작물이 된다
는 점이다. 프로그래밍 언어에 의해 창작 고안된 결과는 모니터에 표
현될 수 있는 형식이기 때문이다. 둘째, 저작물은 창작 고안된 시점이
중요하다. 시기를 명확하게 증명할 수 있다면 저작권 등록을 따로 하
지 않아도 보호가 된다. 그러므로 어떤 저작물을 만들었을 때는 창작
시점을 확실하게 알 수 있는 방법으로 기록을 남겨두는 게 좋다. 사업
제안서나 상품기획서처럼 작성자의 창작성이 전제되어 저작물이 되
는 경우라면 상대방에게 최초로 보낸 시점을 창작 및 공표 시점으로
주장할 수 있고, 디자인이나 그림, 사진 등도 최초로 만든 시점에 자신
의 이메일로 '내게 쓰기' 등의 방법으로 보관해둔다면 창작 시점으로
주장할 수 있다. 그러나 누군가와 법적으로 권리 싸움을 하게 될 때는
사전에 저작권 등록을 해두는 것이 더 유리하다.

저작권 등록은 저작권위원회에서 담당하고 보호 기간은 저작권
자 사후 70년까지이며 지역은 저작권보호 협약이 된 모든 나라에서
보호받는다.

(2) 특허는 아이디어를 보호한다.

특허란 아이디어를 보호하는 장치다. 기존에 없던 아이디어뿐
아니라 기존의 방식을 효과적으로 개편할 수 있는 새로운 아이디어가
있다면 특허로 출원할 수 있다. 가령 프로그램의 경우에도 작동방식

에 대해 단계를 단축하거나 경로만 바꿔도 특허 대상이 된다.

그러나 특허를 받기 위해서는 기본적으로 갖추어야 할 요건이 있다. 아이디어가 누구도 생각해내지 못한, 새로운 것이어야 한다. 그리고 특허제도 자체가 국가 산업의 발전에 기여하기 위해 만들어졌기 때문에 산업성이 있어야 하며 진보적인 것이어야 한다.

예를 들어, 주전자 뚜껑에 '구멍' 하나를 뚫었을 뿐인데도 특허로 인정받는 것은 기존의 주전자와는 달리 물이 끓어도 넘치지 않게 한다는 효과가 신규성 이외에도 산업성, 진보성을 증명하기 때문이다. 평범한 철사 그물망을 가시 돋치게 모양을 바꿨더니 방범 효과가 더 커졌다거나 빨대에 주름을 잡았더니 어떤 자세로도 음료수를 마실 수 있게 됐다는 등 일반적으로 잘 알려진 발명품들도 같은 사례다.

그렇다면 내가 개발해서 출시한 상품 또는 기술이 누군가 이미 특허로 등록해 둔 아이디어라면 어떻게 해야 할까? 이 경우엔 그런 사실을 사전에 몰랐다고 하더라도 타인의 특허권을 침해한 게 될 수 있다. 고의적인지 비고의적인의 차이만 있을 뿐이다. 이럴 경우엔 남의 특허를 피해 자신만의 특허를 새로 개발해서 출원하거나 특허권자와 협상해서 라이선스를 받아 사용해야 한다. 라이선스를 받기로 했다면 '나 혼자만 독점적으로 쓰게 해주는' 전용실시권을 받을 것인지, 다른 사람도 다 같이 특허권을 쓰는 '사용권'을 받을 것인지를 정하고 그에 따른 비용 문제를 포함해 특허권자와 협상해야 한다.

특허에는 어떤 상품이나 서비스에 붙이는 이름으로써 '상표',

제품의 모양이나 외관의 형태인 '의장권'이 있으며, 기술 특허, 방법 특허 등 여러 분야가 있다. 그리고 특허권 출원 및 등록 결정은 '특허청'에서 담당한다. 특허출원은 〈마드리드 의정서〉에 의해 한국에서 다른 국가에 출원할 수 있는데, 다만 등록은 해당 국가별로 각각 해야 한다. 그리고 특허권 보호 기간은 기술이나 방법 특허의 경우 등록 시점에서 15년이다. 실용신안은 보호 기간이 3년이지만, 10년까지 연장할 수 있다. 상표는 매 10년 단위로 보호 기간을 연장할 수 있다.

(3) 회사기밀, 영업비밀에 관리자 지정 및 유출경로를 명확히 기재해 둔다.

회사를 운영하다 보면 회사 내에서 보호되어야 하는 영업비밀이 있다. 다른 회사가 알게 되면 손해가 될 수 있는 내용이다. 그럼 특허나 저작권 등록을 해두지 않아도 이런 영업비밀을 보호받을 순 없을까?

이 경우엔 '영업비밀보호 및 부정경쟁방지법' 등에 의해 보호받을 수 있다. 비밀이 유출되었을 경우 자세한 피해상황을 파악해서 가까운 경찰서에 신고하면 어떤 경로로 누가 유출했는지를 조사할 수 있다.

"정말 나쁜 사람들이야!", "세상에 믿을 사람 아무도 없어!", "그 회사(사람)가 그럴 줄 정말 몰랐어!" 물론 기술을 빼앗아간 상대방 잘못이 크지만, 이런 푸념을 하는 당신에게도 잘못이 있었다는 것을 인정해야 한다. 소 잃고 외양간 고치는 일이 벌어지지 않게 평소에 자기 것을 제대로 지킬 줄 아는 것도 상술이다.

중국상인의 '커이(可以)'는 '메이반파(没办法)'와 같은 말?

비즈니스를 하면서 각종 전시회나 박람회 같은 국제교류전에 다니다 보면 중국기업에서 온 중국상인들을 만나게 된다. 이들에게 다가가서 "귀사의 상품을 ○○○가격에 공급해줄 수 있는가?" 문의하면 "커이"라고 말한다. 얼마 지나서 다시 그 중국상인에게 ○○○보다 낮은 가격에 공급해줄 수 있는지 물어보면 이번에도 "커이"라고 대답한다. 불가능이 없다는 중국상인의 말에 기쁘기도 하면서도 내심 불안하게 된다. '이 중국상인의 대답이 정말 가능하다는 의미인가?'

그 후, 실제로 거래를 트고자 다시 그 중국상인에게 연락을 하면 연락이 안 되거나 부재중인 경우가 생긴다. 차라리 다행이다. 당신 앞에서는 그 중국상인이 체면상 "커이"라고 했지만 실제로는 불가능한 가격이었음이 드러난 것이기 때문이다.

그런데 연락이 될 경우가 있다. 주문이 없는 공장이거나 일감이 필요한 회사이거나, 어쨌든 뭔가 일이 필요한 회사일 경우다. 말도 안되는 가격일지라도 일단은 일을 받아놓고자 한다. 어차피 생산은 불가능하지만 우선은 소액일지라도, 당신에게서 돈을 받을 필요가 있는 경우 연락이 된다. 그리고 당신이 중국 본사에 방문하면 극진히 환대도 하고 깍듯하게 대우해 준다. 술이면 술, 식사면 식사, 골프면 골프, 여행이면 여행, 심지어 당신이 입국하는 날엔 고급 자동차까지 레트해서 당신을 접대해 줄 수도 있다. 나의 어느 지인은 중국회사랑 일하기로 하고 본사를 방문했는데 레드카펫까지 깔아주는 경우도 있었다고 한다. 이 모든 게 "커이"가 의미하는 결과다.

당신이 생각하기에도 턱없이 낮은 가격에 이러한 접대를 받았다면? 당신은 행운을 쥐었다고 착각하면 안 된다. 당신은 불길로 뛰어드는 급행열차를 탄 것이다. 당신이 그 열차가 불길 속으로 들어가는 열차임을 알아차리게 되는 순간은 당신이 계약금을 입금한 직후다. 만약 계약금, 중도금이 있다면 중도금까지 입금한 직후다. 당신이 행운을 쥐었다고 생각하게 만든 그 중국상인은 돈이 입금되는 순간 연락을 안 받기 시작하고 출장길에 오르며 해외 출장을 나가버리고 언제 귀국할지 모르는 사람이 될 수도 있다. 그 이후의 모든 어려움은 당신 혼자의 몫이다.

그리고 어찌어찌하여 그 중국상인을 만났다고 하자. 당신은 화도 나고 분도 풀리지 않았지만 어떻게 하든 일단은 일을 처리해두자는 마음에 화를 억누를 것이다. 그리고 그 중국상인을 달래기 위해 걱정해 주는 마음을 느끼게 해주는 척하며 물어볼 것이다.

"그래도 약속대로 일은 마무리해 줄 수 있지?"

그러면 그 중국상인은 당신을 걱정해주며 대답할 것이다.

"메이반파(沒办法)"

이 뜻은 '불가능하다' 또는 '법이 없다'는 의미이기도 하다. 물론 문법상 다른 표현이 존재하지만 어차피 결국엔 '불가능한 일이다'고 대답한다는 이야기다. 당신이 "어떻게 당신이 내게 그럴 수 있느냐?"라고 따지기라도 하면 그 중국상인은 당신에게 "왜 나하고 일했느냐?"고 더 큰소리로 따질 것이다. 자기 같은 사람이랑 일을 한 당신에게 문제가 있다는 의미다.

그 후? 당신은 가방을 싸고(갖고 돌아갈 짐이라도 있을 경우) 한국으로 돌아올 확률이 99.9%다. 오히려 안전하게 귀국할 수 있었다는 사실에 감사해야 할지도 모른다.

정리해 보자. 중국상인 입장에선 '불가능한 가격에 일을 시키려는 나쁜 한국상인'에게 대응한 것에 지나지 않는다. 낮은 가격을 원하니까 낮은 가격에 맞춰해줬는데 뭐가 잘못이냐고 한다. 애초에 당신 잘못이라고 꾸짖기도 한다. 가령, 중국에 안경테를 주문했는데 벽돌이 컨테이너에 실려 왔다든가, 가방을 주문했는데 지퍼가 열리지 않아서 클레임을 제기하려고 했더니 "가방 지퍼가 잘 열리지 않아야 도둑맞을 우려가 없으니 오히려 더 좋은 것"이라는 황당한 답변을 듣게 되는 일도 있다.

이러한 사태는 나중에 한국과 중국에서 엇나가는 결과를 초래한다. 한국상인은 주변 사람들에게 "중국상인은 믿을 게 못 된다"고 할 것이고, 중국상인은 사람들에게 "말도 안 되는 가격에 요구하기에 내가 이렇게 대응했다"며 자랑할 것이기 때문이다.

그러므로 중국상인뿐 아니라 일본상인과 거래할 때도 주의해야할 점을 알아둬야 한다. 합리적인 가격에 주문해야 한다는 점을 지켜야 하고, 중국공장을 믿지 말고 실제로 생산이 이뤄지는지 중국공장에 출근해서 항시 관리감독을 해야 한다는 점이다. 중국상인의 '커이'를 들었다고 해서 "장사는 신뢰가 기본이지"라든가 "사업은 사람을 남기는 거야"라며 대인배 흉내를 내다간 당신이 감내해야 할 손해만 더커질 뿐이라는 사실을 명심해야 한다. 교과서는 학교에서만 배우는것이고 당신이 살아가는 이 사회는 학교가 아니기 때문이다.

상하이 기차역에서 만난 중국 교포

•

•

"표 구해요?"

낭패였다고 생각하고 있었다. 상하이에서 이우를 가려는데 기차 표가 없단다. 상하이 역 주변 광장에는 기차를 못 탄 사람들이 거리에서 노숙을 할 준비를 하고 있었다. 아이를 안은 아줌마, 광장 분수대 옆에 자리를 펴고 누운 남자, 일행인 듯 둥그렇게 모여앉아 도로 곳곳에서 음식을 꺼내놓고 때늦은 식사를 하는 사람들···. 역 주변에서 하룻밤을 노숙해야하나 이런저런 생각을 할 때였다.

한국말이 들려 고개를 돌려 바라보니 20대 중반 정도로 보이는 남자가 다가왔다. 흑룡강성 지역에서 온 조선족이라고 했다.

"아! 교포세요? 아이고, 반갑습니다. 저도 흑룡강성 알아요."

"네?"

표를 구하고 있냐며 다가온 그 청년을 본 순간 박지만 사장은 상황을 눈치 챘다. 저 남자는 박지만에게 표를 팔러 온 것이고 기차역

매표원과 모종의 거래를 갖고 있을 거였다. 상하이 기차역의 누군가랑 말이다. 기차역에서는 할당된 좌석에 미치지 않게 표를 일찍 매진시켜버리고 잔여 좌석을 암표로 판매하는 경우가 있는데, 중개꾼이 끼어 표를 못 구한 사람에게 비싸게 팔고 그 수익을 기차역의 누군가와 나눠 갖는 방식이다.

그런데 박지만은 일찌감치 그 청년이 다가온 것을 보고 '교포'라고 불러주고 한발 더 나아가 '흑룡강에 아는 사람 있다'고 한 것이다. 청년이 박지만을 바라보는 시선이 부드러워졌다. 흑룡강 어디서 왔냐고 물으며 담배를 권한다.

그리고 얼마 후, 박지만은 그 청년을 따라 기차역 안으로 들어갔다. 이미 닫힌 철문이었지만 청년이 다가가자 누군가 역 안에서 철문을 열어줬고 청년은 박지만이 기차를 찾아 타는 것까지 배웅했다. 기차표 값은 무료였다. 그 청년은 박지만에게 "교포끼리 도와야죠!"라고 말했다.

사실 중국에서 조선족으로 불리는 사람들은 정서상 소수민족이라 중국 주류에서 밀려나있다는 인식을 가지고 있다. 한국에서도 조선족이라고 불리고 중국 한족에게도 조선족이라 불리는 탓에 그들은 어느 쪽에도 포함되지 못하는 '끼인 민족'고 생각한다. 이런 인식은 20~30대 젊은 층에게 특히 더 강하다. 사실 그들은 자신들이 원해서 중국에 온 것도 아니고 중국에서 태어난 것인데, 한국과 중국에서 인정받지 못하니 양국에 대해 반감을 갖고 있는 경우가 많다. 그래서 조선족들은 조선족들이 챙겨줘야 한다는 '무의식적인 동지의식'이 있다.

특히 드넓은 대륙에서 고향사람들끼리 잘해줘야 한다는 인식이 강하다. 어느 누구도 함부로 믿을 수 없는 대륙에서 동향 사람이라면 일단은 챙겨주는 정서가 있다. 거기에 같은 조선족이라면 더욱 그렇다.

그리고 조선족은 조선족이라고 불리는 걸 싫어한다. 한국인들은 미국에서 태어난 후손들은 재미교포라고 부르고 일본에서 태어난 후손들은 재일교포라고 부르면서 중국에서 태어난 후손들은 왜 재중교포라고 부르지 않느냐고 억울함을 갖는 게 있다. 단지 돈 때문이 아니냐고 따지기도 한다. 부자면 교포라고 해주고 가난하면 조선족이냐고도 되묻는다. 그래서 그들 나름대로는 서로를 '교포'라고 불러준다.

박지만은 이러한 중국 내 조선족 청년들의 사정을 알고 있기에 상하이 역에서 만난 청년을 보자마자 동향 사람에, 교포로 인정해준 것이다. 덕분에 무료로 기차에 탑승하고 침대칸까지 얻어 편하게 이동할 수 있었다.

'무슨 통화를 이렇게 오래 해?' 상하이에서 돌아온 지 며칠 후, 박지만은 허 씨의 회사에서 회의를 마치고 나오면서 갑자기 생각난 게 있어서 허 씨에게 다시 전화를 걸었다. 그런데 누군가와 통화를 하는지 몇 번을 다시 전화해도 통화 중 메시지만 들린다. 그날은 연달아 다른 약속이 잡혀 있었지만, 허 씨와 미팅이 길어지면서 시간이 지체돼 다음 약속 시간에 늦을까봐 서두르는 중이었다. 박지만은 허 씨와의 통화를 포기하고 만나기로 한 최 군에게 전화를 걸었다. 약속시간보다 조금 늦게 간다고 말하려던 참이었다. 그런데 이게 어찌된 일일까? 최 군 역시 통화 중이었다. 최 군과 허 씨에게 번갈아가며 전화를 걸었지만 허 씨와 최 군 모두 계속 통화 중이었다.

오늘 갑자기 허 씨는 박지만에게 사무실로 와달라고 했고, 박지만은 다른 업무를 미루고 허 씨에게 들렀다. 박지만이 사무실로 들어서자 허 씨는 사장실로 자리를 옮기면서 이렇게 말했다.

"현재 진행하는 사업은 이번 달까지만 하고 그만해야 될 것 같아요."

"네? 그게 갑자기 무슨…."

"여러 가지로 사정이 여의치 않아서 사업을 더 이상 못할 것 같아요."

"회사 사정이 어려워졌나요? 처음에 이 사업은 무조건 2년은 해야 된다고 자금 사정도 확약하고 서로 약속해서 시작한 거잖아요? 시작한지 6개월밖에 되지 않는데 갑자기 그만두게 되면 그동안 제가 여기 참여한다고 주위에 알렸던 것도 있고 개인 신뢰에 타격이 생길 텐데, 걱정이네요."

박지만과 허 씨는 한류문화콘텐츠 사업을 계획했다. 콘텐츠를 만들어서 포털사이트에도 공급하고 해외에도 판매해서 수익을 얻는 구조로, 다년간 콘텐츠 분야에 종사했던 박지만이 콘텐츠 기획과 제작을 담당하고, 허 씨는 자금을 대면서 유통을 담당하기로 계약했었다.

허 씨는 눈치를 보는 듯 박지만의 얼굴을 살피더니 다시 말했다.

"이 사업이 기대만큼 돈도 안 되고요. 제 회사 사정도 좀 그래서요."

"아까도 말씀드렸듯 저한테는 신용 문제가 생깁니다. 주위 사람들에게도 저는 이런 적이 없었는데."

"어차피 박지만씨에게도 수익되는 사업은 아니잖아요? 돈이 좀 되세요?"

허 씨는 은연 중 '혹시 혼자서 다른 돈 챙기는 거 아니냐?'고 박지만에게 묻는 중이었다. 그러나 박지만은 그 의도를 눈치 채지 못했다. 오로지 허 씨와 전개 중인 사업이 잘 되기만을 바라며 자기 자금도 쏟아 붓는 중이었다.

"아뇨, 안 되죠. 그래서 최소 2년은 해야 된다고 했던 거예요. 1년은 지나야 거래처도 생길 테고 2년은 되어야 수익이 나올 것 같아서요. 처음에 그렇게 다 이야기했잖아요? 매월 기획 상품 하나씩 만드는 것도 제 돈이 500만 원씩은 깨질 것도 각오하고 있었던 거고요. 갑자기 그만둔다고 하면 돈도 문제지만 주위 사람들에게 신용을 잃는 것이 더 큰 문제입니다."

"……."

허 씨는 아무 대답이 없었다. 그러더니 박지만에게 물었다.

"이 사업을 하는 게 박지만 씨 마케팅에 도움 되는 거라면 저도 할게요. 어렵지만 계속 이끌어가 볼게요. 어떠세요?"

허 씨는 다시 한 번 더 박지만의 속을 떠보는 중이었다. 박지만에게는 분명 돈이 안 되는 일인 것 같은데 왜 사업을 계속 하려고 하는

지 이유를 모르겠다는 뜻이었다. 그러면서 뭔가 알아내고 싶어 했다. 하지만 박지만은 여전히 허 씨의 의도를 짐작하지 못했다.

"저의 마케팅이요? 아뇨, 이게 현재 저의 마케팅에 도움이 되는 건 아니죠. 여기 투자금이 넉넉한 게 아니잖아요? 그래서 저도 개인 돈 써가면서 1년 후를 보는 거였거든요. 홍콩이랑 외국에도 이거 홍보 다 해놨는데, 큰일이네."

사실이었다. 박지만은 허 씨와의 사업을 시작하면서 3개월 동안은 자리 잡는 데 치중하고, 4개월째부터는 안정된 체제로 스태프들과 본격적으로 사업을 키워볼 생각으로 해외 홍보도 겸하는 중이었다. 그런데 갑자기 허 씨로부터 '그만 두자'는 통보를 받게 된 것이다. 스태프도 이미 3명을 세팅시켰다. 스태프 중에는 박지만이 몇몇 업체를 직접 발로 뛰어 어렵게 섭외한 경우도 있었다. 또 모두가 콘텐츠 제작에 지속적으로 협력하기로 단단히 약속까지 해두었다. 거기다 거래처 겸 국내외 지인들에게 기획 중인 콘텐츠 사업에 대해 알려둔 상황이었다. 그 중 일부는 이듬해에 광고를 넣겠다고 약속을 해둔 곳도 있었다. 허 씨의 말 한 마디에 박지만은 물론이고 스태프들과 관련 업체들까지 난감해지게 된 것이다.

박지만은 최 군과의 선약이 있었기 때문에 허 씨와의 대화는 거기에서 마무리해야 했다. 그런데 약속 장소로 달려가면서 허 씨와 최 군에게 번갈아 전화를 해보는데 모두 통화 중이라는 것이 마음에 걸렸다.

전화가 불통되긴 했지만, 약속 장소에는 이미 최 군이 나와 있었다. 최 군은 박지만이 뽑은 스태프 중 하나였다.

"오늘 허 씨랑 만나기로 한 거 알죠? 오는데 허 씨가 최 군에게 전화한 것 같던데, 허 씨가 최 군에게 잘 이야기 해달라고 그러더라고 요. 방금 통화했다면서."

박지만은 최 군에게 짐짓 허 씨랑 이야기를 끝내고 다 협의를 했다는 식으로 말했다. 다음으로 예상되는 최 군의 반응은 둘 중 하나였다. 최 군이 허 씨와 통화한 게 아니라면 펄쩍 뛰며 무슨 일이냐고 물을 것이고, 만약 진짜 통화한 게 맞았다면 수긍할 터였다. 역시나 최 군의 반응은 두 번째였다.

"네."

박지만은 자신의 예측이 맞은 것에 속으로 놀랐다. 그제야 허 씨의 행동이 이해가 갔다. 그 날 허 씨가 박지만에게 통보한 이야기의 속뜻은 '이제 내가 할 테니 넌 꺼져!'였다. 6개월이 지나면서 박지만과 추진하기로 한 사업에 대해 대충 알 것 같았던 허 씨가 박지만을 버리고 박지만의 팀을 이어받아서 자신이 독자적으로 사업을 해보려던 꿍꿍이였다.

그동안 있었던 일들이 그 날 상황에 딱딱 맞았다. 허 씨가 박지만이 일하는 곳에 찾아와서 모든 과정을 눈여겨보던 것이나 스태프를 소개해달라고 해서 그들과 친해지려 했던 것과 다 같이 회식이라도 있는 날에는 박지만을 먼저 보내고 스태프를 집에 데려다 준다고 나서던 일들이 기억났다. 허 씨는 박지만 모르게 차근차근 독립할 준비를 하고 있었던 것이다.

사실, 박지만이 허 씨의 속셈을 완전히 몰랐던 것도 아니다. 그 날 있었던 일들은 박지만이 미리 예상하고 대비해둔 일이기도 했다. 그래서 1년만 허 씨를 도와주고 다른 일을 하려고 이미 계획 중이었다. 당시는 콘텐츠 관련 업체에게 사업투자 제안을 해둔 상태였고, 그 업체의 제안으로 조만간 일본 투자자를 연결하는 것에 대해 협의하기로 되어 있었다. 박지만의 계획대로라면 그 일이 성사되는 시점으로부터 한두 달 후엔 허 씨 혼자서도 잘 할 수 있게 스태프도 구성해 줄 생각이었다. 그런데 허 씨는 섣부른 판단으로 박지만의 본마음도 모르고 스스로 어려운 길을 택한 모양새가 되었다. 허 씨의 유혹에 넘어간 최 군도 마찬가지였다.

박지만은 최 군을 만나면 허 씨를 잘 도와주라고 부탁하려던 마음을 접었다. 스태프들과 거래처에도 이런 상황이 오리라고 예상하고 미리 얘기해주려던 일들을 서두르기로 했다. 일본 투자자를 소개받기로 했던 지인에게 연락해서 없던 일로 하자고 얘기해야 했다.

그 다음 박지만은 그동안 준비해둔 자료를 기억했다. 아직 최 군이 박지만의 앞에 있었다. 박지만은 우선 최 군의 일부터 처리하기로 했다. 그가 스스로 사업에서 떠나게 해야 했다. 그건 어렵지 않았다. 박지만은 최 군에게 그래도 그 달 콘텐츠까진 만들어 주고 정리하자는 이야기를 했다. 그랬더니 아니나 다를까 최 군이 예상했던 대답을 했다.

"죄송해요. 제가 오늘 그만두겠다고 말씀드리려고 따로 만나 뵙자고 한 건데…."

"그럼 어떻게 해요? 이번 달까진 해주면 너무 감사할 텐데."

허 씨가 최 군과 통화해서 어떤 이야기를 했는지는 짐작할 수 있었다. 박지만은 속으로 쓴 웃음을 지을 수밖에 없었다. 하지만 겉으론 당황한 척하며, 최 군 앞에서 누군가에게 전화를 걸었다.

"응, 잘 지내지? 너 내일 시간 되니? 내가 요새 콘텐츠 만드는 거 너도 알잖아? 그거 내일 네가 좀 도와주면 안 될까? 우리 팀에서 제일 잘 하시는 분이 사정이 생겨서 오늘까지만 하겠다고 하셔서. 내일 당장 사람이 없어서 그래. 응, 그래. 부탁해."

최 군이 해야 할 일을 그 즉시 다른 사람에게 넘겼다. 최 군은 박지만의 행동이 예상 밖이었던 눈치다. 자기만 할 수 있는 일이라고 여겼는데 순식간에 다른 사람으로 대체됐으니 그럴 만도 했다. 최 군이 말했다.

"그 건은 미팅장소가 청담동이요."

"아, 그래요? 고마워요. 역시."

박지만은 직감적으로 최 군이 자기에게 거짓말하고 있다는 걸 알았다. 그렇게까지 해서 자기를 속이려는 최 군이 참 가엾게 느껴졌다.

박지만은 최 군과 헤어지고 나서 다른 스태프들에게 전화를 걸었다. 그리고 거래처들에게도 전화를 걸어 자기가 하던 일을 다른 사람에게 넘기고 이번 달 콘텐츠만 하고 손을 떼게 됐다고 이야기했다. 박지만이 최 군을 소개시키며 잘 부탁한다고 도와달라고 했던 지인들에게도 '최 군이 일을 그만두게 되어서 다른 사람이 그 일을 진행하게 됐다.'고도 전했다.

박지만은 허 씨와 작성했던 계약서를 다시 떠올리며 허 씨가 이야기했던 모든 일들을 기록했던 자료들이 제대로 있는지 확인했다. 다행이었다. 문제 될게 없었다. 허 씨는 이번 콘텐츠 사업이 자기가 꼭 해보고 싶었던 꿈이라고 했다. 박지만에게 도움을 달라며 무엇이든 최선을 다해보겠다고 약속했고, 콘텐츠를 파는 건 자신 있다고 같이 하자고 했던 사람이다. 모처럼 열심히 하는 사람을 만났다고 생각하며 도와주려고 했다. 그런데 그게 모두 쇼라니…. 박지만은 쓴 입맛을 다시며 허 씨를 잊기로 했다.

다음 날, 박지만은 팀원들을 데리고 최 군이 일러줬던 장소에 나갔다. 역시나 장소는 바뀌어 있었다. 박지만은 팀원들에게 장소가 바뀌었다고 알리고, 이동을 지시했다.

'어제 통화하면서 오늘 장소 바뀔 거라고 하더니 진짜네?'

어제 박지만이 팀원들에게 전화로 이미 예고했던 상황이 벌어지자 모두들 놀라워했다. 그런데 어떻게 알았느냐고 묻는 사람은 없었다. 박지만은 원래 약속을 하면 반드시 지키는 사람으로, 지키기 불확실한 약속일 경우엔 불확실하다고 미리 말하는 사람이란 걸 모두 잘 알고 있었기 때문이다.

박지만은 이제 팀원 중, 최 군 이외에 자신을 속이고 있는 다른 스태프를 찾아내야 했다. 허 씨가 뽑은 사람들 중에서 박지만이 하는 일을 낱낱이 고자질한 사람이 있을 게 분명했다. 박지만은 그달 콘텐츠 작업을 하면서 누가 거짓을 흘렸는지 내부에서 찾아내고자 또 다른 거짓을 흘렸다. 내부 구성원들 개개인에게 다른 내용으로 가짜 정보를 흘렸더니 즉각 반응이 왔다. 마지막 달 콘텐츠를 열심히 만들던 박지만에게 허 씨가 "~~한다면서요?"라며 전화를 걸어온 게 아닌가? 그 정보를 들은 자는 김 군뿐이었다. 허위소문 진원지가 김 군이었음을 찾아낸 박지만은 다시 2차 작전으로 들어갔다.

박지만은 연예인 소속사들에게 중요한 정보를 흘렸다. 그것은 박지만 스스로를 보호하는 보호색이기도 했다. 허 씨가 박지만을 통해 알게 된 기획사들에게도 전화를 걸어뒀다. 그리고 나서 허 씨와 최 군이 계획한 콘텐츠에는 아무도 참여하지 않았고, 자료 요청에도 응하지 않았다. 배반자 중에는 포토그래퍼도 있었지만 인터뷰 하나만 간신히 했을 뿐 더 이상 일이 들어오지 않았다. 그런데 박지만이 거래처에 전한 정보란 게 별다른 것이 아니었다. '이번 달까지만 하고 이제 손 뗀다. 허 씨가 하는 일에 잘 도와주기를 바란다.'였다.

그런데 업체마다 허 씨나 최 군이 콘텐츠 제작 참여를 요청하는 족족 같은 답만 할 뿐이었다.

"박지만에게 말씀 잘 들었습니다. 좋은 분들이니까 많이 도와주라고 했는데 어쩌죠? 저희가 요즘 스케줄이 안 나서요."

사실 콘텐츠 제공이 가능했던 기획사 대표들과 이사들은 대부분 박지만의 후배였다. 업계에서 그만큼 경력이 오래된 사람이었다. 허 씨나 최 군의 이야기보다 박지만의 이야기에 고개를 끄덕일 수밖에 없었다.

결국 허 씨가 따로 꾸려보고자 했던 사업은 단번에 망하고 말았다. 그렇지만 허 씨와 함께 박지만을 배반했던 사람들은 박지만을 여

전혀 좋은 사람이고, 고마운 사람이라고 생각하고 있었다.

위 사례는 대기업이 중소기업의 기술을 빼가는 수법과도 다르지 않다. 다른 사람이 이뤄낸 일을 얕잡아보거나 무시하거나 자기가 빼앗으려고 욕심을 부린 결과다.

사업의 형태는 기업을 상대하는 사업, 소비자를 상대하는 사업으로 나눠볼 수 있다. 기업을 상대하는 사업이란 물건 납품 또는 서비스 제휴처럼 회사와 회사가 거래하는 사업이고, 소비자를 상대하는 사업은 제조업체가 상품을 만들어 소비자에게 판매하는 사업이다.

기업을 상대하는 사업은 100원이라도 더 남길 수 있다면 수시로 파트너를 바꾸는 등, 영원한 친구와 영원한 적이 없는 사업인 반면에 소비자를 상대하는 사업은 동종 기업들 사이에 다툼이 있더라도 거래처를 바꾸는 상황은 생기지 않는다. 소비자는 상품에만 관심이 있을 뿐이지 기업들 문제는 알려고 하지 않는다.

그럼 문제는 기업을 상대하는 사업에서 생기는 문제일 텐데, 회사와 회사가 거래하는 사업에 생기는 문제가 뭘까 생각해 보면 '독과점 사업자'와 '우월적 지위'라는 게 있는 걸 알게 된다.

가령, 이런 경우다. 예를 들어 알아두자.

같은 분야에서 사업을 하는 A기업과 B기업이 있다. 여기에 또 다른 C기업이 생겼다. C는 A를 통해서 시장 진입을 하려고 한다. A는 흔쾌히 도와준다. C는 A를 통해서 B기업 사람들도 알게 된다. 그런데 어느 날 갑자기 C는 B기업 사람들과 친해지면서 A기업 사람을 버린다. C 생각에 시장에서 B기업 힘이 더 크다고 여겼기 때문이다. 그런데 C는 나중에야 판단을 잘 못했다는 것을 깨닫게 된다.

A와 B기업 대표들끼리 친하고 서로 신뢰가 높다는 점을 몰랐다. C가 소개받은 건 B의 말단 직원들뿐이었다. C는 A를 버리고 B와 손 잡았다고 생각했지만 그들은 기껏해야 부장급 직원들로, 자기도 뭔가 해서 성공하고픈 꿈은 있으나 능력이 없는 자들이었다. 그들은 당연히 C의 제안이 솔깃했을 것이다.

그럼 C가 B의 직원들을 데리고 사업을 잘 해내면 되는 거 아니겠냐 생각할 수도 있지만, 그건 불가능하다. A와 B가 만들어온 비즈니스 생태계에서 C가 살아날 방법은 애초에 없었다. A가 가진 경륜과 인맥을 넘어설 수가 없었다. A는 시장 돌아가는 시스템을 완벽하게 파악한 상태다. 반면에 C는 시장을 모른다. 아이디어만 가진 상태다. C가 B에게 거래를 하자고 하면 제안에 응해주기는 하지만 단가를 높게 부른다. B가 A에게 주던 가격이 100원이라면 B가 C에게 주는 가격은 1,000원이 될 수 있다는 걸 몰랐다. A가 500원에 해내던 일이 C가 직접 하면 5,000원으로도 불가능한 일이 된다. 거기다 A는 B가 살아남기 위한 길목을 지키는 권위가 있었다. 그렇기 때문에 B는 A를 우선으로 생각할 수밖에 없는 구조였던 것이다.

A와 B가 만약 C의 속셈을 알고 있었다면 A와 B는 오히려 그것을 기회로 삼았을지도 모른다. 욕심 있는 자들에게 욕심 많은 C를 소개해 주면 백발백중 그들은 서로 뭉친다. 욕심이 눈을 멀게 하고 그들

은 서로 잘 될 거라며 자신의 욕심을 숨기고 서로 어울리기 때문이다. B가 내보내려던 사람들이 알아서 나가게 된 것이다.

비즈니스를 하려면 사람, 자본, 기술 이 세 가지 요건을 필수로 갖추어야 한다. 그러나 실패한 사람들을 보면 이 세 가지 중 하나도 제대로 갖추지 못한 사람들이 대부분이다.

그렇다면 혹시 C가 A를 능가하는 숨겨둔 시장 권위를 가졌다면 어떨까?

B는 A를 버릴지 C를 새로 받아들일지 고민하게 된다. 이 경우엔 C가 더 힘이 세므로 B가 C와 거래하는 걸 A도 말릴 수 없다. B에게 있어서도 생존이 중요하기 때문이다. 그러나 A를 버리고 C를 거래한다는 건 A를 우호적 관계가 아니라 경쟁자로 만드는 것과 같다. 시장에서 오랜 시간 지켜봐 온 A를 경쟁자로 대한다는 건 B로서는 큰 위험이 된다. C가 얼마나 오래 B의 분야에서 머물지 모르므로, C가 조금 하다가 그만둔다면 B는 A도 잃고 C도 잃는 낙동강 오리알 신세가 된다. 이 점을 B가 모르지 않기에 현명한 B라면 절대 A를 버리지 않을 것이다.

결과적으로 어떤 방식이든 A와 B를 얕잡아본 C가 그 비즈니스에서 망할 수밖에 없는 구조다. 이런 경우를 가리켜 옛 상인들은 '사업이란 사람을 남기는 것'이라고 했다. 이것은 얄팍한 상술이 깊은 사람의 관계를 이기지 못한다는 말이 아닐까?

"'기회'라는 친구가 양팔에 선물을 가득 들고 문 앞에 서 있다.
그 문은 그 친구가 아니라 내가 열어줘야 한다."

보여주긴 하되 다 꺼내지 말라

비즈니스라는 '숲'에는 여우, 곰, 호랑이처럼 먹고 사는 '상술'이
있다.

여우는 상대방의 행동을 관찰하며 잡아먹을 수 있는 지를 가늠
하고, 호랑이는 무조건 삼키려고만 하며 힘이 센 곰은 때려눕히려고
만 한다. 이 숲에 들어와서 열매를 따려면 '위장막'이 중요하다. 호랑
이나 곰이나 여우가 숨어 있다가 공격을 해 올 낌새가 느껴진다면 바
로 위장막을 쳐야 한다. 그래야 열매를 따면서도 무사히 그 숲에서 빠
져나갈 수 있다.

그런데 이 숲에서 호랑이는 야행성이다. 낮에는 주로 자고 밤에
만 움직인다. 새나 뱀같이 작은 먹이는 잘 건들지 않고 노루나 사슴,
양이나 염소 등 덩치가 큰 상대를 공격해서 잡아먹는다. 호랑이는 무
엇보다도 열매를 먹지 않는다. 당신이 열매를 필요로 한다면 최소한
호랑이를 만나지만 않으면 된다.

곰은 낮에도 움직인다. 육식동물이면서 꿀을 먹기도 한다. 나무

에도 잘 오른다. 이따금 물가에 서서 물속 물고기를 앞발로 채서 잡아 먹기도 한다. 먹이를 가리지 않는 대식가인 곰이 제일 위험할까? 아니 다. 당신이 숲에서 곰을 만났다면 그 즉시 '죽은 척'만 하면 살 수 있다. 곰은 죽은 건 먹지 않는다. 당신에게 필요한 곰이 있다면 그에게 가서 사정해야 한다. 도와달라고 졸라야 한다. 그가 들어줄 때까지 졸라야 한다. 그 곰은 당신을 결국 도와주게 된다. 하지만 많이 배고픈 곰은 죽은 것도 먹을지 모르므로 숲에서 그런 곰을 만났다면 도망치는 게 최고다.

여우는 숨어서 지켜본다. 여우는 자기보다 작은 짐승을 잡아먹 는다. 그래서 여우는 숨었다가 자기보다 작은 게 나타나기를 기다린 다. 당신 앞에 여우가 나타났다면 그건 당신이 여우보다 약해보여서, 여우가 생각하기를 당신 정도는 충분히 잡아먹을 수 있으리라고 여겨 서다. 숲에서 여우를 만났다면 그 여우가 스스로 자만하게 만들어야 한다. 여우는 스스로 함정으로 들어가게 된다. 누구에게나 자만은 최 대의 약점이다. 잘난 체하게 하며 자기 판단이 옳았다고 착각하도록 놔둬야 한다. 그러면 여우는 당신을 이용해서 곰이나 호랑이를 피해 갈 수도 있다고 생각하거나 당신을 앞세워서 다른 먹거리를 많이 잡 을 수 있다고 여기게 된다. 여우 앞에선 여우가 스스로 생각하도록 아 무 말이나 행동을 하지 않는 게 방법이다.

무엇보다 당신이 숲에 들어가려거든 곰이나 호랑이나 여우를 한 번에 제압할 수 있는 '총'을 가지고 있어야 한다. 그러면 곰, 호랑이, 여우 앞에서 당신이 굽실거려야 할 필요가 없다. 당신에게 필요한 '총'

은 무엇일까? 그건 특허권이 될 수도 있고 저작권이 될 수도 있다. 계약을 하고 일이 진행되더라도 끝까지 비밀로 묻어두어야 할 핵심 기술일 수도 있다.

그런데 당신에게 '총'이 없다면? 상대방이 당신에게 '총'이 있다고 믿게 만들면 된다. 그런 믿음은 똑같은 효력을 발휘한다. 숲에서 당신에게 필요한 '총'이란 '나무에 열매가 달렸다'는 지식이 아니다. 그건 '나무에 달린 열매를 따는 방법'이라는 지혜다. 지혜가 없다면 함부로 숲에 들어가지 말라.

중국에선 되는 것도 없고
안 되는 것도 없다?

　중국에서 일하면서 회사 근처에 숙소를 정해두고 머물 때였다. ○○화위웬(花園)이란 숙소는 보증금 20,000위안에 월 2,000위안 정도의 임대조건이었던 것으로 기억한다. 당시 환율 등을 고려하면 원화로 보증금 370만 원에 월세 35만 원 정도였다고 할까? 그 당시 공장에서 일하는 근로자 평균임금이 800위안, 배달음식 1인분에 5~8위안 하던 무렵이었다.

　내가 머문 숙소는 화장실이 2개, 방이 3개, 거실과 부엌이 있고 주택단지는 경비초소가 있어서 보안이 잘 되어 있었다. 단지 내에 수영장, 유치원이 있었고 근처에 약국, 병원 등이 가까워서 주거 환경이 좋았던 것으로 기억한다. 중국사업 초창기에는 주로 호텔에 장기투숙을 하곤 했는데 나중에는 중국인들처럼 같은 환경에서 살아보고자 일부러라도 중국인들의 삶 속으로 들어가려고 했다.

　하루는 거래처에 중국인 사장이 전화를 걸어오더니 "오늘 점심 식사는 뭐할래요? 스케줄 괜찮으면 요 앞에 식사하러 같이 갑시다."라고 하는 거였다. 회사 앞으로 온 거래처 사장의 차를 타고 이동하는데

'요 앞'이라고 하던 식당은 보이지 않고 고속도로를 타는 것이 아닌가?

"가깝다면서요?"

"가까워요. 3~4시간만 가면 돼요."

"네?"

아침 10시에 점심식사 하러 출발한 뒤 식당에 도착했을 때는 오후 2시가 가까워질 무렵이었다. 그런데 식당에는 나와 그 거래처 사장만 있는 게 아니었다. 거래처 사장의 친구, 그러니까 다른 회사 사장이 함께였다. 자연스럽게 식사자리가 술자리까지 이어졌다. 2시경에 시작한 식사는 밤 10시 무렵에 파했는데 거래처 사장이 하는 이야기가 여기서 쉬고 내일 아침식사를 하고 가자는 것이다.

"일은 어떻게 하고요? 사장님 회사 괜찮아요?"

그러자 그 거래처 사장의 대답이 걸작이었다.

"중국에서는요, 되는 것도 없고 안 되는 것도 없어요."

중국생활 초창기에 겪은 이 일화는 나중에 두고두고 나의 중국사업에 활용되곤 했다. 되는 일도 없고 안 되는 일도 없다는 의미는 이렇다. 당신이 어떤 물건을 생산하려고 중국에서 공장을 찾는다고 하자. 한국에서부터 출장계획을 세워 중국에 온 당신, 일정은 7박 8일. 교통편까지 고려해서 낭비할 시간도 없다고 하자. 당신은 과연 출장계획대로 무사히 일정을 완수할 수 있을까? 내 대답은 '당신은 계획대로 못 한다에 100%'라고 하겠다. 왜 그럴까?

첫째, 중국은 땅이 넓다. 공장도 매우 많다. 공장에서 공장간 이동거리가 2시간은 기본이다. 왕복4시간이다. 가서 상담하는데 차 마시고 식사하고 대화하다 보면 3시간은 그냥 지나간다. 중국에선 상담 자리가 식사자리까지 이어져 상담의 연속이다. 그래서 하루에 공장 한 곳만 방문 가능하다. 다시 말해서, 하루에 공장 한 군데를 찾아가서 상담할 수 있고 결과를 매듭짓지 못한 채 식사까지 하고 돌아온다는 이야기다.

둘째, 상담을 약속한 상대방과 정해진 시간에 만날 수 있는 가능성이 50%다. 위 사정이 이렇다보니 상담하기로 약속한 상대방도 스케줄이 엉킬 수가 있다. 회사에, 공장에 머물고 당신을 기다려주지 않는 한, 외부 출장 나갔다가 돌아와 미팅 시간을 못 맞출 가능성이 대부분이다.

셋째, 중국은 넓은데 무료도로는 좁다? 당신이 만나야 할 사람이 거래처에 미팅을 하러 나갈 수 있다. 그런데 중국인 특성상 돈을 아끼다 보니 톨게이트비를 내야하는 고속도로를 이용하지 않을 수 있다. 고속도로는 텅텅 비었는데 일반국도에는 차량이 밀린다. 수출차량, 컨테이너차량, 자동차, 버스, 택배차량들이 몰려들어 도로는 주차장이 된다. 나의 경우, 중국에서 일반국도에 모르고 들어섰다가 5시간을 그냥 한 자리에서 있었던 경험도 있다. 그 날은 다른 업무는 고사하고 도로 위에서 자야할 상황까지 걱정했었다.

그래서일까? 중국상인들이 자주하는 말이 있다. 중국에선 되는 일도 없고 안 되는 일도 없다. 안 될 것 같은데 되는 일이 있고, 분명히 될 것 같은데 안 되는 일이 태반이다. 그래서 중국에서 사업을 오래한 사람들일수록 약속이나 시간 걱정을 잘 안 한다. 불가항력인데 어찌 하겠는가?

한편으로는 중국상인들은 너무 태연하다는 이미지를 주는 것도 사실이다. 스케줄에 맞춰 움직이는 철두철미한 한국상인들이 보기엔 더더욱 그렇다. 그들의 일하는 방식이 마음에 안 들수도 있다. 나처럼 직접 경험해 보면 이해가 된다. 마음먹고 해도 안 되는 일이 많다는 걸 깨닫게 되기까진 그리 오랜 시간이 걸리지 않는다. 차를 몰고 거리에 나서는 순간 자신은 그냥 자연의 일부분이 된다는 생각을 하게 된다.

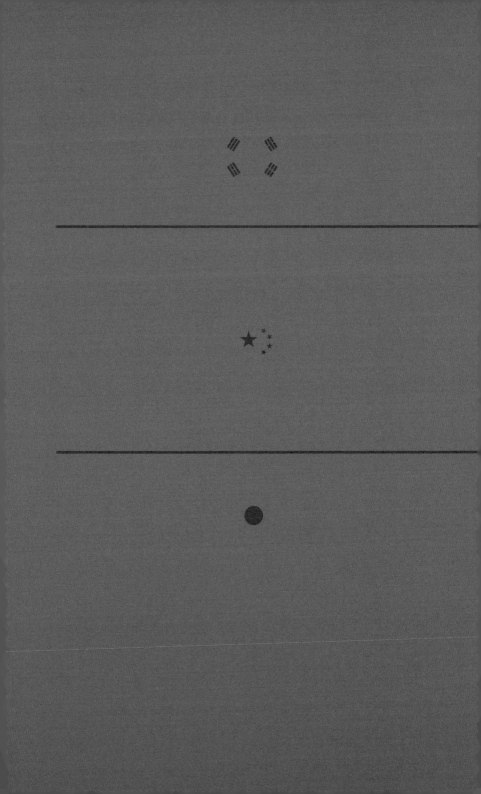

3장

상인에게 '고집'은 '귀머거리'의 또다른 이름이다

중국 포산에서 만난 청바지 회사

●

●

⊛

 W는 중국 광저우로 향하는 비행기에 몸을 실었다. 어제 저녁 늦게까지 이어진 술자리에 온몸이 피곤했지만 그나마 가까스로 일어나서 늦지 않게 비행기를 탄 게 다행이었다. 새벽까지 술을 마신 것 같은데 W는 집에 언제 들어왔는지, 몇 시간을 자고 일어난 것인지 도대체 기억나지 않았다. 비행기에 탑승한 후 좌석에 몸을 깊숙이 묻으며 잠을 청하게 된 이유다.

 광저우 공항에 도착하자 포산에서 청바지 공장을 운영하는 A사장이 마중 나와 있었다. 당시만 하더라도 중국에서는 한 자녀만 허용하였는데 A사장은 이미 두 명의 자녀를 두고 있었고 한 명 더 낳아서 세 자녀까지 둘 계획이라고 했다. 중국 정책에 어긋나는데 괜찮냐고 물어보니 벌금을 내면 된단다.

 W를 포함한 일행은 6명. 숙소는 한 곳을 사용했다. 각자 사업체를 운영하며 공장도 운영하던 사람들이라서 출장기간 동안에는 숙소

만 같이 쓰고 업무는 각자 보러 다니는 방식이었다. 그리고 매일 저녁, A사장이 숙소에 와서 한 명씩 데리고 나가기를 여러 번. 그 날은 W의 차례였다. 매일 저녁 한 사람씩 어울리며 A사장이 W사장의 일행을 대상으로 영업을 하는 거였다.

"W사장님은 뭐 좋아하십니까?"

"저는 아무거나 잘 먹습니다."

"한국분들은 다 그러시더라. 구체적으로 정해주시면 좋을 텐데 아무거나 좋다고 하시더라고요. 그것도 한국인들만의 정서 같은 것이 겠지요? 남에게 부담을 주지 않으려는 그런 의미에서요."

"그렇죠. 남이 칭찬을 하면 아니에요 라면서 일단 부정하고 보는 인사치레도 있으니까요."

"맞습니다. 한국인과 중국인이 외모는 비슷하게 생겼으면서도 생활방식이나 그런 건 다른 게 참 많습니다. 일정 부분은 비슷하기도 하고요. 오늘은 제가 추천하는 코스를 즐겨보시죠."

A사장은 W를 데리고 식당에 들러 음식을 주문했다. 그는 그 자리에 다른 공장 사장이랑 공장장을 불렀다. 일행은 W까지 4명이 되었다. 식사를 곁들여 술을 거나하게 마신 일행은 자리를 근처 KTV로 옮겼다. 한국에서는 '가라오케'에 해당하는 주점이다.

"중국은 15억 명이 있는 시장이 아니고요, 15억 개의 시장이 있는 곳이죠. 그래서 어떤 일을 하려면 단번에 이루겠다는 생각은 버려야 합니다. 그냥 될 때까지 하는 수밖엔 없어요. 그러다 보면 될 때가 있거든요."

W는 속으로 생각했다.

'안 될 수도 있지만요.'

A사장의 이야기대로 중국에서는 어떤 일이든지 계획대로 단박에 이루겠다는 것은 꿈에 지나지 않는다. W도 잘 아는 부분이다. 이번 출장길에서 W의 일행을 한 번에 초대해서 대접하는 게 아니라, 한 명씩 1:1로 만나서 영업하는 A사장의 전략도 그래서였다. 여럿을 한 번에 만나면 만남의 깊이도 적을뿐더러 일회성 접대에 그치지만 6명을 각자 나눠서 만나면 A사장은 6곳에 대접하는 게 되는 셈이었다.

A사장의 이야기대로 "6명을 한 번에 대접하면 6명 중에 누구 한 명이 A사장이랑 일을 하게 되면 나머지 5명은 다른 사람이 A에게 일 줬으니까 나는 안 줘도 되네"하고 넘어갈 수 있는데 1:1로 만나게 되면 그게 모두 각자에게 부담이 되는 것이다. W사장과 같이 중국에 온 일행들의 이야기를 들어봐도 A가 마련한 자리가 매일 달랐다는 걸 알 수 있었다.

그로부터 며칠 후.

"왕(王)의 귀환을 축하합니다!"

송 이사였다. 공항 입국장을 지나자마자 전원을 켠 전화기에 문자메시지가 찍혔다. 홍콩 출장을 마치고 귀국하는 날을 어떻게 기억하고 있었는지 거래처에서 연락을 남겼다. W는 짐 가방을 올려놓은 카트를 밀면서 공항청사 밖으로 나가며 A기업 전무이사인 송에게 전화를 걸었다.

"어떻게 아시고 이렇게 또 반겨주십니까?"

"도착하셨죠? 환영합니다. 한국에 오신 걸요!"

"그런데 어쩐 일로요?"

"내일 저희 회사로 오세요. 회식합니다."

회식이라니. W가 홍콩 출장을 떠나기 전날 A기업의 회식에 동참해서 밤늦도록 술 마시느라 다음 날 새벽 비행기를 놓칠 뻔했던 기억이 떠올랐다. 동행하기로 했던 일행이 공항에서 만나기로 한 시각에 전화를 걸어주지 않았다면 잠에서 깨지도 못했을 정도로 그는 만취 상태였다. 부랴부랴 택시를 타고 공항에 도착해서 가까스로 출국 수속을 마치고 비행기에 올라서서야 앞사람이 말해줘서 바지의 앞 지퍼가 내려가 있는 걸 알 정도였다. 항상 약속 시각 30분 전엔 도착하는 게 습관이었던 W가 허둥대는 모습을 본 일행들이 신기해할 정도였다.

W는 송 이사가 초대한 회식자리에 참석하지 않았다. 회식 시각 전후로 뻔질나게 전화가 걸려왔지만 한 통도 받지 않았다. 다만 송 이사가 W가 동석하는 걸 포기하고 회식자리에서 흥해졌을 무렵 늦게나마 문자 하나를 남겼을 뿐이다.

'어제 무리해서 오늘 지금까지 자다가 일어났네요. 즐거운 시간이 되시고요. 다음에 또!'

그러자 잠시 후 송 이사로부터 답이 왔다. 평소 성격대로라면 문자를 보는 즉시 답을 보냈겠지만 아마도 술이 거나하게 취해서 그랬는지 답이 늦은 편이었다. 보내온 문자도 찍다가 자꾸 오타가 나서 옆자리에 앉은 박 과장에게 자기가 말하는 대로 대신 눌러달라고 해서 보냈을 것이다. 송 이사와 회식을 해본 사람이라면 누구나 알 수 있는 그림이다. 송 이사는 회식에 보고 싶은 사람을 부르는 게 아니라 그저 자리를 채우려고 노력하는 스타일이었다.

송 이사의 상술은 '술'이었다. 비즈니스맨들의 상술에 선물, 형동생(오빠동생, 언니동생, 누나동생), 식사, 공연티켓, 여행권, 인맥, 학연, 돈, 지역, 립서비스, 가격할인, 꺾기(리베이트), 미인계(미남계), 비전, 이직, 스카우트, 실적, 필요충분조건, 현금카드, 취미동호회 등이 있다면 송 이사의 상술은 '알코올 드링킹'이었던 것이다.

주위 거래처 사람들이나 지인들의 이야기를 들어보면 송 이사는 원래 술을 많이 마시는 사람은 아니었다고 한다. 전무이사를 달고 회사의 영업을 책임지는 자리를 맡게 되면서 자연스럽게 술을 달고 사는 모습으로 변했다고 했다. 그리고 그 시점은 아마도 송 이사가 기획하고 출시한 상품이 히트를 치면서 회사 내에서도 인정받기 시작할 무렵이라고 했다.

'히트 상품 하나 냈다고 술(酒)로 영업을 하다니?'

W는 송 이사의 모습을 보며 A기업이 결코 오래 가지 못할 것이란 생각을 했다.

송 이사가 주최한 회식 절차는 대게 처음엔 참치집에서 맛있는 안주에 술을 걸치고 노래방에 가서 노래를 부르는 걸로 시작한다. 그리고 생맥주집에 들러 3차를 한 후에 여흥이 채 가시지 않으면 다시 4차, 5차까지 자리를 만들어 술을 마셨다. 어지간한 애주가가 참석해도 나가떨어질 정도였다. 하지만 더 큰 문제는 회식 자리에서 송 이사의 태도였다. 회사 내에 부하직원들과의 격식을 없애고 가족처럼 분위기를 이끌어간다는 게 취지였는지 모르겠지만 이따금 스스로 취해 볼썽사나운 모습을 보이기 일쑤였다. 술에 취해 몸을 가누지도 못할 만큼 곤죽이 돼서 자신이 여자라는 사실도 잊은 듯(남녀차별을 말하는 게 아니다) 남녀를 불문하고 부하 직원이며 거래처 직원들에게도 아무렇게나 기대거나 부축을 받았다. 그런 일이 너무 잦다보니 부하직원이나 거래처 직원들은 어느새 송 이사의 그런 모습을 자연스럽게 받아들이기까지 했다. 직장상사이자 거래처 임원으로 만나던 어려움은 사라졌고 회식자리엔 술에 취한 여자와 남자들만 있었다. 비즈니스의 상술이 경쟁하는 자리가 아니라 술에 찌든 사람들끼리 모이는 저잣거리 느낌이었다. W가 송 이사의 회식자리에 더 이상 참가하지 않게 된 이유이기도 했다.

한편으론 W는 송 이사의 행동 원인이 궁금하기도 했다. 혹시 히트상품을 출시했다는 자만심에 감정이 치솟다 못해 격해졌던 탓일까? 전무이사라는 타이틀이 무거워서였을까? 커리어우먼으로서 집안일과 사회생활을 병행하느라 스트레스를 가졌던 걸까? Z상품 히트 이후에 또 다른 히트를 기대하는 회사의 기대에 부응하지 못해서 불안했던 걸까? 아니면 송 이사가 본래 술을 좋아하며 유흥을 즐기는 성격일까?

정작 송 이사에게 영업을 맡긴 A회사는 히트상품을 출시한 이후로 불안한 매출상태가 이어졌다. 곧 어려움이 닥칠 것만 같았다. 하지만 A회사로서도 뾰족한 수가 없었다. 회사 영업은 어느새 송 이사에게만 치중된 상태였고 신제품 개발이 몇 번 추진된 적은 있었지만 Z상품처럼 빅히트를 친 것은 아니었다. 오히려 신상품을 낼수록 회사 경영 상태만 어려워지는 형국이었다.

A기업은 주식회사였지만 전무이사가 대표이사처럼 업무지시를 하던 회사였기에 송 이사의 결정에 따라 회사자금 용처가 정해졌다. 직원이 전셋집으로 이사할 시기가 되면 회사에서 알아서 돈까지 빌려주는 상황에 이르렀고, 거래처 사람들이나 내부 직원들끼리 회식이 많아지면서 회사매출보다 술값으로 지출되는 돈이 더 많아졌다.

결국, 어려운 경영 여건에서 송 이사의 히트상품 출시로 반짝 빛을 발했던 A회사는 다시 어려워졌다. 사무실을 적은 평수로 옮겨 이사를 가야할 처지까지 되었다. 직원 수도 줄었다. 그렇지만 히트상품은 여전히 나오지 않았다. 송 이사는 술을 끊었고 회사 일에 전념했지만 회사자금 사정은 내리막길로 곤두박질친 이후에 다시 올라올 기미가 보이지 않았다. A회사는 점점 더 힘들어지고 있었다.

어려웠던 상황에서 히트상품 출시로 일어설 기미가 보였던 A회사가 갑자기 경영이 악화되며 회복이 어려운 침체 상황에 빠진 이유는 무엇 때문이었을까? 송 이사의 술 영업에 치중했기 때문일까?

"망하는데 자격증이 필요한 건 아니다.
하지만 망할 사람이 누군지 알아챌 수는 있다."

망하는 회사는 망하게 그냥 두라!

거래를 하다 보면 대표이사가 아무리 좋은 차를 타고 다니고 좋은 빌딩에 사무실이 있더라도 상인의 눈에는 망할 회사가 보이고 잘될 회사가 보인다. 그리고 조금 더 시간이 지나면 망할 회사는 도와주고 싶어도, 도와준다고 해도 어차피 망하게 된다는 걸 알게 된다.

망하는 회사 중에는 원래 비즈니스가 적성에 맞지 않아 망하는 회사도 있고, 다시 살려두면 다른 상인들에게도 피해를 주는 회사도 있다. 함부로 도와주었다간 좋은 상인들을 다치게 할 위험이 있다. 또 '왜 그것밖에 못 도와주느냐'는 서운한 소리만 듣게 될 수도 있다. 그래서 망할 회사는 그냥 망하게 둬야 한다.

어차피 망할 회사는 다음과 같은 특징을 가지고 있다.

(1) 대표가 직원을 믿는다며 권한을 위임한다?

이런 회사는 대표가 대표이기를 거부하는 곳이다. '우리는 한 가족'이라며 대표이사는 얼굴마담 역할만 하고 권한을 직원들에게, 팀장들에게 이양해 주는 경우다.

생각해 보자. 예를 들어 학교에서 선생님이 부지런하지 않다면? 학생들이야 편하겠지만 학생들이 스스로 공부할 확률은 떨어질 수밖에 없다. 그 후 학생들의 성적은 점점 떨어지고 나중에 '이게 아닌데?'라고 허겁지겁 공부를 시키고 학교 분위기를 바로잡으려고 해도 그때는 이미 늦는다. 그렇듯 대표이사가 회사를 편하게 운영하고도 잘 될 수는 없는 것이다.

(2) 사무실에서 사장 집무실은 따로 독립돼 있다.

사장실도 중요하다. 직원들이 근무하는 곳과 분리된 곳에 사장실이 있다면 그 회사 직원들은 사장이나 임원들이 내리는 결정의 수행자 노릇만 하게 될 것이다. 반면, 사장실과 직원실의 경계가 없다면 그 회사는 직원들이 돈을 버는 구조가 된다. 직원들이 벌어오는 돈을 사장과 경영진은 잘 배분만 하면 된다. 대표와 직원들 관계가 가족적이고 사무적이고의 차이는 '사장실과 직원 사이에 벽'이 있고 없음이 아니다. 직원들이 편하게 일하라고 사장실에 칸막이를 치는 건 의미가 없다. 사장으로서의 권위를 갖겠다고 칸막이를 치는 것도 의미가 없다.

회식을 많이 하는 것도 직원들은 바라지 않는다. 고기 먹고 술 마시고 노래 부르고 밤늦게 귀가하기보다 그런 경비를 줄여 회사 기반을 안정적으로 다지고, 월급 1만 원이라도 더 챙겨주는 직장을 원한다. 회사가 안정되고 급여가 높다면 직원들은 애사심이 절로 생길 것이고, 그 회사를 떠나지 않으려 할 것이다.

(3) 사장이 자기 자리를 거의 비워둔다?

단 한 번의 노력으로 이익을 얻는데 성공했다면 돈 버는 경영에 대해 모두 알았다고 착각할 수 있다. 그런데 그 단 한 번의 이익이 술자리에서 지인의 도움으로 만들어졌다고 생각되면 회사 대표는 매일 술만 마시러 다니게 될 것이다. 만약 골프장에서 접대한 일이 도움이 됐다고 생각하게 된다면 그 대표는 매일 골프장에 가서 살려고 할 것이다. 그런 식의 성공은 회사에 대표이사가 머물러야 할 곳을 밖에서 찾게 할 수도 있다.

그러나 사장의 잦은 외근은 직원들을 나태하게 만든다. 직원들은 사장이 외근 나갈 때까지만 열심히 일하는 척 하게 될 것이다. 직원들은 사장이 없는 회사에서 사장처럼 일해주지 않는다.

사장이 밖에 나가서 두 번째 이익을 힘겹게 또는 운이 매우 좋게 가져온다고 해도 직원들은 그건 사장이 할 일이라고만 여긴다. 회사에서 그들이 해야 할 일을 찾지 않는다. 결국 사장실이 비는 만큼 직원들도 어딘가로 사라지게 된다. 물론 그 중간엔 회사 은행계좌 잔고도 같이 사라질 것이다.

(4) 직원들 간 대화, 얼굴 표정에 애정이 없다?

망하는 회사의 특징은 직원들 얼굴에서 먼저 나타난다. 직원들이 업무 외적으로도 고민을 얘기하고, 격려를 보내는 등 친밀한 관계를 맺고 있다면 그 회사는 틀림없이 잘 된다. 하지만 직원들이 서로 대화를 할 때도 무표정이거나 지극히 사무적일 경우 그 회사는 비전이 없다고 봐야 한다.

직원들은 회사의 운영 상태를 누구보다도 많이 안다. 때로는 사장보다 먼저 알 수도 있다. 그래서 회사가 어렵다면 사장이 아무리 '우리 회사는 괜찮아!'라고 해도 직원들 마음속엔 딴 생각이 자리 잡게 된다. 그렇기 때문에 미래가 불투명한 회사일수록 직원들의 표정이 무뚝뚝해질 수밖에 없다.

직원들은 야근수당을 걱정하며 칼퇴근을 하게 되고 집에서 몰래 작성하던 이력서나 자기소개서를 버젓이 근무시간에 작성하기도 한다. 심지어 회사 프린터로 다른 회사 지원할 이력서를 출력해서 들고 가는 직원들도 생긴다.

(5) 외부 전화가 오더라도 직원들의 태도가 불친절하거나 무미건조하다?

직원들이 전화응대 교육을 잘 받지 못해서일까? 그렇지 않다. 이럴 경우 회사에 걸려오는 전화 내용이 문제다. 직원들의 전화 받는 태도가 불친절하다는 것은 회사에 도움 되는 전화라기보다 회사 업무와는 전혀 관련이 없거나 돈 나갈 일로만 자주 걸려온다는 증거다.

직장인들이 회사에 다니는 이유는 '대안이 없어서'다. 사장을 존경해서도 아니고, 그 회사의 일이 너무 좋아서도 아니다. 집에서 멀어도 비가 와도 눈이 와도 그들이 회사에 출근하는 이유는 '대안이 없는 까닭'이다. 그들이 회사에 나오지 않으면 할 일이 없다는 이야기가 아니라, 그들이 그 회사 말고 다른 선택을 할 상황이 아니라는 뜻이다. 그런데 직원들이 전화를 받을 때 무미건조하다? 불친절하다? 그건 그 회사가 '대안이 없는 직원들에게 이젠 막다른 골목'이 되었다는 표시가 된다. 직원들이 이젠 어디로 가야할지 막막하다는 의미다. 사무실이 아무리 멋지고, 휘황찬란해도 사장이 아무리 좋은 차를 끌고 다닌다고 해도 그 회사의 미래는 직원들의 전화 응대 모습에서 이미 곧 망할 회사라는 것을 보여주고 있다.

그렇다면, 곧 망하는 회사의 부수적인 특징은 무엇일까?

(1) 퀵서비스를 너무 많이 쓴다?
회계팀이나 영업팀, 마케팅팀이나 자재팀 등에서 모든 업무 처리를 퀵서비스에 의존한다면 그 회사는 머지않아 재정 위기를 맞게 될 것이다.

퀵서비스 비용을 한 건에 1만 원이라고 해보자. 하루에 10건만 쓴다고 가정해도 한 달에 200건이고, 200만 원이 든다. 그럼 이 비용을 회사의 이익금으로 충당하려고 할 때 회사는 퀵서비스 비용을 벌기 위해 2,000만 원 정도의 매출을 올려야 한다. 매출의 10%가 순이익이라고 할 경우다.

2,000만 원 매출을 올리려면 100만 원짜리 제품을 20개 팔아

야 하고, 10만 원짜리 제품은 200개 팔아야 하며, 1만 원짜리 제품은 2,000개 팔아야 한다. 2만 원짜리 제품은 1,000개 팔아야 한다. 인터넷 쇼핑몰이라면 2만 원짜리 상품을 1,000개를 팔아야만 간신히 퀵서비스 비용을 낼 수 있게 된다. 2만 원짜리 제품을 한 달 동안 1,000개를 팔려면 하루에 최소한 33개를 팔아야 한다. 결론적으로 말해서 하루에 300개를 팔던 쇼핑몰이라면 퀵서비스 비용으로 10%의 매출을 더 올려야 한다는 의미다. 이게 가능한 수치일까?

(2) 월차, 외근, 병가처럼 짧은 시간 자기 자리를 비우는 직원들이 많아진다?

회사 일이 바쁘면 자리를 비울 틈이 없다. 업무차 어떤 회사에 전화를 걸었는데 그때마다 직원이 자리를 비운 상태라고 한다면 그회사는 곧 망할 회사다. 회사 다니는 직원들이 이직을 꿈꿀 때 그런 현상이 생긴다. 안 쓰던 월차를 평일에 쓰거나 갑자기 치과에 다니기 시작한다.

치과에 다녀온다고 하면 '치료받던 병원'에 가야 한다는 당위성이 생기고, '가는 데 한 시간, 오는 데 한 시간, 치료받는 데 30분' 정도 충분한 여유 시간이 생긴다. 점심 먹고 나가서 면접 보고 들어오기에 시간이 충분하다. 게다가 치과 진료는 일단 시작하면 며칠 간격으로 꾸준히 다녀야 한다. 다른 회사에 취직될 때까지 계속 치과에 다닐 수 있다.

(3) 직원들끼리 모임이 많아지거나 개별 활동이 많아진다?

점심시간 후에 회사 회의실에 직원들끼리 모이는 시간이 길어진다. 회사 일을 열심히 하기 위한 모임이 아니라 회사에서 어떻게 버틸 것인가, 나갈 것인가를 의논하는 자리가 된다. 직원들끼리 모여서 할 수 있는 대화란 서로의 고민 상담이 대부분이기 때문이다.

그럼 회사에 팀원들끼리 잘 해보자는 회식은 어떤 경우냐고 되묻는 사람이 있다. 일주일에 3번 이상은 직원들끼리도 회식을 하는데 그것도 망할 회사의 징조냐고 따질 수 있다. 하지만 잘 생각해 보자. 직원들끼리의 회식은 회사에 경비를 청구하게 된다. 직원들끼리 모였다는 걸 회사가 알게 된다. 하지만 경비 청구를 하지 않는 직원 모임은 회사가 알 수 없다. 업무에 연관성 없는 모임이란 의미다.

어쩌면 직원들끼리 단합이 잘 되어서 회사에 비용 청구도 하지 않고, 그들끼리 모여 회사의 발전을 도모한 것이라고 할 수도 있다. 하지만 회사 발전을 도모하는 직원끼리의 모임도 한 두 번이면 충분하다.

회사 몰래 직원들끼리 모이는 횟수가 잦아진다면 이야기는 달라진다. 그건 회사의 위기가 닥쳤다는 표시다.

(4) 거래처 대표들이 자주 찾아온다. 사장만 찾다가 오래 머물다
    가 간다?

회사에 거래처 대표들이 자주 드나든다면 두 가지 경우다. 하나는 그 회사가 잘되는 상황에서 공장의 소개, 아는 거래처의 소개로 일

감을 달라고 찾아오는 손님들이 많을 때다. 그런데 평소엔 얼굴 보기도 힘들던 거래처 대표들이 어느 순간부터 자주 방문하고 있다면 대부분 회사가 거래처에 결제를 잘 못 해주고 있다는 걸 의미한다.

회사가 어려워진 상황이면 거래처 사람들은 사장만 찾게 된다. 이는 결재권자인 사장하고만 얘기가 된다는 표시다. 그리고 사장을 만나게 되면 오래 머물다가 가는 경우가 많은데 그들에게 다른 일을 제쳐두고라도 급하게 해결해야 할 문제(돈)가 있다는 표시다.

(5) 세금고지서, 법적 서류들이 많아진다?

회사에 오는 우편물 중에 행정 우편이 많아진다. 법원 서류와 세무서 서류가 증가한다. 외부에 돈 받을 곳이 많아서 법적 절차에 착수하는 서류가 많아지는 경우는 극히 드물다. 수금이 원활하지 못하기 때문에 법적 절차가 필요한 것이고, 그런 서류가 많다는 것은 그 회사의 자금 사정이 얼마나 최악인지를 반증할 뿐이다.

(6) 수입의 매출의 1% 이상을 회식비로 쓴다?

매출액의 1%를 회식비로 쓰는 회사는 미래가 없다. 1,000만 원을 벌면 10만 원을 쓴다는 얘기와 같고 1억 원을 벌면 100만 원을 회식비로 쓴다는 얘기와 같다. 순이익을 매출의 10%라고 했을 때 매출액 1%는 순이익의 10%에 해당되는 금액이다.

앞에서는 분명히 돈을 버는데 나중에 계산해 보면 손해를 본다면 현재 씀씀이를 되짚어 봐야 한다. 버는 게 중요한 게 아니라 쓰는 게 중요하다. '벌었으니 쓰자'고 하면 '살았으니 죽자'고 하는 것과 같다. 돈은 벌수록 더 아껴야 한다. 돈을 벌 때는 회식비를 쓰지 않는 게 가장 좋다. 꼭 써야할 순간이 온다면 100만 원을 벌 때 1천 원을 쓰는 것이 적당하다. 1천 원은 순이익 10만원의 1%다. 이 금액도 크다.

(7) 사장님 자동차가 특별한 이유 없이 바뀐다?

돈을 벌기 시작하면 남자들은 차부터 바꾸려고 한다. 돈이 잘 벌리지 않았을 때 타고 다니던 차부터 빨리 청산하고 싶어 한다. 비즈니스 미팅을 하러 호텔에 갔을 때, 손님을 접대하고 나오면서 주차장에 세워진 차량들 사이에서 자기 차를 볼 때, 아파트 주차장에 세워진 다른 좋은 차들을 보면서, 도로에서 외제 차와 마주치면 자신도 모르게 오그라들어 조심운전을 할 때 느꼈던 자격지심 때문이다.

하지만 돈을 벌기 시작했다고 차부터 바꾸는 건 돈 먹는 하마를 장만하겠다는 것과 같다. 차는 사용하지 않고 세워만 둬도 돈이 든다. 차가 비싸면 비쌀수록 보험료와 주차료, 자동차세와 연료비도 같이 비싸진다.

돈을 얼마나 더 벌었기에 돈을 더 쓰겠다고 차를 바꾸는가? 돈을 벌기 시작하는데 혹시 거래처가 더 늘었는가? 아니면 경기가 호황이라서 반짝 경기를 틈타 매출이 늘어난 것인가? 거래처가 더 늘어난 경우라도 어떤 거래처들이 더 늘었는지 살펴보자. 거래처들 중 주문량이 많은 대기업이 생겼는가? 아니면 고만고만한 작은 기업들이 몇 개 더 생긴 정도인가? 대기업이 거래처가 되었다면 차를 바꿀 필요가 있을 지도 모른다. 대기업의 상사와 만나거나 접대하게 될 경우 가끔 고급 차량이 필요할 수 있다. 하지만 기존 거래처들과 같은 거래처들이 늘어난 경우라면 굳이 차를 바꿀 필요는 없다. 실제로 다른 사람들은 그런 사실을 전혀 의식하지도 않는다. 거래처들은 오히려 당신이 예전의 그 차를 타고 열심히 하기에 그 모습을 보고 주문량을 늘려줬을 수 있다. 그렇다면 당신 차가 바뀌는 순간 기존 거래처들은 당신에게서 등을 돌릴 수도 있다.

중국인들이 말하는
꽌시(關係)란 무엇인가?

사례 1)

중국 헤이룽장 출신인 V씨는 무역업을 하고자 광둥성 인근 소도시로 내려왔다. 광둥성 인구는 1억 5천만 명, V씨가 머문 곳 인구는 500만 명 정도 되는 소도시였다. 중국에는 인구 500만 명 정도 되는 시(市)가 220여 곳이 있다. 헤이룽장성에서 공장을 운영하던 V씨는 광둥성 인근 도시로 내려와서도 공장을 차리기로 했다.

그리고 V씨가 첫날부터 한 일은 공장이 아니라 3층 집을 알아본 것이다. 인근 가게, 동네 주민, 병원, 파출소, 치안(지역에서 자체적으로 경비를 담당하는 사람들)을 먼저 살피며 인근 주민들과 인사하고, 가게 물건을 팔아주면서 시간을 보냈다. 사정을 잘 모르는 사람이 보기엔 허송세월하는 것으로 보일 정도였다. V씨는 매일같이 사람들을 만나며 술을 마시고 담배를 피우고 또 같이 놀러다니며 시간을 보냈다.

그로부터 두어 달 뒤, V씨는 숙소 인근의 대부분의 사람들과 안면을 트고 친분을 맺고 나서야 공장 부지를 찾기 시작했다. V씨가 가장 먼저 찾아간 사람은 그 지역의 촌장(村長)이었다. 촌장은 V씨를 대신해서 사무실과 공장 건물을 알아봐주었고, V씨는 촌장을 통해 지역 담당 공무원을 소개받아 세금지원도 받을 수 있었다. V씨는 두어 달이라는 시간 동안 돈을 절약한 셈이었다.

사례 2)

중국 모 지방에서 공장을 운영하는 B씨는 사세가 확장되면서 직원들을 더 채용했다. 외지에서 온 사람들까지 고용했다. 농민공(농촌 출신의 노동자)은 물론이고 일할 수 있는 사람은 일단 채용하고 봤다. B씨는 그 지역에서 태어나고 자란 현지인 출신인데 비해 공장에는 외지 출신 직원들이 무리지어 어울리는 모습이 자주 보이기 시작했다. 그러던 즈음, 명절이 다가왔다.

명절을 며칠 앞두고 B씨는 다음 날에 직원들에게 나눠줄 보너스를 은행에서 찾아다가 사무실에 두었다. 보너스를 나눠주고 선물도 챙겨줘야 직원들이 명절 후에도 다시 복귀할 마음을 가질 수 있을 것이고, 회사 대표로서의 체면을 챙길 수도 있어서다. 명절에는 휴무 기간만 한 달 이상 되는 곳이 있을 정도로 인구이동이 많은 중국에서는 명절에 고향에 돌아가서 돌아오지 않는 사람들이 부지기수였던 이유도 있었다.

농촌에서 일하면 연간 수입이 500위안 정도밖에 안 되는 곳도 많은데 공장에서 일하면 800~1,000위안을 한 달만에 벌어본데다가 명절 보너스까지 받으니 그 돈으로 농촌에 주저앉는 사람들이 많았던 까닭이다. 중국 공장에서 명절을 쇠고 나면 회사로 복귀하는 직원이 50% 정도밖에 안 되는 경우가 허다했다. 나날이 인력을 구하기가 어려워지는 것은 중국도 마찬가지다.

특히, 중국 청년들은 생산직보다는 유통서비스업 쪽으로 진출하는 경향도 뚜렷했는데 대도시에서 식당을 운영하는 일부 업주들은 중국 내륙 깊이 농촌으로 들어가서 현지 젊은이들을 채용해 데려오는 경우도 많았다. 숙식도 제공하고 월급으로 1,000위안을 줄 테니 와서 일하자고 하면 대부분의 농촌 젊은이들이 따라나섰다. 대도시 식당 근로자들의 경우 월 급여가 2~3,000위안은 되는데 농촌에서 데려온 젊은이들에게는 숙식을 제공하면서 1,000위안을 주는 것이 높은 급여는 아니었다. 그래서 일부 식당 업주들은 종업원들에게 외출을 못 나가게 하며 24시간 일만 하게 시키는 경우도 있었다.

그런데 그날 저녁. B씨가 업무를 마치고 공장 문을 닫으려는데 오토바이를 탄 한 무리가 흉기를 들고 공장 안으로 몰려들더니 B씨를 위협하며 돈을 빼앗으려고 하는 게 아닌가? 공장에서 일하는 외지 출신 직원과 어울리던 같은 고향 무리들이었다. B씨는 당황하지도 않고 어딘가로 전화를 거는 것이 아닌가. 잠시 후 공장 안으로 인근 부대 군인들이 밀려들었다. 실탄 장전한 총을 든 것도 물론이었다. 상황은 역전됐다. 공장 안으로 온 군인 지휘관은 B씨랑 인사 나눈 후, 떼로 몰려온 도둑 우두머리를 잡아 세우고는 두 번 다시 얼씬거리지 말라고 엄포를 놓고 상황을 종료시켰다. (당시 사정을 잘 안다는 어떤 사람의 이야기를 빌리자면 군인 지휘관이 어디서 마약 한 봉지를 가져다가 도둑 우두머리 얼굴에

대고 총을 겨누면서 윽박질러 내쫓았다는 이야기-중국에서 마약사범은 즉시 사살

해도 된다고 하면서-도 전한다.)

사례 3)

중국의 모 회사 대표 N씨는 수완이 좋아서 사업을 성장시킨 인

물이다. 그는 행정적으로나 정치적으로도 조력자를 잘 두어 손대는

사업마다 성공을 이어갔다. 그런데 경쟁 회사가 등장하면서 N씨의

사업이 주춤하기 시작했다. 경쟁 회사의 대표 P씨는 실력도 좋고 운

도 좋은지 N씨의 사업과 경쟁을 하곤 하는 게 아닌가. 이에 신경이 날

카로워진 N씨는 P씨 회사의 부조리를 관공서에 고발하였고 N씨랑

친분이 있던 공무원이 P씨 회사를 조사한 후 벌금을 매기게 된 일이

생겼다.

그러자 이에 발끈한 P씨는 어디론가 전화를 걸더니 회사 문을

닫고 잠시 업무를 하지 않았다. N씨는 P씨가 도망간 거라고 생각하

며 자기를 도와준 사람들에게 한턱을 내기도 했다.

그로부터 며칠 후, N씨 회사로 다른 공무원들이 찾아왔다. N

씨 회사의 거래가 수상한 점이 있어 조사를 한다고 했다. N씨는 무

슨 일인가 싶었지만 내심 안심하면서 조사를 받았고 그렇게 아무 일

도 없이 지나는 듯 했다. N씨가 공무원들을 접대하겠다며 마련한 자

리, N씨 회사에서 이렇다 할 건수를 찾아내지 못한 공무원들은 잠자

코 식사를 하다가 문득 테이블 아래에서 N씨가 신고 있는 신발을 발

견했다.

외국산 브랜드.

공무원들은 N씨에게 구입명세서를 내놓으라고 요구했고 N씨가 내놓지 못하자 불법 수입에 대한 벌금을 부과하고 돌아가 버렸다. N씨는 이게 뭔 일인가 싶었지만 내심 믿는 구석이 있었기에 벌금을 내지 않았고 버텼다. 벌금은 단순 불법 수입에 여러 항목이 추가되어 액수가 점점 커졌다.

그러자 N씨도 가만있을 수 없어서 자신과 알고 지내는 공무원들에게 문제 좀 해결해 달라는 요청을 했고, 일이 점점 커지더니 상층부까지 보고가 되었다. 지방 소도시에 두 회사 간 싸움이 고소고발에 이어 중앙부처 고위 공무원으로 번진 것이다. 결과적으로는 P씨가 이기게 되었다. N씨가 얕잡아본 P씨의 뒷배경이 N씨보다 더 권력을 가진 사람이었던 것이다. N씨는 결국 수백억 원의 돈을 내야했다.

사례 4)

무역회사를 운영하는 O씨는 회사 차량 3대를 운용한다. 본인 차량, 배송차량, 직원들 업무차량이다. 그래서 항시 인근 주차장에 주차를 한다. 주차장 관리인 T씨와는 알고 지내는 사이다. T씨는 70줄은 넘어 보이는 나이에 후줄근한 옷차림을 하고 주차장 초소에서 주차비를 받는 게 일인 사람이다. 30분에 2위안, 원화로 2~300원 정도의 돈을 받는 게 하루 일이었다.

그러던 어느 날, 동네 건달들이 T씨를 공격하고 돈을 빼앗았다. 주차비를 현금으로 받는 걸 알고 힘도 없고 나이가 든 T씨를 공격한 것이다. 이 과정에서 몸을 약간 다친 T씨는 일을 쉴 수밖에 없었고 그로부터 며칠 지나서야 다시 주차장 초소에 모습을 드러냈다. 오랜만에 보게 된 T씨에게 O씨는 그간의 사정을 듣게 되었고 지인 건달을 불러 돈을 빼앗아간 건달들을 찾아 혼내주고 훔쳐간 돈을 다시 T씨에게 돌려주게 하였다.

그리고 그날 저녁. O씨의 회사로 T씨가 찾아왔다. 양손에는 최고급 술을 들고서. 나중에 이야기를 들어보니 T씨는 인근 부동산을 소유한 재력가로 가진 재산만 수천억 원대라고 했다. 일을 하지 않아도 매달 나오는 월세 수입만 수억 원에 이른다고 한다. 주차장에서 주차비를 받는 것은 자기 땅에서 주차비를 받는 것이고 일을 하고 싶어서 하는 것이라고 했다.

정리하자면, 중국인들에게 '꽌시'라는 건 다양한 인간관계를 의미한다. 단순히 업무상 도움을 받는 공무원 지인을 두는 정도가 아니다. 정부 공무원들부터, 군인, 건달, 가게주인, 식당 사장 등, 자기에게 필요할 때 도움을 받을 수 있는 모든 인맥을 가리킨다고 봐야 한다. 거기에 더해, 꽌시의 꽌시가 작동된다는 것이다. 가령, A랑 B가 안다고 하고, B가 C랑 안다고 할 때, A는 C의 꽌시가 된다. 서로간의 체면과 꽌시로 연결된 구조에서 중국인들의 인맥들이 서로를 위해 힘을 발휘하게 된다.

주하이(珠海)와 칭따오(青島)

●

●

🔍

"내가 그런 사람이었어!"

올해로 50대가 된 중년 사업가 한 씨는 앞에 놓인 술을 들이켰다. 한 사장은 지난 주 중국에 출장 다녀온다며 주하이와 칭따오를 들러 귀국한 길이었다.

"홍콩에 들렀다가 마카오로 갔지. 그때는 중국이랑 수교 관계도 아니어서 거의 초창기라고 봐야하는데, 사실 거기 주하이가 1981년에 선전(심천), 산터우, 샤먼이랑 경제 특구로 4군데 중에 한 곳이었거든. 외국인 투자가 가능했으니까 나도 그때 들어갔지. 홍콩이랑 마카오를 보면서 다음 순서는 주하이가 뜨겠구나! 생각했던 거야."

한 씨는 한잔을 들이켰다.

"독일이 칭따오를 가진 게 1897년일 거야. 그리고 나서 1898년에 개항을 시켰는데 독일이 물러가고 1984년에 중국 정부가 칭따오를 경제특구로 정한 거지. 그때부터 외국인 투자를 받고 항구가 발달

하면서 지금의 칭따오가 된 건데, 사실 한국이랑 일본이 칭따오에 많은 투자를 했어. 지금도 한 10만 명에 가까운 한국인이 살고 있을걸?"

한 사장 이야기로는 그랬다. 중국에 진출하고자 계획하면서 남쪽으로는 주하이, 서쪽으로는 칭따오에 투자했다고. 두 곳에 투자하면 나중에 한 곳에서 손해가 나더라도 버틸 수 있을 거란 생각을 했다고 한다.

"근데 한 사장님은 섬유쪽 투자를 한 건데, 실제로 돈이 된 건 부동산이었다는 거죠? 그래서 두 곳에서 모두 망하고 나올 수밖에 없었다고요. 그 이야기 두 번 더 들으면 100번 듣는 이야기일 거예요. 한 사장님은 어떻게 술만 드시면 그 이야기를 하세요?"

테이블 기준으로 한 사장을 마주보는 자리에서 오른쪽 옆에 앉은 백 씨가 한 씨의 빈 잔에 다시 술을 채웠다. 한 씨는 백을 보며 이야기를 이어갔다.

"강남 술집 다닐 때는 마담이고 웨이터고 나만 보면 굽실대고, 내 말 한마디면 이리 가고 저리 가고 했거든. 한 번은 아는 거래처 형님이 생일이라고 해서 내가 그분 지인이랑 후배랑 해서 8명쯤 되었나? 모두 데리고 강남에 간 거야. 그리고 단란주점에서 양주를 시켜놓았는데 그때 하루 술값만 천만 원 나오더라고."

한 씨는 술잔을 쓰게 비우고 자기 앞에 놓인 소주병과 골뱅이 안주를 쳐다봤다. 그는 백과 함께 홍대 앞 백반집에서 식사를 하며 술을 곁들이고 있었다. 그날 술값과 밥값은 백이 계산할 것이다. 한 씨는 머리에서 발끝까지 골프웨어로 멋을 냈지만, 젊음의 거리로 불리는 홍대

거리와는 분명 동떨어져 보였다. 백에게 자신의 화려했던 지난날을 이야기해 주고 있지만 그런 그의 모습이 더 초라했다. 사실 한 씨의 이야기는 그날이 처음이 아니었다. 그는 백을 비롯해서 누구를 만나던 자신의 지난 이야기를 꺼내곤 했다.

한 씨는 패션계에서 잔뼈가 굵은 사람이었다. 1980~90년대에 국내에 유명 브랜드 열풍이 휩쓸 때 U브랜드를 론칭하며 잘 나갔던 적도 있다. 브랜드 소문을 듣고 대리점을 하겠다는 사람들로 보증금이 밀려 들어왔고, 한 씨는 그 참에 회사를 키워야겠다는 생각에 가족, 친지들까지 모두 회사로 불러들였다.

공무원이던 매형은 회사의 재무이사를 시키고 누나와 조카들, 아버지와 어머니, 사촌이고 할 것 없이 패션사업을 하겠다는 집안사람이면 무조건 자기 사업에 끌어들였다. 그런데 가족이고 친지다 보니 말단직원을 시켜줄 순 없었다. 최소한 과장부터 부장, 이사까지 경영진에 그들의 이름을 올렸다. 중국에 패션사업체를 진출시킨 것도 그 무렵이다.

문제는 그때부터 예견된 거나 마찬가지였다. 한 씨는 오로지 '자기의 판단'에만 집착하는 사람이었다. 경영이고 상술이고 따로 계획을 세우기보다 자신의 육감과 본능만으로도 앞날을 정확히 예측할 수 있다고 자신했다. 전국에서 자신의 브랜드로 사업하려는 대리점이 몰려든 것도 브랜드나 패션산업 트렌드 때문이기보다는 오로지 자기를 믿었기 때문이라고만 생각했다.

한 씨는 자신의 브랜드를 백화점에 입점 시키고 로드숍을 열면서 전국 각지의 대리점주들로부터 보증금을 미리 받았다. 최소 계약 유지 기간은 2~3년. 그 기간 내에 장사가 잘 안 되면 언제든 대리점주들이 계약 해지를 요구할 수 있었고, 보증금도 돌려받아 나갈 수 있었다. 실상 보증금이 아무리 많아도 한 씨의 돈은 아니라는 얘기다.

"근데 폴라폴리스(Polapolys)가 문제였어. 내가 보더라도 그건 '된다!' 싶었거든. 그때 새로 나온 원단이었는데, 처음 봤을 때 점퍼나 재킷을 만들면 되겠다고 그림이 딱 나오는 거야. 그래서 그 원단을 다 갖다가 우리 브랜드 시즌기획 상품으로 풀었지. 물량이 한 10만 장 되었나?"

한 씨는 폴라폴리스의 상품성을 제대로 보았다. 폴리에스테르 원단을 100% 사용하거나 다른 원단과 혼용 가공해서 만드는 폴라폴리스는 소재의 느낌이나 특성이 다양한 것이 장점이었다.

그러나 시기가 문제였다. 한 씨의 판단은 너무 빨랐다. 그리고 모든 결정을 자기 혼자 내렸다는 것도 문제였다. 결국 한 씨가 야심차게 준비했던 폴라폴리스 10만 장은 고스란히 반품으로 돌아왔다.

재고가 쏟아져 들어오면서 한 씨의 회사에 하청업체들, 대리점주들이 자주 방문하기 시작했다. 주로 생산 공장인 하청업체들은 결제대금을 받아내려 했고, 대리점주들은 장사가 생각만큼 잘 안 되자 계약 중도 해지를 원했다.

한 씨는 이 위기를 극복하는 방안으로 연예인 마케팅을 하기로 했다. 한 씨는 폴라폴리스가 아직 붐업(Boom-Up)이 되지 않아서 그렇지 알려지기만 하면 히트를 칠 게 분명하다고 기대했다. 그래서 지금은 글로벌 스타가 된 W를 후원하기로 하고 W가 방송이나 영화, 공연 등에 모습을 보일 때마다 한 씨의 브랜드 제품을 입는 조건으로 계약을 체결했다. 그런데 문제는 대형기획사 소속인 W조차 그 당시엔 생각만큼 잘 뜨지 않았다는 점이다. 결국 한 씨는 늘어난 재고와 스타 마케팅을 하느라고 지출한 추가 비용을 감당하지 못해 회사 문을 닫고야 말았다.

거기다 폴라폴리스 아이템을 구입했던 일부 소비자들에게도 항의가 빗발쳤다. 원단 특성상 보풀이 생길 수도 있는데 그 점을 간과했던 소비자들은 '이거 불량품!'이라며 교환이나 환불을 요구했다. 얼마 후에 폴라폴리스로 만들고도 보풀이 없는 플리스(Fleece) 원단 소재 아이템들이 나왔지만, 이미 뒤늦은 후였다.

"근데 그때 정말 미안했던 게 나 혼자 망하면 되는 건데 애꿎은 가족, 친지들도 같이 망한 거였어. 내가 처음에 히트 쳤더니 그걸 보고 가족들이 모여든 거지. 두 번 세 번 계속 히트 칠 줄 알고 말이야. 회사 자금이 어려워지니까 가족 친지들이 주택 담보, 대지 담보로 돈을 대기 시작했지. 그래도 때만 맞으면 들어간 돈이 회수될 줄 알았는데…."

그러나 어쩔 도리가 없었다. 회사에서 발행한 어음은 고스란히 빚이 되었고 대출을 받고도 모자라 집과 땅은 고스란히 경매에 넘어갔다. 한 씨뿐 아니라 가족들 모두 '직장을 알아봐야 하는' 신세로 전락하고 말았다. 이후 그는 고시텔 생활을 하며 재기를 꿈꾸고 있지만 쉽게 일어설 수 있는 상황은 요원해 보였다.

한 씨는 백을 만나면 '은행에 잔고가 넘치는 기억'만을 이야기하며 추억에 잠기곤 했다.

"은행에서 전화가 왔지. 그러더니 나한테 하는 말이 내 계좌에 돈이 더 이상 안 들어가니까 다른 계좌를 만들라는 거야. 아니 무슨 은행에 돈이 안 들어가는 계좌가 있나 싶더라고. 그때 한 일주일 만에 내 계좌에 들어온 돈이 40억 원쯤 됐을 걸?"

백이 할 일은 한 씨의 이야기를 들어주며 때로는 놀라고, 때로는 웃어주며, 때로는 다음 이야기를 재촉해 주는 게 전부였다. 그리고 한 씨의 술잔에 술이 비워지면 재빨리 술을 따라주고 그가 술에 취해 집에 가겠다고 하면 얼른 카운터로 가서 술값을 계산해 주는 일도 포함되었다.

백은 한 씨를 택시에 태워 보내고 왕년에 잘 나갔지만, 독단적인 판단·운영으로 지금은 한 씨와 비슷한 처지가 된 또 다른 사업가를 떠올렸다.

추 씨는 국내에서 자신의 패션브랜드 사업을 성공적으로 론칭하고 언론지에도 자주 얼굴을 내비쳤던 인물이었다. 독특한 문양을 접목한 디자인을 선보이며 주변으로부터 획기적인 스타일이라 평가받았고, 독보적으로 성공노선을 걸으며 모든 패션디자이너들의 선망의 대상으로 올라섰던 패션 사업가였다.

추 씨는 성공 가도에 들게 된 시점에서 초창기에 함께 고생한 디자이너를 내보내고 자기 여자친구를 디자인팀 실장으로 앉혔다. 그런데 그 후 회사는 보란 듯이 급격하게 기울기 시작했다. 디자이너들이 새로운 디자인을 내놓아도 여자친구가 'NO'라고 하면 신제품에 반영하지 못하거나 출시하지 못했다.

추 씨는 여자친구를 대단히 사랑했을지 몰라도 모처럼 찾아온 기회를 여지없이 무너뜨리는 실수를 하고 말았다. 그 결과, 실력 있는 디자이너들이 퇴사했고, 권 씨는 대리점들로부터 받은 보증금도 다 물어주어야 했다. 그리고 어느 날 홀연히 중국으로 떠나버렸다. 들리는 이야기로는 중국에서 작은 하청 공장을 운영하는데 브랜드 업체들로부터 주문받은 옷을 만들어 주며 재기를 꿈꾸는 중이라고 했다. 당연히 그 여자친구와는 헤어진 뒤였다.

그런가 하면 자기 판단을 믿지 못하고, 누군가의 판단에 지나치게 의존해서 망하는 경우도 있다.

팬시용품 제작회사 대표인 오 씨는 디자이너로부터 받은 기획안을 품에 안고 어딘가를 찾아갔다.

"이거 좋아. 20만 개는 나갈 거야!"

오 씨가 꺼낸 기획안이 꽤나 만족스럽다는 듯이 상대방이 껄껄 웃자, 그는 속으로 '역시 내 느낌이 제대로 맞췄네.'하고 안도했다. 오 씨는 즉시 관련 디자이너를 불러서 완성품 개발을 지시했다.

"내가 잘 아는 무당에게 가서 물었더니 대박난다는군."

오 씨는 기독교인이었다. 그런데도 무당의 이야기를 단단히 믿었는지 모든 디자인과 상품 생산 과정을 디자이너에게만 의존해서 제품을 출시하였다. 그러나 무당의 예언과는 다르게 제품 판매가 신통치 않았다.

오 씨는 무당을 찾아가 잘 된다던 상품이 왜 잘 나가지 않는지 물었다. 무당은 그럴 리가 없는데 이상하다고 하면서 고개를 갸웃거리더니 기도가 부족해서 그런가 보다며 지리산으로 들어갔다. 그로부터 다시 시간이 꽤 흘렀지만, 제품은 여전히 팔리지 않았다. 오 씨는 이제 무당을 떠났다고 했지만, 주변인에게 듣기론 새로운 '족집게' 점쟁이를 만났다는 후문이다.

왕년(往年: 지나간 해)은 그야말로 왕년(尢年: 허물이 있는 해)일 뿐이다. 성공하는 상인일수록 자기 판단은 참고만 하고 주위 전문가들의 이야기를 많이 들어야 한다. 진짜 상술은 상인의 고집에서 나오는 게 아니라 주위의 여론을 모아서 정보를 충분히 모은 후에 공통되는 결과를 도출하는 데서 나온다. 그래서 상술은 상인의 감각적인 면도 분명 중요하지만, 무엇보다도 과학적으로 접근해야 하는 통계의 수치이기도 하다.

'왕년에 잘 나갔다고 자랑하는 사람'치고 꾸준히 잘 되는 사람이 없다. 그들은 모두 '내가 누군데? 감히!'라는 자만심 때문에 망한다. 그래놓고 나중에 '내가 사람을 잘 못 봐서 실수했어!'라고 말한다. 그들의 최후 변명은 '실수'란다. 자책하고 반성해야 할 일을 '실수'로 치부해버리면서 여전히 자만심은 버리지 못하고, 과거의 화려함만 추억한다.

앞서 이야기한 한 사장의 실패 원인 역시 주하이와 칭따오에 회사를 세우면서 자기 주관, 자기가 해오던 대로, 자기 감만 믿고 자기 고집대로 해버린 결과다.

그런데 세상이 그동안 자기 생각대로 움직였다고 판단하는 사람들이라면 더더욱 거기서 벗어나지 못하는 경향이 있다. 왜 그들은 자신의 판단이 잘못되어서 실패했다는 사실을 인정하려고 들지 않을까? 그 이유는 그들 자신이 이 세상 이치를 스스로 깨달은 게 아니라 누군가에게서 '배웠다'는 걸 잊었기 때문이다.

사람들은 누구나 교과서, 참고서, 학원, 친구, 광고, 책, 인터넷, 드라마, 주위 풍경, 다른 주변인들에 늘 영향을 받는다. 그리고 그것을 토대로 자료를 모으고 분석하여 판단의 근거로 삼는다. 그러나 그것만으로 옳은 판단을 내릴 수는 없다. 세상은 빠르게 변하고 있으며, 정보는 과거를 정리한 것이거나 미래를 막연히 예측해 놓은 것에 그치기 때문이다. 또한 진짜 정보는 드러나지 않고 숨어 있을 때가 많다. 세상에 나온 정보는 '정보를 흉내 내는 광고'에 지나지 않는다.

보통 신제품을 기획할 때 참고로 삼는 자료가 무엇인가? 어디에서 시장조사를 하고, 아이디어를 얻는가? 당신은 그동안 다른 사람들이 만들어 놓은 수많은 광고에 자연스럽게 노출되어 살아왔다. 거리 간판, 방금 들여다본 컴퓨터 모니터 또는 매일 가지고 다니는 스마트폰에는 늘 광고가 넘쳐난다. 어느덧 광고는 정보로 오인돼 머릿속에 이미지가 되고, 올바른 아이디어나 판단은 점점 물 건너가게 된다.

그래서 직관적인 판단은 위험할 수 있다. 진정한 정보는 발로 뛰어다니고, 체험해 본 후에 얻을 수 있는 것이며 혼자보다는 여럿의 의견과 생각이 일치했을 때 좀 더 신뢰할 수 있는 요건을 갖춘다. 그러나 제대로 된 정보를 찾으려고 하지 않고 그동안 운 좋게 한 번 성공한 걸로 '또 될 것'이라는 막연한 자만심에만 의지해 사업을 펼쳐 나간다면 망하는 것이 당연한 결과로 돌아올 수밖에 없다.

대기업일수록 신제품 개발과 출시에 앞서 여론조사, 시장조사, 소비자집단 그룹 토의 등에 더 집중하는 이유가 그 때문이다. 극장에서 상영할 영화 한 편을 고르는 데도 정기적으로 모니터링단을 선정하고 그들에게 영화별 점수를 매긴 후 결정한다는 사실을 아는가? 반대로 극장주가 본인이 좋아하는 영화만 상영하겠다고 한다면 어떻게 되겠는가? 출판사에서도 책을 만들기 전에 북마스터와 모니터링단의 의견을 모은다. 프로그램 게임회사들도 출시 전에 게임의 오류를 체크하고, 상품성이 있는지를 검증하는 베타테스터들을 운영한다. 그런데 무슨 자만심인가? 사업에 성공하고 싶다면 당장 주관적이고, 직관적으로 판단하는 경영방식을 뒤집어야 할 것이다.

"세상이 나를 버렸다고 거짓말하지 말라!
세상은 당신을 가졌던 시간이 단 1초도 없다."

상인에게 '고집'이란 '귀머거리'의
또 다른 이름이다

듣지 않고 말할 수 없는 것처럼 듣지 않으면 팔 수 없다. 상술을
안다면 무조건 듣는 습관을 가져야 한다. 말을 많이 하는 사람은 듣지
못한다. 말을 많을수록 귀머거리가 된다. 말이 많다는 건 자기 이야기
만 고집한다는 의미고, 듣는다는 건 고객의 요구를 충족시켜준다는
의미다. 반대로 듣지 못하는 사람은 고객이 원하는 게 무엇인지 모른
다. 말을 하다 보면 자기 생각에 빠지고 주위 상황을 모르게 된다.

만약 남의 의견을 잘 들으려 하지 않는 운전자가 피서지를 찾아
떠나게 되었다고 생각해 보자. 운전자는 목적지까지 가는 길이 초행
길이라서 내비게이션과 앞길만 보느라고 차창 밖 양 옆으로 스쳐가는
아름다운 풍광을 놓치게 된다. 뒷좌석에 앉은 여행 동반자가 경치가
너무 좋다고 천천히 구경하면서 가면 좋겠다고 해도 운전자는 목적지
에 빨리 도착해서 또 다른 여행지도 가보려는 계획이다. 그러나 겨우
목적지에 닿고 보니 비도 오고, 깜깜한 밤이 됐다. 아름다운 풍경은

이미 지나쳐 왔다. 날씨 좋았던 낮 동안 즐겁게 여행을 즐길 수 있는 기회를 운전자의 고집 때문에 모두 날려버린 것이다.

물론 목적지가 지나쳐온 곳보다 더 좋은 경우도 있겠지만, 좀 더 여유를 갖고 동반자들과 함께 즐기려는 의도가 아니라면 그 여행이 얼마나 의미가 있겠냐는 이야기다.

'상술'을 알려면 상대방의 생각을 들어야 한다. 그 안에 허점이 보일 수 있다. 불확실한 이론은 3번만 질문을 이어가다 보면 흔들린 다. 계획이 섰다면 다른 사람들에게 물어보고 그 상대방에게 질문하 자. 아는 건 말하는 게 아니다. 모르는 걸 질문해야 한다. 당신이 말할 때는 오로지 그 상대방이 질문했을 때여야 한다. 스스로 말하는 것만 큼 어리석은 게 없다. 대답을 해주더라도 상대방이 이해할 수 있을 정 도로만, 그 사람이 당신의 이야기를 듣고 받아들일 수 있을 정도로만 말해줘야 한다. 초등학생이 이해할 수 있는 정도면 일반인도 받아들 이기 편한 수준이라는 것을 알아두자.

중국인이 고향으로 도망가면 못 잡는다?

우리나라에서 종종 들리는 말이 있다.

"중국인이 밀항해서 국내로 들어온 후, 사고치고 고향으로 도망가면 중국 경찰도 못 잡는다면서요?"

이것은 사람들이 어떤 영화에서 보게 된 내용일 수도 있다. 영화 속에서나 이뤄질만한 내용이 아니라고 여겨서일까? 온라인상에서조차 중국인에 대해선 다소 우려 섞인 염려 내지는 두려움마저 느끼는 사람들이 있는 듯하다. 한국에 온 밀항 중국인이 사고치고 중국의 자기 고향으로 도망가면 정말 못 잡는 것일까?

결론부터 말하자면 '고향으로 도망간 사람은 잡기 어렵다'는 게 맞다. 왜 그럴까? 이번 기회에 알아두도록 하자.

중국에서 사업을 하는 사람이라면 공통적으로 중요하게 여기는 게 있다. 사업체가 있는 동네, 그곳의 촌장이랑 친해야 한다는 것이다. 중국의 대도시보다도 농촌, 내륙으로 들어간 곳이라면 더욱 그렇다. 반드시 그곳 현지 출신 사람들과 친해져야 하고, 그 동네 촌장과 가깝게 지내야 한다. 이건 철칙이라고도 할 수 있다.

중국에 한 번도 가보지 못한 한국인이라면 중국 땅이 얼마나 넓은지 모른다. 한국처럼 편의점이 곳곳에 있고 가로등도 많으며 집집마다 옹기종기 모여 사는, 아파트 천지인 곳으로 생각할 수 있다. 이따금 TV나 매스컴에서 보이는 중국 모습을 보면서 한국과 크게 다르지 않다고 여길 수 있다.

하지만 현실은 전혀 그렇지 않다. 중국 여행을 다녀본 기억이 있다면 떠올려 보자. 중국에서 파출소를 쉽게 찾을 수 있었던가? 중국에서 공안(경찰)을 몇 번이나 보았는가? 112에 신고만 하면 5분 이내에 경찰이 출동하는 한국과 달리, 중국에서는 긴급신고를 하더라도 경찰이 출동하기까지 시간이 적잖이 걸린다. 내륙지역이라면 더욱 문제다. 어떤 길은 평야만 보이는 곳도 있다. 주변에 지형지물을 알려주고 오라고 할 만한 게 없다. 게다가 가로등도 충분치 않다. 도로는 시멘트 바닥인 곳도 많고 비포장 도로도 많다. 현대화가 된 도시의 모습과 다르게 중국의 농촌이나 내륙지역의 모습은 전혀 기대 밖이다. 나도 처음 중국에 첫발을 내딛었을 때는 그저 가슴속에서부터 '흠'이란 탄식밖에 나오지 않았다.

한마디로 중국은 신고를 하더라도 경찰이 출동해서 오기까지 시간이 얼마나 걸릴지 모른다는 이야기다. 자기 안전은 자기가 챙겨야 할 곳이라고 여기는 게 편하다. 너무 넓어서 즉각적인 통제가 어려운 곳, 그래서 법체제가 강력한 곳, 그래서 일단 걸리면 중죄로 벌하는 법체계가 생겨난 것이 아닐까 생각된다.

말하자면, 중국의 광대한 영역을 구분한 행정구역은 기본적으로는 성급(省級), 시급(市級), 현급(縣級), 향급(鄕級)으로 4개로 구분되는데, 세분하자면 '성', '시', '현', '진', '촌'으로 이야기할 수 있다. 여기서 '성省'은 1급 행정구로서 33개가 있고, 2급 행정구는 334개, '현縣'은 3급 행정구로서 2,852개, '향鄕'은 4급 행정구로서 40,466개, '촌村'은 5급 행정구로서 704,386개가 있다. 그리고 '촌'은 글자 그대로 주민자치조직에 해당된다. 고향사람끼리 운영하는 자치조직이란 이야기다.

그래서 촌에서는 촌장이 실질 권한을 갖고 있고 촌장을 통하면 그 동네에서는 많은 일들이 일사천리로 진행될 수 있다. 다시 말해서 '주민자치조직'인 덕분에 그렇다.

생각해 보자. 중국에서 어느 '촌'에 회사 사무실을 내고 운영하려고 한다면 누구를 찾아가야 할까? '촌장'이다. 그리고 땅이 넓으니 차 없으면 업무를 못 보니 차를 사고 운전기사를 고용해야 한다면 어느 사람을 고용해야 할까? 촌장이 추천해 주는 그 동네에서 태어나고 자란 사람을 고용하는 것이 좋다. 그 지역 지리도 가장 잘 알고 있을뿐더러 그 동네 사람들과 인맥이 있는 사람이기 때문이다.

자, 그렇다면 앞의 질문 "중국 사람이 고향으로 도망가면?"에 대한 답변이 될 수 있다고 본다. 중국에서는 되는 일도 없지만 안 되는 일도 없다는 이야기는 '누구랑 일하느냐'에 따라 다르다는 의미이고 '누구를 알고 있느냐'에 따라 다르다는 의미다. 당신이 중국의 촌에서, 그곳 촌장이랑 일하며, 그 동네 사람을 고용했다면 문제소지가 생길 가능성은 극히 드물다. 하물며 문제가 생기더라도 해결하지 못할 문제는 생기지 않을 것이다.

쩌 자동차들과 쩌 여성들을 데려오시오

●

●

$

"내가 이걸 왜 OK한 줄 아세요?"

K회사 기획팀장 L씨의 이야기다. L은 K회사에 다니면서 브랜드 관리를 맡고 있다. 그는 K회사 브랜드 라이선스를 받고자 신청한 업체들의 제품이 적합한지, 브랜드 사업에 대해 제대로 이해하고 있는지, 브랜드 사업을 할 만큼 재무상태가 좋은지, 자체 유통망이 있는지 등을 꼼꼼하게 따져 라이선스 권리를 배정하는 권한을 갖고 있다. 회사 내에서는 라이선스 업무팀장이었지만, 라이선스를 원하는 업체 입장에서는 '슈퍼 갑'인 셈이었다. 그의 눈에 들어야만 라이선스를 받게 되고 상품을 출시할 수 있다.

이런 자신의 위치를 너무나도 잘 알고 있는 L은 그 스스로도 라이선싱하려는 업체를 상대로 '슈퍼 갑질'을 하곤 했다. 그의 표현을 빌리자면 브랜드 퀄리티를 유지하기 위해 권위를 유지하려는 것뿐이란다. 하지만, 상대 업체 입장에선 단지 알량한 회사 직원이면서 자기가 마치 그 브랜드 권리자인 것처럼 왕 노릇을 하려는 것으로밖에 보이지 않았다.

하루는 L이 회사에서 라이선시인 T업체의 유 팀장과 만난 자리에서 자신이 왜 라이선스 권리를 허락했는지 아느냐는 질문을 꺼냈다. 유 팀장이 이 팀장 얼굴을 보며 야릇한 미소를 지었다.

"내가 왜 그걸 몰랐다고 생각해요?"

"네?"

L은 유 팀장의 대답이 뜻밖이라 놀랐다. 보통 그가 이런 이야기를 꺼내면 상대편 업체는 '아이고, 감사합니다. 잘 봐주셔서 감사합니다.'라고 답하는 것이 순례였다. 둘의 대화를 이해하려면 유 팀장이 처음 T회사에 입사해서 첫 내부회의를 통해 들은 이야기로 거슬러 올라가야 한다. 그에 앞서 T회사 대표가 유 팀장을 면접하던 당시의 상황부터 짚고 넘어가자.

T회사 대표에게 유 팀장이 말했다.

"하나의 회사는 창업주가 있는 반면에 회사를 이끌어가는 것은 창업주가 아니라 회사 구성원들입니다. 회사가 아닌, 어떤 이벤트라고 해도 마찬가지입니다. 하나의 이벤트라고 해보죠. 이 이벤트를 기획한 사람이 이벤트를 완성시키는 것은 아닙니다. 이벤트에 참여한 구성원들이 어떻게 하느냐에 따라 그 이벤트가 성공하느냐 마느냐의 갈림길에 놓입니다."

T회사 대표가 유 팀장을 보며 고개를 끄덕였다.

"중국에서 근무할 때 경험입니다. 자동차 전시 이벤트를 열었습니다. 모델도 선발하고 경호요원도 배치하고 많은 사람들이 방문했죠. 전시된 차들만 하더라도 최소 수억 원대 이상 고급차종들이 가득했습니다. 전체 차량 가격이 수백 억 원이 넘었으니까요. 하루는 이벤트를 마칠 무렵이 되었는데 누군가 찾아온 겁니다. 옷차림도 남루하고 머리는 산발이고, 몇날 며칠을 씻지 않았는지 행색이 노숙자 그 자체였다고 해도 과언이 아니었죠. 그런 사람이 행사장 안으로 들어오려고 하니까 당연히 경호요원이 제지했겠죠. 못 들어간다고요. 경호요원 입장에서는 생각했을 겁니다. 자기가 맡고 있는 럭셔리한 이벤트 행사장인데 한눈에 보기에도 남루한 사람이 들어가려고 한다는 걸 두고 보면 안 될 거였거든요. 다른 손님들에게도 이미지가 나빠질 수 있고요."

유 팀장이 말을 이어갔다.

"경호요원이 길을 막아서자 그 노숙자 같은 사람이 이야기합니다. '나 여기 손님이다. 괜찮다. 들어갈게'라고요. 초대장도 보여주더랍니다. 경호요원 입장에선 의심했죠. 가짜 초대장이라고 생각하겠죠? 겉으로 보이는 행색과 전혀 어울리지 않았으니까요. 그래서 안 된다고 하고 돌아가라고 소리 지르며 내쫓으려니까 그 노숙인처럼 보이는 남자가 화를 내더랍니다. '내가 손님이라니까! 그래, 너 여기 전부 얼마야?'라고 묻더랍니다. 자동차랑 저 아가씨들이랑 다 합쳐서."

T회사 대표가 눈을 동그랗게 떴다. 그 노숙자가 가진 돈이 궁금해서가 아니라 마침 그 행사장 전체 가격이 얼만지 자기도 궁금하다는 표시였다.

"그래서 경호요원이 그 노숙인처럼 보이는 남자에게 비아냥거리며 말해줬습니다. 예를 들어 대략 1조 원이라고 말했다고 해두죠. 어떤 일이 벌어졌을까요? 그 노숙인처럼 보이는 남자가 주머니에서 종잇조각처럼 생긴 걸 꾸깃거리며 꺼내더니 '너! 1조 원이라고 했지? 여기 자동차들이랑 저 차앞에 선 모델 아가씨들까지 싹 다 우리집으로 가져와! 여기 돈 있다!' 라며 경호요원에게 건네더랍니다."

T회사 대표가 고개를 갸웃거렸다. 노숙인처럼 보이는 남자가 가짜 수표라도 내밀었나 하는 생각에 말이다.

"이벤트 행사장이 소란스러워졌죠. 대표자 되는 사람이 나왔고요. 경호요원이 당황해하며 대표자에게 방금 일어난 상황을 얘기했죠. 그들 앞에서 그 노숙인 차림의 남자는 여전히 화를 못 참고 씩씩거리고 있었고요. 그 행사장 대표가 노숙인 남자가 건넨 수표를 들고 은행에 문의를 합니다. 진짜인지 확인하려고요. 근데 결과 짐작 가능하십니까? 그 수표는 진짜였습니다."

T회사 대표가 입을 다물지 못했다.

"관련 정부에서도 조사에 나섰죠. 이 남자가 도대체 누구인데 이런 돈을 낼 수 있는지 알아봤거든요. 그랬더니 그 결과, 그 남자는 인근 지역 출신의 삼형제 중에 맏형이었고요, 그 삼형제에게는 그 주변을 비롯해서 곳곳에 대대로 물려 내려오는 금광산을 가진 부자였었답니다. 맏형이 금광산 60개, 둘째가 57개, 셋째가 40여개. 이처럼 회사나 이벤트 행사나 참여구성원들이 성공을 만들어간다는 걸 알 수 있고요, 가장 중요한 건 사람을 알아보는 눈을 지녀야 한다는 것임을 강조하는 이야기죠."

그로부터 얼마 후, 유 팀장이 이직했던 T회사에 출근한 첫날이
었다. T회사 대표가 먼저 이야기를 꺼냈다.

"오늘은 다들 모였으니까 새로 들어온 유 팀장을 소개할게요. ○
○○쇼핑몰 MD 출신이고 경력은 8년, 취급했던 상품 카테고리는 의
류, 자동차용품, 운동용품, 전자제품, 화장품, 도서류, 컴퓨터 제품 등
이고, 또 뭐했지?"

"중국에서 근무했었고요. 온라인서비스 쪽과 이미용품, 콘텐츠
관련 기획상품군을 다뤄봤습니다."

대표가 유 팀장의 이야기를 듣고 다시 말을 이었다.

"이쪽 분야에서 상품업체도 많이 알고 경력도 있어서 팀장으로
이직한 거니까 서로 도움을 주고받으면서 많이 배우기를 바랍니다.
바로 업무 시작하지요. 그런데 첫 회의에서 유 팀장에게 이런 말하기
그렇지만 유 팀장이 해야 할 일 중에 가장 중요한 게 K회사 이 팀장을
우리 편으로, 아니 우리 이야기에 관심을 갖도록 좀 해주는 일일세.
우리가 제안하는 상품 아이템마다 번번이 거절하는 통에 비용만 들고
정작 수익을 못 내고 있어."

T회사는 K회사의 브랜드 라이선스를 상품에 접목하려고 오랫
동안 L과 접촉해 왔다. 그런데 L은 번번이 T회사의 제안을 거절하며
시간만 끄는 것이었다. 유 팀장은 L의 태도가 이해 가지 않았다. T회
사가 K회사에 제안했다는 상품 구성이 나쁘지 않은 데다 품질 면에

서나 디자인 면에서도 업계 동종 분야에서 퀄리티와 기술을 인정받을 정도로 우수했기 때문이다. K회사의 브랜드를 달아도 전혀 손색이 없는 수준이었다. 그런데 계속 거절이라니?

"네. 대표님. 그런데 L팀장이 거절하는 이유는 뭔가요?"

"몰라. 그냥 그건 아니라는데 그게 뭔지 알아야 대응하지."

"그냥 그건 아니라고요?"

유 팀장은 순간 얼마 전 그가 겪었던 외국 회사 바이어와의 일화가 떠올랐다. 혹시 그때와 비슷한 경우가 아닐까? 이를 테면 '바이어의 바이오 리듬' 같은 거였다.

당시 유 팀장이 맡은 상품은 원단이었다. 그걸 터키로 수출하는 일이었는데 터키 바이어가 제시한 대로 국내에서 원단을 생산해 샘플을 보내고 그 중에서 터키 바이어가 OK한 제품을 확인받은 후, 생산해서 공급하게 되어 있었다.

그런 과정을 거쳐 생산된 원단을 배에 싣고, 바이어에게 선적샘플(Shipment Sample, 배에 실린 물건을 알려주는 샘플)을 비행기로 먼저 보낸 다음 날이었다. 터키 바이어에게서 전화가 왔다. 그런데 하는 말이 비행기로 받아본 선적샘플이 주문한 샘플과 달라 수취를 거절하겠으니 배를 보내지 말아 달라, 물건은 받지 않겠다는 내용이었다.

'자기가 직접 확인까지 해놓고 다르다니? 뭐가 달라?'

누가 보더라도 그건 억지였다. 유 팀장은 터키 바이어에게 그건 오해이고 그때 확인한 샘플과 똑같은 제품으로 만든 것이며 원단시험 성적서도 있으니까 비교해 달라, 제품엔 전혀 이상이 없다고 전했다.

하지만 터키 바이어는 일방적으로 전화를 끊었다. 그러면서 '신용장 금액에 대해 클레임을 걸겠다.'는 메시지를 보내왔다.

유 팀장으로선 난감하지 않을 수 없었다. 분명 이건 바이어가 확인한 것과 똑같은 원단이고 제대로 생산해서 수출한 것인데 뭐가 다르다는 것인지 이해할 수 없었다. 그래서 터키 바이어를 잘 아는 회사 대표에게 어찌된 영문인지 물어봤더니 자기도 잘 모르겠다는 답변이 돌아왔다. 대신에 '그 사람이 가끔 그런다'며 '자기가 손가락으로 원단을 눌러 비벼서 만져보고 느낌이 좀 이상하면 다른 원단이라고 말하더라.'고 했다.

세상에! 원단시험성적서 같은 공식 자료도 무시하고 오로지 자기 피부에 닿는 느낌만으로 원단을 비교하다니? 국가 간 무역 거래에서 자기 느낌대로 거래를 하려 하다니? 이건 도대체 경우에 맞지 않는다고 생각했다. 결국 유 팀장은 터키 바이어에게 강하게 밀어붙이기로 했다. 이런 식이라면 그가 다른 업체들에게까지 피해를 줄 수 있겠다는 생각에 미치자 이번에 그가 자기를 만난 게 오히려 잘 된 일이라고 생각했다. 유 팀장은 터키 바이어에게 연락했다.

'아시겠지만 이번 주문 건은 FOB(Free On Board, 본선인도조건)로 보냈다. 화물이 배의 난간을 통과하면서부터는 우리 책임이 아니다. 이미 배는 떠났고 화물에 대해선 터키 회사 책임이 됐다. 클레임을 치든 말든 알아서 해라. 어제 선적하자마자 은행에 네고 서류를 접수했고, 우리는 은행에서 대금 지급도 받았다. 아마 며칠 내에 터키은행이 당신에게 결제대금을 넣으라고 연락할 것이다. 은행이랑 잘 이야기해

보기 바란다. 당신의 성공을 빈다.'

회사 직원들은 유 팀장이 터키 바이어에게 이렇게 대응했다고 보고하자 그 순간부터 안절부절 못하는 모습을 보였다. 그렇지 않아도 어려운 시국에 그나마 있는 바이어까지 떨어져 나가면 당장 회사는 뭘 먹고 살라고 그러냐고 걱정하기 시작했다.

"유 팀장이 조금만 참지, 이번에 괜한 실수를 한 거야. 이 사실을 대표님이 아시게 되면 큰일인데…."

그리고 며칠 후, 터키 바이어가 예고도 없이 유 팀장이 근무 중인 회사로 찾아왔다. 그는 하루 전에 다른 일 때문에 한국을 방문했다가 출국하는 길에 잠깐 들렀다고 했다. 하지만 유 팀장이 보기에 터키 바이어는 자기를 만나러 일부러 찾아온 걸로 보였다. 그의 태도가 통화할 때보다는 부드러웠지만, 살짝 걱정되기도 했다. 무슨 말을 할지 알 수 없었다. 그런데 유 팀장을 만나 회의실에 마주 앉은 터키 바이어는 뜻밖의 이야기를 꺼냈다.

"보내준 원단은 내가 만져봤더니 이상 없었다. 먼저 보내준 선적 샘플이 아무래도 우리 직원이 관리를 잘못해서 실수한 거 같다. 직원 이야기만 듣고 제품 불량인 줄로 생각해서 미안하다. 좋은 제품 잘 만들어줘서 고맙다. 앞으로 잘 해보자."

터키 바이어는 유 팀장을 보며 내심 못마땅하다는 얼굴이면서도 한편으론 못 당하겠다는 듯 고개를 설레설레 저으며 엄지손가락을 치켜 세워보였다. 그리고 덧붙이는 말이 지금까지 거래 업체들은 모두 자신의 요구나 불평을 해결해 주려고 안간힘 쓰던 곳뿐이었는데 유 팀장 같은 경우는 처음이어서 누군가 싶어 찾아왔다고 했다.

과거 L도 터키 바이어와 같은 경우일까?

'K회사는 원래 라이선스를 늘려야 매출이 생기는 회사인데, 왜 L은 괜찮은 제안을 번번이 거절하는 걸까?'

유 팀장은 직원들과 함께 K회사를 방문해서 L과 인사를 나누기로 했다. 문제를 해결해야만 다른 일도 할 수 있다는 생각에 출근 첫날부터 L과의 미팅 약속을 잡았다. 이 팀장과 연락하던 직원이 오후에 미팅이 가능하다고 알려왔다. 다행이었다. 유 팀장은 라이선스 받으려는 상품을 고르며 관련 업체들에게 전화를 걸었다. T회사가 라이선스 상품화를 위해 오랜 시간을 기다렸다면 생산 공장들도 빨리 결정이 나기만을 기다리며 시간을 보내온 터였다. 자초지종을 들어 봐야 할 필요가 있었다.

"누구시라고요? 아. 거기요? 긍게, 김 대리 나가고 새로 오셨는가 베요? 어휴? 그거요? 말도 마이소! 벌써 2년째가 다 되어 가는데. 우린 그거 하나만 바라보고 있었다간 거지되었을 거예요. 오늘 된다, 내일 된다 하다가 생산도 못하고 기계 텅텅 놀리고 큰일 날 뻔했지요. 암튼 알았으니까 결과만 나오면 그때 알려주세요. 섣부르게 이상한 약속하지 마시고요."

다른 업체들에게도 전화를 걸었지만 모두 비슷한 반응이었다. 너무 오래 기다려서 이젠 기다리지도 않는다고 했다. 유 팀장은 전화를 끊고 한숨을 쉬었다. 자기 자리에 앞서 두 명이나 근무하다가 더이상 못 하겠다고 나간 이야기도 전해 들었다. K회사의 L팀장이 도대체 어떤 사람이기에 라이선스 사업 하나를 이렇게 어렵게 만들어 놨는지 당장 쫓아가서 보고 싶었다. 그리고 곧 오후가 되었다.

"안녕하세요. 이번에 T회사에 새로 온 유 팀장입니다."

유 팀장은 사전에 L을 함께 만나기로 한 다른 직원에게 자기소개를 부탁해 뒀다.

K회사 회의실에는 L과 같은 팀 여직원이 미리 와 있었다. L은 T회사 직원들을 보자마자 그동안 시간을 끌어온 라이선스 사업의 문제점을 이야기하기 시작했다. 유 팀장은 그의 그런 태도를 지켜보면서도 얼굴 표정 하나 바꾸지 않았다. 그리고 묵묵히 그의 이야기를 들을 뿐이었다. 이따금 L이 그런 유 팀장을 의식하는 듯 바라보긴 했지만 유 팀장은 별로 신경 쓰지 않는 것 같았다. 그러나 유 팀장을 제외한 T회사 직원들은 L이 말하는 내용을 일일이 다이어리에 적기 바빴다. 고개를 연신 끄덕이며 L의 숨소리라도 받아 적을 것 같은 태세였다. 미팅이 거의 끝나갈 무렵, 그 동안 한 마디도 말이 없던 유 팀장이 드디어 입을 열었다.

"그동안 문제가 뭐였는지 알겠네요. 다음 주에 뵙죠. 해결할게요."

"네? 네? 해결한다고요? 그, 그러죠. 그럼 우선 지켜볼게요."

L은 유 팀장이 제대로 해오겠다는 말을 믿지 못하겠지만, 그래도 다음 주에 미팅은 한 번 더 가져보겠다고 약속했다. 유 팀장은 회사로 돌아와서 부장에게 회의기록용으로 보이스펜 녹음기를 부탁했

다. 회의를 하더라도 내용을 기록해놔야만 중요한 내용을 잊지 않을 수 있다는 이유였다. 그리고 약속한 다음 주. 유 팀장은 부장을 모시고 다른 직원 1명과 함께 K회사를 방문했다.

유 팀장은 지난주에 약속한 대로 L에게 보여줄 샘플에 브랜드를 적용해서 준비해왔다. 그리고 그걸 일부러 회의실 테이블 아래에 내려놓았다. 곧 회의실 문이 열리고 L이 들어섰다. 유 팀장이 가져 오겠다던 샘플이 보이지 않자, '그럼 그렇지.' 하는 표정으로 의자에 등을 부딪치며 앉았다.

"이상 없이 하신다면서요?"

L이 유 팀장에게 말했다. 당신도 어차피 제대로 못할 거면서 왜 그런 허무맹랑한 주장을 했냐는 투였다. L은 같은 일로 자꾸 시간만 빼앗기는 거 같으니 오늘부로 그 사업은 없던 일로 하자던 찰나였다. 유 팀장이 테이블 아래에 샘플 꺼내 올렸다.

"그동안 샘플을 봤더니 이 팀장님 말씀대로 다 형편없더군요. 지난 번 미팅하고 회사에 가서 살펴보는데 왜 이딴 식으로밖에 못했는지 한심했어요. 그래서 자료조사도 다시 하고 미국이랑 유럽, 일본에서 유행하는 컬러로 디자인 업체에 자문도 구하고 데이터베이스를 갖춰서 새로 샘플을 준비했어요. L 팀장님 안목이시라면 여기 샘플이 마음에 드실 거예요. 그런데 여기 3개 중에 진짜를 숨겨놨어요. 나머지 2개는 감각이 떨어지는 디자인이고, 나머지 1개가 진짜죠. 어떤 게 제일 좋으세요?"

L은 T회사 직원들과 같은 팀 부하직원 앞에서 3개의 샘플을 보

고 그중 1개를 골라내게 되었다. 그런데 조금 당황한 기색을 보이더니 대충 얼버무리듯 말한다.

"난 저게 좋은데?"

다른 사람들은 L이 어느 걸 좋다고 하는 건지 몰랐다. 그 순간 유 팀장이 이 팀장을 보며 활짝 웃어 보이며 말을 건넨다.

"네. 역시. 가운데 샘플을 정확하게 골라주시네요. 그 디자인이 유럽, 미주, 일본 시장에서 유행하는 스타일이에요. 디자인기업도 같은 걸 골랐고요. 그럼 L 팀장님도 가운데 샘플로 진행 하시는 겁니다. 그렇죠?"

"네, 네. 그게 좋겠어요. 역시 눈에 확 들어오는 게 단박에 감각이 있네요. 이제야 저런 샘플을 보다니 역시 기다린 보람이 있네요. OK, 그걸로 해요."

그렇게 미팅은 끝났다. L 팀장과 직원이 회의실을 나가고 T회사 직원들만 남아서 샘플을 정리했다. 유 팀장은 그제야 다이어리에 꽂혀 있던 보이스펜 스위치를 껐다. 이로써 계약의 근거를 마련한 셈이다.

부장이 유 팀장에게 물었다.

"유 팀장님, 그 샘플 3개는 작년인가 우리가 제시했던 건데요? 새로운 샘플이 아닌데요?"

"네. 알아요. 어쨌든 L팀장이 OK 했으니까 진행하시죠."

그날 이후로 T회사는 본격적으로 라이선스 상품을 출시하며 가까스로 영업을 시작할 수 있었다. 오랜 숙원사업처럼 여겨지던 일이 해결되자, T회사와 거래하던 공장들도 반가워했다. 몇몇 공장에선 저녁을 사겠다며 T회사 대표와 직원들을 초대하기도 했다. 유 팀장은 어떻게 L에게서 OK 사인을 받아낸 걸까?

그로부터 몇 달이 지난 후였다. L이 곧 이직하게 됐다면서 유 팀장에게 그 전에 한번 만나고 싶다는 연락이 왔다.

"내가 왜 이걸 진행하는데 OK한 줄 아세요?"

L은 곧 그만 둘 K회사 회의실에서 다시 유 팀장을 만났고, 뻐기듯이 물었다.

"왜 제가 그걸 몰랐다고 생각하세요?"

그런데 유 팀장이 웃으며 하는 말이 묘하다.

"팀장님은 샘플들이 마음에 드는 게 없었던 게 아니라 확신이 없었던 거죠. 그리고 샘플을 제시하는 T회사 직원들이 제대로 된 근거도 없이 샘플만 제시하며 이건 어때요? 저건 어때요? 하고 묻기만 하니까 싫으셨겠죠. '이건 이래서 좋다', '저건 저래서 좋다' 그리고 '그 근거는 ○○○회사들이 검토를 거쳐 요즘 세계에서 트렌드인 스타일이다.'는 식의 자료가 필요했던 거예요. 맞죠? 그리고 갑자기 나타난 제가 처음 회의에서 이렇다 저렇다 말도 없이 앉아있었으니 도대체 어떤 사람인가 궁금하셨을 거예요. 그리고 보면 팀장님도 이쪽 일 많이 안 해보셨나 봐요?"

유 팀장의 이야기를 들은 L은 아무 말도 하지 못했다. 그리고 때마침 이직할 회사의 대표에게서 걸려온 전화를 받고 서둘러 회의실을 나갔다. 유 팀장에겐 다음에 다시 보자는 인사만을 남긴 채.

똑똑해 보이고 싶어 하는 사람들, 일명 '헛똑똑이들'은 다른 사람에게 자신이 모든 정보를 알고 있다고 생각하게 만들어 그들의 생각이나 행동을 통제하려 한다. 그들은 회사에서 사장 대신 권력을 휘두르려 하고, 자신이 똑똑하다고 여기기 때문에 주변 사람들이 자신에게 복종하고 휘둘리는 것을 즐긴다.

이럴 땐 그들의 예상을 깨야한다. 이들을 상대할 때는 침묵해야 한다. 그리고 그들의 이야기에 휘말리지 말고 평정심을 유지하며 들어봐야 한다. 그들의 이야기에 모순점이 있다는 걸 찾을 수 있다. 헛똑똑이들은 상대가 말이 없으니 파악할 수도 없는 데다 자신의 이야기에 어떤 문제가 있는지 되돌아보게 될 것이다. 그리고 흔들리게 된다. 그럴 때 그들의 자존심이 무너질 수 있는 상황을 만들고 거기서 가까스로 벗어날 수 있게 도와줘야 한다. 그러면 그들은 내 편이 된다. 그러나 곧 자신의 정체가 들통 날 것 같거나 자신이 결정한 것이 제대로 풀릴지 의심이 되면 그 자리를 피하고 본다.

L이 이직을 한 이유도 이와 같다. 이직할 때 커리어가 중시되는 분위기에서 '성공 사례'는 굉장히 중요한 요소다. 만에 하나라도 '실패 사례'가 있으면 더 좋은 자리로 이직하는데 부담으로 작용할 게 분명하다. L은 자신의 일을 열심히 하는데 힘을 기울이기보다 출세를 위해서만 노력하는 헛똑똑이였다. 그들에겐 실패를 하더라도 '어차피 실패했을 상품이었네.'라는 공식적인 근거만 있으면 충분했다. 유 팀

장은 그동안의 여러 경험으로 L이 뭘 원하는지를 한 번에 알 수 있었던 것이다.

대기업에서 광고홍보를 담당하는 직원들이 톱 모델을 추천하는 이유도 이와 같다. 상품이 실패하더라도 광고홍보 쪽으로는 당위성이 생기게 되고, 담당했던 직원들에게 책임소지가 돌아가지 않는다.

"나를 설득하려는 사람에겐 설득 당한 척하라.
상대방은 그때부터 본심을 드러낸다. 계약서에 서명을 할지 말지는
상대의 본심을 파악한 후에 결정해도 충분하다."

상대방이 직원이라면
거래 결과에 대한 책임을 덜어주고,
상대방이 대표이사면
거래 결과에 대한 비전을 심어줘라!

똑똑한 척하는 사람에게는 아무 정보도 주지 말라. 그들은 판단할 정보가 없으면 대비하지 못하고 대비하지 못하면 스스로 흔들린다. 또는 거짓 정보를 줘서 실수하게 만들라. 그들이 쌓아놓은 논리의 탑에서 제일 아래 돌을 빼면, 그들은 당황해서 어쩔 줄 모르고 허겁지겁 내 의도대로 따라오게 된다. 그럴 땐 내가 감싸줘라. 그들은 바로 내 편이 된다.

출판기획자, 분임토의장, 회장, 사장, 사업팀장, 그룹 장처럼 어느 집단의 리더로 의사결정권자가 된다면 항상 위기 속에서 일하고 있다고 해도 과언이 아니다. 그들은 스스로 판단해서 결과물을 만들어야 하는 위치이기에 스트레스도 상상을 초월한다.

출판사를 예로 들어보자. 출판기획자들은 원고 제안이 들어오면 '팔릴 원고'인지 고민하게 되고, 마케팅 담당자들은 '잘 팔릴까?' 고민하며, 편집자들은 '재미있을까?' 고민한다. 그러나 출판사 대표는 '가능성이 있을까?'만 고민한다.

그럼 어떤 원고가 책이 될까? 대표의 감각으로 '가능성'이 있는 원고가 책으로 나올 확률이 제일 높다. 지난 과거의 경험상 '이런 책이 잘 나갔어!'보다 '요즘은 이런 책이 되겠는데?'라고 느껴지는 원고는 미래 지향적이기 때문이다. 그렇지만 직원들이 대표에게 제안을 할 때는 그런 감으로 느끼는 가능성이 아닌, 각자의 정확한 근거를 들어야지만 말에 힘이 실린다. 대표는 자신이 결정한 것에 대해서는 실패가 있더라도 넘어갈 수 있지만, 직원들의 제안 때문에 실패한 거라면 그 책임소지를 추궁하거나 나쁜 경우는 '실패이력'을 가지고 퇴사해야 할지도 모른다.

그래서 상품을 제안하는 업무를 맡게 된다면 제안을 받는 업체의 대표에게는 히트 가능성이라는 비전을 제시하고, 직원에게는 책임 회피 근거를 대줘야 한다. 그래야만 일이 쉽게 성사될 수 있다.

간혹 상대 회사의 직원들이 내가 제시한 '비전'을 듣고 도전했다가 실패할 경우가 생긴다면 결코 모른 척 해선 안 된다. 그 직원의 고민을 감싸주고 회사생활을 이어갈 수 있도록 도와야 한다. 그런 일들이 점점 내 편을 늘려가는 일이라는 것을 잊지 말아야 한다.

중국인은 왜 김치를 중국 것이라고 할까?

중국인의 역사 인식에 대해서는 다른 나라 사람들이 거론하는 것보다는 중국 내에서 다뤄진 의견을 알아두는 게 더 바람직하다. 이 것은 한국상인과 중국상인 간 비즈니스 교류가 많아질수록 역사인식 차이로 발생할 수 있는 불협화음을 사전에 방지하고 미래지향적인 관계를 수립하는데 있어서 필요한 일이다. 또한, 동북공정과 같은 한반도 역사를 중국 역사로 편입하려는 여러 상황에 대해서도 중국 내의 의견을 덧붙이는 것만으로도 충분하리라 여긴다.

여기서 소개할 자료는 1963년 6월 28일 작성된 저우언라이(周恩來, 주은래)[3] 총리의 담화문이다.

주은래 총리가 고백한 '중국과 조선의 역사에 관한 진실'은 무엇일까? 1963년 6월 28일, 북한의 조선과학원 대표단 20명과 만난 자리에서 주은래 총리는 한반도와 중국 사이의 고대 역사에 대해서 사실

---

3 주은래(周恩来, 1898~1976)는 중화인민공화국의 정치인이다.

관계를 다음과 같이 이야기했다.(고구려발해학회 발간 '고구려발해연구'에 게재된 자료를 일부 발췌하였다)

주은래 총리 담중조관계(周恩来总理谈中朝关系)[4]
중국과 조선의 관계에 대한 주은래 총리의 대화

这样一个历史年代，两国的历史学家有些记载是不甚真实的。这里面，主要是中国历史学家，许多人都是以大国主义、大国沙文主义观点来写历史。因此，许多问题写得不公道。首先对两国民族的发展，过去中国的一些历史学家的看法就不那么正确，不那么合乎实际。朝鲜民族自从到了朝鲜半岛和东北大陆以后，长时期在那里居住。辽河、松花江流域都有朝鲜族的足迹。这可以从辽河、松花江流域、图们江流域发掘来的文物、碑文得到证明。许多都有朝鲜文的痕迹。可以证明很久以来，朝鲜族居住在那里。在镜泊湖附近，有一个渤海国的古迹，还有首都。据说出土文物证明，那也是朝鲜族的一个支派。这个国家在历史上存在了一个相当长的时期。所以，可以证明，不仅在朝鲜半岛上有朝鲜族，同时，在辽河、松花江流域，有很长一个时期也有朝鲜族在那里居住。至于朝鲜族是否在更古的时候，有一部分是从亚洲南部漂海过来的。这是另一个问题，但一定有一部分原来就居住在半岛上。居住在图们江、辽河、松花江流域的，这是肯定的。历史记载和出土文物都已证明了。

---

4   출처: 周恩来总理谈中朝关系, 周恩來, 고구려발해학회, 고구려발해연구, 27, 2007.06., 195-200(6 pages) 중 일부 발췌

이처럼 역사 연대에 대한 두 나라 역사학의 일부 기록은 진실을 기록하지 않았다. 이것은 중국 역사학자나 많은 사람이 대국주의, 대국 쇼비니즘의 관점에서 역사를 다룬 것이 주요 원인이다. 그래서 많은 문제가 불공정하게 쓰여졌다. 우선 양국 민족의 발전에 대한 과거 중국 일부 역사학자들의 관점은 별로 정확한 것이 아니었고 그다지 실제에 부합되지도 않았다. 조선 민족은 스스로 조선반도와 동북 대륙에 진출한 이후 장시간 거기서 살아왔다. 요하(遼河), 송화강(松花江) 유역에는 모두 조선 민족의 발자취가 남아 있다.

이것은 요하와 송화강 유역, 도문강(圖們江) 유역에서 발굴된 문물, 비문 등에서 증명되고 있으며 수많은 조선 문헌(朝鮮文)에도 그 흔적이 있다. 조선족이 거기서 오랫동안 거주하고 있었다는 것도 증명할 수가 있다. 경백호(징보후, 鏡泊湖: 거울처럼 투명하고 깊지 않은 호수) 부근은 발해국(渤海國)의 유적이 있고, 또한 발해의 수도였다. 여기서 출토된 문물이 증명하는 것은 그곳도 역시 조선 민족의 하나의 지파(支派)라는 사실이다.

이 국가는 역사상 상당히 긴 시간 존재했다. 따라서 조선 민족이 조선반도에서 살았을 뿐만 아니라 동시에 요하, 송화강 유역에서도 오랫동안 살았다는 것이 증명된다. 조선 민족이 더 오래전에도 있었는가에 대해서는, 일부분은 아시아 남부에서 표류해 왔다고 하는데 이것은 별개의 문제다. 다만 한 가지 분명한 것은 일부가 원래부터 반도에 거주하였다는 것이다. 도문강, 요하, 송화강 유역에서 거주한 것은 확실하며 역사 기록과 출토 문물이 이미 증명했다.

中国历史学家必须承认这个事实。有时候就把古代史歪曲了，硬加上你们头上，说什么朝鲜族是"箕子之后"，硬要到平壤找个古迹来证明。这是歪曲历史的，怎么能是这样的呢？

중국 역사학자들은 반드시 이 사실을 인정해야 한다. 어떤 때는 고대사를 왜곡했고, 심지어 여러분의 머리 위에 조선 민족은 "기자의 후예(箕子之后)"라고 말하며 평양에서 그 유적을 찾아 증명하려는 시도를 했다. 이것은 역사 왜곡이다. 어떻게 이렇게 할 수 있단 말인가?

直接和朝鲜作战，很快就是满族兴起，占领了长白山以东到辽河流域的广大地区。

在这样一个时期，汉族也有一部分迁到东北地区居住了。满族统治者把你们越挤越往东，挤到鸭绿江、图们江以东。

조선과 직접 합동 작전을 전개했으나 만주족이 매우 빨리 흥기하여 장백산(長白山: 백두산) 동쪽에서 요하 유역까지 광대한 지역을 점령했다.

이 시기에 한족(漢族)도 일부분 동북 지역으로 옮겨 거주하였다. 만주족 통치자는 당신들을 계속 동쪽으로 밀어냈고 결국 압록강, 도문강동쪽까지 밀리게 되었다.

所以，必须还它一个历史的真实性，不能歪曲历史，说图们江、鸭绿江以西历来就是中国的地方，甚至说从古以来，朝鲜就是中国的藩属，这就荒谬了。中国这个大国沙文主义，在封建时代是相当严重的。人家给他送礼。他叫进贡；人家派一个使节来同你见了面，彼此搞好邦交，他就说是来朝见的；双方打完仗，议和了，他就说你是臣服了；自称为天朝、上邦，这就是不平等的。都是历史学家笔底的错误。我们要把它更正过来。

| 담화문 2쪽 |

그래서 반드시 역사의 진실성을 회복해야 한다. 역사를 왜곡할 수는 없다. 도문강, 압록강 서쪽은 역사에 중국 땅이었다거나, 심지어 고대부터 조선은 중국의 속국이었다고 말하는 것은 황당하다.

중국의 이런 대국 쇼비니즘이 봉건 시대에는 상당히 강했었다. 다른 나라 사람이 선물을 주면 그들은 조공이라 말했고, 다른 나라에서 사절을 보내 그들을 보러왔어도 그들은 조현(朝見)하러 왔다고 불렀으며, 쌍방이 전쟁을 끝내고 강화할 때도 그들은 당신들이 신하로 복종한다고 말했다. 그들은 스스로 천조(天朝), 상방(上邦)으로 칭했는데 이것은 바로 불평등하다. 모두 역사학자 붓끝에서 나온 착오다. 우리는 이런 것들을 올바르게 고쳐야 한다.

이우 시장 가는 길

●

●

💲

중국에서 상품을 생산해 유럽으로 수출하는 무역업체 H사에 안광철이 들어섰다. 그는 H사에 공급한 자기네 원부자재가 제대로 수출되고 있는지 알아보려고 잠시 들렀다. 그런데 먼저 온 손님이 있었다. H사 소비중은 안 씨를 보더니 먼저 이야기 중이던 투자 사업가 권 씨를 소개시켜 준다. 60대 후반에 접어든 권 씨는 일산에 오래 거주한 지역 유지로, 재산이 3천억 원에 달하는 재력가였다. H사가 수입을 할 때 은행에 넣을 현금이나 담보가 부족하게 되면 권 씨가 도와주었고, 소 대표는 그에 따른 수수료나 이자를 권 씨에게 지급하는 식의 관계였다.

"안 대표라고 했죠? 반가워요. 내가 내일 점심 살 테니 만납시다."

권 씨가 안광철과 악수를 나누며 처음 하는 인사말이었다. 안광철은 자신과 전혀 무관한 권 씨가 밥을 사겠다고 하니 어리둥절할 뿐이었다. 한편으로는 돈이 많다는 그가 사는 점심은 어떨지 기대가 되기도 했다. 다음 날 H사에 들를 일이 있던 안 대표는 권 씨의 제안에 흔쾌히 응하겠다고 답했고, 다음 날 점심시간보다 조금 일찍 H사를 방문했다. 소 대표와 처리해야 할 간단한 서류를 주고받으며 일이 마무리 될 무렵, 권 씨가 사무실로 들어왔다.

"반가워요. 일은 다 봤어요?"

"네. 안녕하세요."

안광철이 권 씨를 반갑게 맞았다.

"그럼 우리 식사합니다. H대표도 이리 와요. 같이 주문해요."

여기서 주문하겠다고? 안광철은 순간 자신의 귀를 의심했다. 권 씨는 아주 익숙한 듯 탁자 위에 붙어있는 배달음식점 스티커들을 들여다 보았다. 한편 소 대표는 아침식사를 늦게 해서 배가 고프지 않다며 자기 건 주문하지 않아도 된다고 뒤로 뺀다.

안광철은 조금 마음이 놓였다. 어쩌면 권 씨는 소 대표의 눈치를 보고 챙겨주느라 사무실에서 점심을 먹겠다고 한 건지 몰랐다. 그러나 예측했던 것과 달리, 권 씨는 소 대표의 사양에도 전혀 태도가 바뀌지 않았다. 순간 오늘이 토요일이나 일요일인가 생각해 보기도 했다. 그러나 오늘은 평일이었고, 사무실들이 밀집한 그 거리에 음식점들이 문을 닫았을 리 없었다. 도대체 뭘 주문하겠다는 건가?

"난 여기 짬짜면. 이게 진짜 맛있더라."

"네?"

"우리 안 대표는 뭐 먹을래요? 난 짬짜면. 안 대표도 하나 시켜요. 내가 살 테니까."

안광철은 그날따라 양복까지 챙겨 입고 온 자신이 한심하게 느껴졌다. 어제 권 씨가 오늘 사겠다고 한 맛있는 음식이 다름 아닌 짬짜면? 중국식 배달음식? 전단지에 적힌 저거? 잠시 어찌할 바를 몰라 했지만, 안 먹겠다고 하기도 그렇고, 덩달아 마주 앉아서 음식을 주문하기도 뭐했다. 그는 권 씨와 마주 선 탓에 자기 뒤에 앉은 소 대표가 컴퓨터를 보면서도 입가에 웃음을 짓고 있다는 걸 알 수 없었다. 소 대표는 권 씨의 식사 대접 방식을 너무도 잘 알고 있었다.

"좋습니다. 그럼 저는 탕짜면."

그래, 좋다. 권 씨의 속셈이 뭔지 모르지만 안광철은 이왕 시키는 거 비싸게 나가겠다고 생각했다. 그래봤자 탕짜면은 5,000원이었다. 짬짜면보다 1,500원이 비쌌다. 안광철은 자신이 탕짜면을 주문하자 권 씨의 표정이 살짝 일그러지는 걸 알았다. 하지만 양복까지 입었으니 그 이상은 얻어먹어야 자존심이 상하지 않을 것 같았다. 그러나 권 씨는 그보다 훨씬 노련한 사람이었다.

"역시 우리 안 대표님이 맛있는 메뉴 고르시는 걸 아시네. 나도 그거 자주 시키곤 했는데 이젠 짬짜면이 더 좋아졌어요. 그래요, 우리 짬짜면이랑 탕짜면 두 개 주문합시다."

안광철은 그날 점심식사로 탕짜면 한 그릇을 얻어먹고, 믹스커피 한 잔으로 후식까지 마쳤다.

"나는 대학 졸업한 이후로 직장에 다녀 본 적이 없어요. 처음엔 가지고 있던 얼마 안 되는 돈으로 투자를 시작했는데 그게 나랑 맞았는지 투자자 노릇만 하게 됐죠. 그런데 그거 뭐더라? ○○호텔에서 초

대장 보내주면서 연말에 무슨 이벤트에 오라고도 하고, △△은행에서
는 일 년에 두 번 여행권을 보내주면서 다녀오라고 하더라고요. 얼마
나 고마운지 우리 부부는 그거 받아서 경험해 보는 재미에 하루하루
를 보내고 있지요. 안 대표는 사업도 하고 그러니까 해외여행도 많이
다니고, 은행이나 호텔에서 초대하는 것도 더 많겠어요? 그렇죠?"

아니요. 안광철은 속으로 대답했다. 절대 그런 거 없습니다. 그
가 다시 속으로 대답했다. 그러나 겉으로 나온 말은 달랐다.

"별말씀을요. 권 회장님에 비하면 저는 아무 것도 아니죠."

그날 안광철은 3천억 부자에게서 가장 값진 점심식사를 얻어먹
었다는 사실을 깨닫게 됐다. 세상 사람들은 그걸 5,000원짜리 '탕짜면'
이라고 부르지만, 그는 이제 3천억 원짜리 진수성찬이라고 부른다.

"사람들은 권 회장님 이야기를 들으면 무슨 그런 자린고비가 있
느냐고 쩨쩨하다고 할지도 몰라. 가진 돈이 그렇게 많은 사람이 점심
식사로 하다못해 10,000원짜리도 아니고 5,000원짜리를 대접하다니
말이야. 그런데 오히려 권 회장님은 자기가 3,500원짜리 짬짜면을 시
켰으니 나도 그 정도 음식을 시킬 거라고 기대했을 거야. 그땐 몰랐는
데 이제 알 수 있어. 회장님이 그날 내게 메시지를 주신 거야."

안광철은 그 때의 일을 이렇게 회상하곤 했다.

권 씨는 소 대표와 원래 잘 아는 사이였고, 오랫동안 그의 투자
자 역할을 해왔다. 권 씨는 소 대표 앞에서 어떻게 돈을 쓰기보다 아
끼는 모습을 보여주려 애썼다. 그래야만 소 대표가 권 씨의 돈을 귀

하게 여기고 제때 갚을 마음을 가질 것이라고 여겼다. 남의 돈 쓰기가 쉬운 게 아니고, 불편하며 하루라도 빨리 갚아버려야 되는 거라는 걸 깨우치게 하려는 의도가 있었다. 그러나 소 대표는 매일같이 자기 사무실에 출근하다시피 하는 권 씨가 부담스러울 뿐이었다. 사실 소 대표는 사무실에 손님이 찾아오면 근처 주변 식당가에 나가 식사를 사곤 했는데 그게 권 씨의 눈에 띄었던 모양이다. 사업을 바쁘게 돌리고, 경비를 줄여 제반 비용을 늘려가려면 도시락을 싸서 다녀도 시원찮은 상황에 매번 식사 대접을 하느라 시간을 쓰고 돈을 쓰다니. 권 씨는 소 대표에게 또 한 번 메시지를 전하고 싶었던 것이다. 그런데 권 씨의 메시지는 소 대표보다 안광철에게 통했다. 그는 그날 점심식사를 마치고 회사로 복귀하면서 내내 마음이 무거웠다. 그리고 스스로 자문해 보았다.

'나는 3천억 원이 있는가?'

'나는 점심식사로 무엇을 먹는가?'

'나는 돈 3,500원을 어떻게 생각하는가?'

진짜 실력 있는 상인은 상대방이 스스로 깨닫게 하는 재주가 있다. 무언의 상술이다. 권 씨는 그런 점에서 진정한 고수였고, 안광철은 그런 기술을 순식간에 배운 젊은 상인이었다. 안광철은 권 씨에게서 점심을 얻어먹은 뒤엔 즉시 차부터 처분했다. 그리고 퇴근 후 습관처럼 연락을 해서 만나던 친구들과의 약속도 없앴고, 토요일과 일요일엔 외식을 하던 버릇도 없앴다. 그러나 무조건 돈을 아끼겠다고 마음을 먹은 건 아니라고 했다. 다만 권 씨의 모습을 보고 '이 정도 돈은 없어도 괜찮다'라는 생각 대신 '돈은 쓰는 게 더 중요하다'는 생각을 가지게 됐다고 했다.

반면, 권 씨의 메시지를 잘 알아듣지 못한 H사 소 대표는 유럽 쪽 회사들의 주문을 받으면서 중국 광둥성 지역까지 진출해 공장을 차리게 됐지만, 회사 사정이 과거보다 더 좋아진 건 아니었다. 그의 나이가 60이 다 되어갔지만, 자기 곁에 둔 진짜 고수를 두고도 배우지 못했으니 어리석다고 밖에 할 수 없었다.

얼마 후 소 대표로부터 연락이 왔다.

"내가 유럽 쪽 오더를 많이 했잖아? 그래서 칭다오나 웨이하이 쪽에 주로 있었는데 이번에 부자재 구매하러 이우 시장 갔다가 눈이 휘둥그레졌다니깐. 그 동네 전체가 부자재 상가더라고. 부자재를 판매하는 상가건물들이 얼마나 큰지 하루 만에 볼 수가 없어서 며칠이나 있었는지 몰라. 다음에 또 가야 해. 근데 말이지, 여기 이우에서 장사하는 사람들, 진짜 알부자들이더라. 단가 몇 백 원짜리 파는 사람들이 가진 재산만 우리나라 돈으로 평균 수십억 원이야. 나는 몇 천 원이나 몇 만 원짜리 생산 오더 받아서 납품해서 수수료 먹는 건데 여기 사장들은 몇 십 원짜리, 몇 백 원짜리 물건을 팔아서 벤츠 굴린다니까."

안광철은 소 대표의 이야기를 듣고 헛웃음이 터지려는 걸 참았다. 공부는 이곳에서도 충분한데 먼 나라까지 가서 공부를 하다니 딱하기도 하다는 생각이 들었다. 안광철은 소 대표에게 광둥성에서 만난 부자들에 대해 이야기 해주기로 결심했다.

"사장님, 말도 마세요. 거기 광둥성 아시죠? 거기는 부자들이 은행에 돈을 안 맡겨요. 은행에 맡기면 정부에서 세무조사 나온다면서 그들은 자기 집에 지하땅굴을 파는데요, 그 안에 동굴을 만들어두고 금궤, 미국 달러, 미국 국채, 위안화, 프랑스 돈, 영국 돈 등을 모두 현금으로 보관해 두거든요. 사설 경비들도 세우고 진짜 총도 주면서 금고 지키라고 해요. 다음에 언제 광둥성 부자들을 만나면 땅굴 한번 가보세요. 중국에서 드러난 부자는 부자도 아니에요. 숨은 부자들이 장난 아니에요!"

소 대표는 놀라는 눈치였다. 그도 겉으로 드러나는 행색을 중시여기는 사람이었다. 돈 있고 없고는 하고 다니는 차림에서 드러난다고 믿는 사람이다. 그런데 그가 광둥성에서 만나는 사람들이라고는 모두 허름한 옷차림에 슬리퍼 차림, 잘 씻지 않은 것 같은 행색이었으니 광둥성에 그런 부자들이 있을 것이라고 상상이나 했을까?

안광철이 소 대표에게 해준 이야기는 사실이었다. 안광철이 들은 이야기로는 이따금 광둥성 부자들의 금고를 노리는 도둑들이 총까지 들고 쳐들어갔는데 부자 측에서 먼저 알고 기관단총을 준비시켜두고 도둑들과 맞섰다는 에피소드도 있었다. 이런 건 신문이나 방송에 나오지도 않는다면서 말이다. 글자 그대로 돈(錢)이니까 말이다.

돈 없는 사람이 돈을 쓴다?

경기 침체기에 돈 없는 사람들이 부러워하는 사람은 '돈이 있는 사람'이다. 그래서 돈 없는 사람들은 그들처럼 보이려 애쓰고, 그들처럼 되는 법을 찾아 없는 돈을 쓰기 시작한다.

이때 학원들이 더 잘되는 이유가 돈 벌고 싶은 수강생들 덕분이다. 돈 없는 수강생들이 돈을 벌기 위해 학원에 다니며 돈을 쓴다. 복권 수요도 늘어난다. 복권 판매소가 부유층보다는 서민층 주거지에 밀집되어 있는 이유도 이와 같다. 주식을 사더라도 돈 잘 번다는 회사의 비싼 주식을 사들인다. 그러나 그 덕분에 부자는 더 부자가 되고, 가난한 사람들은 없는 돈을 끌어 쓴 이자까지 갚아내야 하니 더 가난해진다.

반면, 부자들은 돈을 지키기 위해 돈을 쓴다. 부자들은 가치를 쇼핑하고 재산 증식, 재산 보호를 위해 쇼핑한다. 땅을 사고 건물을 사는 이유는 지금 당장 돈을 불리기 위해서가 아니라 재산에 붙는 세금을 내기 위해, 재산을 유지하기 위해 사두는 용도다. 부동산이나 건물을 사서 임대를 주고 거기서 나오는 임대료로 세금도 내고 관리자 인건비도 준다. 수리비도 내고 정기적으로 들어가는 비용을 충당한다. 그러다가 몇 년 후에라도 개발이 되거나 용도변경, 지목변경 등의 기회가 왔을 때 다시 팔아서 목돈을 쥔다.

부자는 돈이 많은 사람이 아니다. 부자란 여유를 가진 사람이다. 그 여유는 때를 기다릴 줄 아는 여유를 말한다.

돈 없는 사람들에겐 여유가 없다. 기다릴 시간이 부족하다. 그래서 당장 취업을 하고 돈을 벌려고 애쓴다. 그들에게 필요한 건 때를 기다리는 여유가 아닌, 지금 당장 수익을 내기 위한 소모재다. 소모재를 팔아야 재구매가 이루어지고 돈이 오고 가게 된다.

그래서 불경기엔 돈 없는 사람들에게 상품을 팔아야 한다. 그 상품은 돈 없는 사람들이 필요로 하는 '돈 버는 법'이란 책이 될 수도 있고, 돈을 벌기 위해 가난해도 먹어야 하는 식재료가 될 수도 있다. 돈을 벌기 위해 필요한 상품이라면 뭐든지 좋다. 돈 없는 사람들은 돈을 벌기 위해서 돈을 쓴다는 점에 착안해서 상품을 내놓아야 한다.

그런데 심각한 경기침체로 그나마 돈을 벌어보겠다고 애쓰던, 돈 없는 사람들조차 돈을 쓰지 않을 정도가 되면 그때부터는 정부에서 내수 진작 정책을 펼치기 시작한다. 은행 금리를 낮춰 기업들의 투자를 유도한다. 그러나 대부분의 기업들은 요지부동이다. 불확실한 경기 상황에서 함부로 돈을 썼다가 투자비 회수를 못하면 회사 경영에 위기를 초래할 수 있어서다.

그래서 내수경기를 살리기 위해 정책을 펴자면 돈이 없는 사람들이 일해서 돈을 벌 수 있는 정책을 펴야 한다. 정부가 창업 격려에 나서는 이유이기도 하다. 돈 없는 사람들이 돈을 쓰기 시작하면서 관련 산업이 살아난다. 산업이 살아나면서 기업들이 투자처를 찾는다. 투자처가 생기면서 정부 자금이 이익을 내기 시작하고 세금이 걷힌다. 그래서 극심한 불경기엔 돈 없는 사람들에게 상품을 팔아야 한다.

"1+1=2라고 믿는 사람에겐 회계를 맡기고, 1+1=∞라는 사람에겐 기획을 맡기며, 1+1=11이라고 말하는 사람에겐 영업을 맡겨야 한다.
그리고 100-1=0이라고 말하는 사람에겐 생산관리를 맡겨라.
그런데 1+1=2도 되고, ∞도 되며 11도 되면서 100-1은 아무 것도 아니라고 말하는 사람이 있다면 그 사람이 미래의 CEO가 될 사람이다."

욕망이 꿈틀대기 시작하면
사람들의 지갑이 스스로 열린다

부자는 돈을 지키고 싶어 하고, 가난한 자는 돈을 쓰고 싶어 한다. 둘 다 돈을 벌고 싶어 하지만, 돈을 바라보는 관점은 다르다. 부자는 돈을 지키기 위해 쓰고, 가난한 자는 돈을 벌기 위해 쓴다.

부자의 지갑에는 돈을 지키는데 사용된 돈이 사라져도 '남은 돈'이 있는 반면에 가난한 자의 지갑엔 돈을 벌기 위해 쓴 돈임에도 '남은 돈'마저 사라지게 된다.

가난한 사람들이 돈을 쓰는 가장 큰 이유는 생계유지이고 그 다음은 욕구충족이다. 욕망이 들끓기 시작하면 목적지로 스스로 움직이는 게 사람이다. 만약 그들이 움직일 수 없다면 대안을 찾게 되는데 이때도 그 대안이 돈이 된다. 그래서 돈을 벌려면 돈 없는 사람들에게 상품을 팔아야 한다.

패션명품 시장을 예로 들어 그들의 소비 성향에 대해서 이야기 해보자. 세계적으로 명품시장은 전체 소비시장의 소득 수준 3% 이내 의 사람들이 주 소비층이다. 그래서 시장 확대가 어렵다. 명품시장은 유럽에서 미국으로, 미국에서 일본으로, 일본에서 한국으로, 한국에 서 중국으로, 중국에서 다시 신흥 부자국가로 가는 순서에 따라 이동 할 수밖에 없다.

명품시장을 근거로 세계 사람들의 소비지출 시장을 계산하면 상위 소득 수준 20% 이내의 사람들이 돈을 쓸 수 있다는 걸 알게 된 다. 이 비율로 따지면 우리나라 인구 5천만 명 중에 1,000만 명이 돈 을 쓸 수 있는데 이들은 한 집안의 가장이란 점이다. 다시 말해 소득 수준 20%란 시장규모가 한 집안의 가장을 말한다. 다른 말로 하자면 돈을 버는 사람만이 돈을 쓸 수 있다는 의미다. 또 다른 얘기로 '돈을 벌려고 하는 사람들이 (돈을 벌기 위해) 돈을 쓴다'는 말과 같다. 앞서 설 명했던 바대로 돈이 없는 자에게 상품을 팔라는 얘기와 일치하는 걸 알 수 있다.

그렇다면 극심한 불경기에 실력 좋은 상인은 어떤 상술을 펼쳐 야 할까? 사람들이 돈을 벌 '거리'를 만들어주고 그곳에서 사람들이 모 여들어 소비하게 만들어주면 된다. 상인들은 그곳에 미리 가 있어야 하고 사람들이 몰려들어 '소비'할 수 있도록 준비해야 한다.

그래서 한국에선 '경제'가 화두다. SW산업과 각종 콘텐츠 산업을 육성하려고 정부가 지원정책을 편다. 자본재가 필요 없고 아이디어만으로 소득을 올릴 수 있는 창작경제야말로 가장 필요한 정책이다. 우리나라에 가장 적합한 정책방향이기도 하다. 그런데 문제는 국민들이 '창작경제'를 할 만큼 인문학을 배워서 창작능력을 키워오지 않았다는 데 있다. 정부가 '창작경제'를 내세우며 '창작으로 사업하라'고 하더라도 '그게 뭐죠?'라고 되묻는 사람들이 많은 이유다.

이런 상황에서 상인들은 어떻게 해야 할까? 사람들이 의욕을 갖도록 동기부여를 해야 한다. 사람들이 할 수 있다고 여기게 해야 한다. 사람들이 하고 싶다고 여기게 해야 한다. 그래서 사람들이 몰리게 해야 한다. 상인들부터 창작경제를 해야 할 시점이다. 그전까지는 사람들이 몰리는 곳에 따라가 자리 펴고 장사를 하면 됐지만 이젠 사람들을 모아서 장사를 해야 하기 때문이다.

이 시기에 상인들이 할 만한 비즈니스 종류를 예로 들자면 인터넷 분야가 있다.

20대 대학 졸업자들이 뛰어드는 창업시장을 눈여겨보고 조사를 해보자. 그들은 소호 벤처 사무실로 들어가지 않는다. 그들은 노트북한 대를 들고 커피숍에 출근해서 프리랜서로 번역, 쇼핑몰 운영, 통역 등의 서비스 산업을 운영하고 있다. 취업이 어렵고 직장생활도 불안한 상태에서 1인 기업으로 스스로 창업에 나서는 사람들이 많아진다는 점을 주목하자. 그리고 상인들이 그들을 위해 무엇을 해줄 수 있는지 준비해야 한다.

중국인에게는 식사 예절이 없나?

중국인에게 식사 초대를 받았을 경우, 그 식사자리를 주선한 사람이 그 날의 결정권자이다. 이게 무슨 말이냐면, 그 식사자리를 주선한 사람에게 좌석배정권, 음식주문권, 시간결정권, 결재권, 대화주도권이 있다는 의미다.

가령, 중국인 A씨의 연락을 받고 식당에 모였다고 하자. 그곳엔 당신 외에 다른 사람들도 참석했을 것이다. 중국인들의 식사모임에서는 여럿이 모여 둥그런 테이블을 사이에 두고 둘러 앉아 식사하는 게 일반적이다. 그렇게 시간에 맞춰 식당 안으로 들어가 보자. 식당 문을 여는 순간 당신 눈에는 이런 광경이 보일 것이다. 중앙에 둥그런 테이블과 테이블 주위로 배열된 의자들, 좌측 구석 한쪽으로 차 마시는 티 테이블과 기본적인 다도 세트. 출입문 방향으로 놓인 TV. 그 맞은 편 방향으로 옷을 걸어두는 행거. 대략 이런 정도의 구성이다.

식당 안으로 들어서면 A가 인사를 건넬 것이고 차 마시는 테이블로 사람들을 모은다. A가 앉는 자리는 벽쪽으로 차를 데워서 사람들에게 나눠줄 수 있는 자리가 된다. 다른 사람들은 A와 가까운 순서

대로 앉는다. A가 자리를 지정해주는 경우도 있으나 차 마시는 테이블에서는 크게 상관은 없다.

A는 차 주전자, 찻잔, 차를 꺼내서 차 마실 준비를 한다. 찻잔과 찻주전자는 식당에서 제공한 뜨거운 물로 세척을 여러 번 한다. 그러고 나서 차를 조금 덜어내어 주전자 안에 넣고 잠시 후 물을 덜어내기를 여러 번 한다. 이건 주전자에 차향을 베게 하는 과정이다. 주전자에 차향이 충분히 베였다 싶으면 차를 따라주고 담소를 나누며 차를 마신다. 그 사이 식당 종업원들이 둥그런 테이블 위에 음식들을 하나씩 올려둔다. 음식이 다 준비될 때까지 차를 마시고 있으면 그날의 식사를 담당하는 매니저가 A에게 와서 식사가 준비되었다고 알려준다. 그때 A가 사람들에게 "자, 그럼 식사가 준비되었다고 하네요. 자리를 옮기실까요?"라고 제안하고 사람들이 자리를 옮긴다.

식사자리에서 출입문이 대각선 또는 마주 보이는 좌석이 A의 좌석이 된다. A는 사람들을 한 명씩 불러서 자리를 정해준다. 이날의 식사자리에서 A의 우측, 좌측에 앉는 사람들이 중요한 사람들이다. 이날의 식사를 그 두 사람 때문에 마련했다고 봐도 무방하다. A는 자신의 양옆에 두 사람과 식사를 하며 술잔을 기울이기 위하여 다른 사람들을 불렀다는 의미도 된다. 사람들이 각자 좌석에 앉으면 A가 소개를 한다. 차 마시는 자리에서 인사를 나누는 경우도 있으나 정식 소개는 식자자리에서 한다.

손님들이 테이블로 옮겨오면 식당 종업원들이 각 의자 뒤에 섰다가 손님들이 앉으면서 의자를 받쳐준다. 테이블 위에는 주요리가 나오기 전에 콩(豆)볶음요리처럼 간단하게 먹을 수 있는 음식을 올려두기도 한다. 입맛 돋우기용 메뉴인 셈이다. 사람들이 앉으면 종업원이 A에게 와서 물어보고 괜찮다고 하면 TV를 틀어둔다. TV를 틀어놓고 식사를 하면 포만감을 쉽게 못 느끼고 많이 먹게 된다.

식사와 더불어 술을 마시기도 하는데 '일면삼배'라고 하여 처음 만나는 사람끼리는 일단 술 세 잔을 마신 후 대화를 나눈다. 대개의 경우 백주(白酒:빠이주)를 잔에 따라 마시곤 하는데 30~40도 정도의 독한 술이 대다수이므로 술을 잘 못 마시는 사람은 미리 양해를 구하도록 한다.

그렇다면 술을 마실 때 매너는 어떤 게 있을까? 중국에서는 술을 따라줄 때는 한 손으로(두 손으로 따르는 경우도 있다), 술잔을 받는 사람은 술잔을 테이블 위에 그냥 두는 게 예의다. 단, 술을 따르는 사람은 술잔을 가득 채워준다. 간혹, 술이 넘칠까봐 술잔에 입을 대고 조금 마시는 사람도 있는데 그러면 안 된다. 술 따르는 사람이 다시 가득 채워준다. 중국식 술문화에서는 손님의 잔에 빈 곳이 있으면 안 된다. 음식 접시도 비우면 안 되고 빈 접시는 음식을 다시 채워주듯이.

중국식당엔 둥그런 테이블이 있어서 사람들 사이가 멀다. 술 따르는 사람과 술잔을 든 사람의 간격이 멀다. 팔을 뻗어도 안 닿는 경우가 많다. 이럴 때는 테이블 위에 술잔을 올려두기도 한다. 술 따르는 사람이 신호를 보내면 술잔을 테이블 회전유리판에 올려둔다. 그러면 술 따르는 사람이 유리판을 돌려서 자기 앞으로 술잔을 모아두고 술을 채운 후 다시 돌려서 그 사람에게 갖다 준다.

술을 주고받는 것은 사람과 사람 사이에 인사를 나누는 것과 같다. 술 따르는 사람이 자기 잔에 술을 따로 준다면 그걸 보면서 자기 자리에서 손가락으로 테이블을 가볍게 두드리는 것으로 인사를 대신한다. 가족이 두 명이면 검지와 중지로, 세 명이면 검지와 중지와 약지로, 네 명이면 검지, 중지, 약지, 새끼 손가락으로, 다섯 명이면 손가락 다섯 개로 두드리는데 가볍게 주먹을 쥔 모양으로 손가락 끝으로 테이블을 톡톡 두드려준다. 우리 가족이 감사하다는 의미다. 만약 술 따르는 사람이 연장자이거나 더 존경을 표시하고 싶을 경우에는 손가락의 둘째 마디 부분으로 두드려준다. 머리 숙여 감사하다는 의미다.

생선을 먹을 때는 생선을 절대로 뒤집지 않도록 한다. 생선을 그대로 두고 젓가락으로 아래쪽 살도 발라먹는 게 필요하다. 생선 먹기가 곤란하면 종업원에게 생선살을 발라서 가져오라고 해도 된다. 생선 대가리를 두는 방향은 그 식사자리의 주최자 또는 연장자를 향하게 놓는다.

사람들이 식사를 어느 정도 다 마치고 대화도 충분히 나누었다 싶으면 적당한 순간을 골라서 주최자가 인사를 마무리하고 귀가할 준비를 한다. 남은 음식은 포장해서 가져가기도 하고 식사자리에 초대해준 것에 대해 감사인사를 건넨다. 식사자리에 초대받았을 경우 술이나 간단한 선물을 들고 가서 주최자에게 주는 것도 예의이다. 단, 중국에서 선물을 할 때는 선물에도 의미가 들어가는 것이므로 개수는 최소 2개 이상(양손 가득히 선물을 준다는 의미), 짝수로 하고 선물의 이름이나 색상 등을 고려해서 그 자체에 메시지(8은 돈을 벌다, 9는 영원하다를 의미)를 포함하는 것이 중요하다.

깡패 장사꾼

●

●

동대문에서 원단장사로 큰돈을 번 장사꾼의 아들 K. K는 부모가 나이도 들고 몸이 노쇠해서 사업을 물려받으려고 하는데 원단은 관심이 없고 패션 사업을 하고 싶은 마음이 컸다. 하지만 패션사업을 해본 경험이 부족한 터라 어찌할까 고민하던 차에 동대문에서 독특한 로고를 사용하는 브랜드가 잘 팔린다는 걸 듣게 되었다. 문제는 그 브랜드가 일본회사라는 점이었다.

K는 우선 일본에 건너가 그 브랜드의 옷을 사온 뒤에 한국에서 디자인을 모방하여 옷을 만들어서 팔았다. K가 만든 옷은 불티나게 팔렸다. 일본 브랜드 스타일인데 가격이 저렴한 덕분이었다. K는 역시 패션사업이 돈이 된다며 사업을 더욱 키워나가고 있었다.

그런데 문제가 터졌다. K가 장사하는 걸 알게 된 일본 브랜드 본사에서 사람들이 나섰고 K를 회사 대표에게 데려갔다. 그런데 하필이면 그 일본회사 브랜드 대표가 전직 주먹출신이었다. 회사 대표 앞에서 무릎을 꿇린 채 앉은 K의 주위를 건장한 남자들이 에워쌌다. 무서운 분위기였다. 일본회사 대표는 K에게 당장 그만두면 넘어가주겠다고 했다. K는 잠시 생각을 하더니 입을 열었다.

"아니다. 나는 계속 장사할 거다. 나는 이 브랜드가 좋다."

일본회사 대표는 K를 가만히 보더니 기가 찬 듯 그냥 웃고 말았다. 이런 공포스러운 분위기에서 자기가 어떻게 될지도 모르는데, 그래도 장사를 계속 한다고 말한 게 황당하면서도 K의 무모함 내지는 용기가 가상했던 모양이다. 아니면, 일본회사 브랜드를 좋아하고 한국에서 장사를 하겠다고 뜻을 굽히지 않는 모습에 호감을 느꼈던 것일 수도 있다.

그 결과? K는 그 일본 브랜드의 라이선스를 정식으로 땄다. 그리고 이제는 시장을 벗어나 백화점 영업으로 이어갔다. K로서는 한 순간 조폭 같은 깡패장사꾼을 만났던 것인데 거기에 굴하지 않고 용기를 낸 덕분에 정식 판권을 가져와서 사업을 더 키울 수 있었던 것이다.

그로부터 며칠 후, 동대문쇼핑몰에서 작은 숍 하나를 임대받아 장사하다가 3년 만에 근처 청구역에도 번듯한 사무실을 차리게 된 준구 씨가 모처럼 청담동에 있는 우리 회사에 들어섰다. 얼굴 표정을 보아하니 뭔가 일이 단단히 꼬인 모양이다.

"진짜 이건 뭐 일이 어떻게 돌아가는 건지 모르겠네."

"뭔데?"

"아니, 얼마 전에 어떤 회사 오더를 좀 받았거든. 그런데 계약 날짜 다 됐는데도 물건을 안 가져가는 거야. 연락을 해도 조금 뒤에 가져가겠다는 말뿐이고 가져가질 않아. 계약금으로 물건값 30%는 미리 받아서 원자재 손해는 없지만, 그거 안 가져가면 그 사람들 장사 못하는 거 아닌가? 왜 그러지?"

"혹시 거기에 물린 돈 없지?"

"물린 돈? 그 사람들 물건 만들어주면서 내 돈 넣었냐고? 안 넣었지! 앞으로 낯선 업체랑 거래할 때는 내국신용장(Domestic L/C) 쓰라며? 그래서 그렇게 했지. 그 사람들이 신용장 오픈한 거 100% 공장으로 T/S(Transfer:양도) 해주고 나는 공장한테서 에이전트 수수료를 미리 받았거든. 공장도 만약에 임가공비 못 받으면 받아둔 원단 챙기면 되니까 손해 날 것은 없는데 말이야. 그 사람들 왜 자꾸 날짜 미루는지 궁금해서 그렇지."

"잘 했어. 앞으론 그런 사람들 만나지 마. 정 어려우면 거래를 해보더라도 반드시 내가 해준 말 듣고 그대로 지키고…."

사업하는 과정에서 누군가의 '작전'이 들어온 경우다.

준구 씨의 회사는 동대문에서도 어려운 경기에서 잘 나가는 회사로 알려졌다. 일본이나 중국에 거래처를 한정하지 않고 대만과 홍콩을 넘어 멕시코와 태국, 필리핀, 말레이시아 등지로 수출선을 다변화한 덕이었다. 한국에 입국할 기회가 상대적으로 적은 아시아권 상인들이 홍콩을 통해 거래한다는 걸 알게 된 후, 곧바로 홍콩에 지사를 낸 이후로 일이 잘 풀리기 시작했다.

준구 씨에게서 주문한 물건을 가져가지 않는다는 업체는 일부러 납기를 늦추다가 막바지에 이르러 품질을 문제 삼아서 클레임을 걸려는 눈치였다. 하지만 미리부터 그들의 술수가 눈에 보였다. 하루는 준구 씨가 '그 사람들이 구매승인서를 쓰자고 하는데 어떻게 해야 하나?'며 나에게 의견을 물었다. 그런 경우에 '구매승인서'는 안 되고 반드시 내국신용장이어야 한다고 말해줬다.

내국 업체들 간에 거래할 때 자주 거론되는 '구매승인서'는 은행 이름이 거래 중간에 들어간다고 하더라도 공식적인 문서가 아니다. 세금계산서와 같은 말일 뿐, 은행은 거래상에 생기는 일에 대해 어떤 책임도 지지 않고 권한도 없다. 은행이 중간에서 상품완성과 결제를 관리하게 해주기를 원한다면 반드시 '내국신용장'을 써야 한다. 해외 기업과 거래하는 신용장과 같은 효력이 있다. '내국신용장'은 주문자의 돈을 은행이 맡았다가 생산자가 완성하고 납품하면 돈을 넘겨주는 방식이다.

더구나 준구 씨는 상대 업체에 대한 신뢰가 전혀 없는 상태였기에 주문 받은 걸 해당 공장에 100% 양도해 생산하게 되었다. 이미 생산자로서의 모든 권리가 공장으로 넘어갔기 때문에 상대 업체가 의도적으로 클레임을 걸어보려고 해도 준구 씨가 아닌 공장으로 해야 하는 것이다.

혹시 지금 진행하고 있는 사업이 잘 되는가? 그렇다면 그때부터 경쟁업체들의 공격이 시작된다고 보고 이에 대비해야 한다. 누군가의 성공은 다른 사람의 질투의 원인이 될 수 있다.

어느 애니메이션 제작 회사는 오래 공들여 만든 작품 하나가 세계적인 히트를 치며 성공 반열에 올랐지만, 불과 1년 만에 전 세계로부터 100여 건이 넘는 소송이 들어왔다. 처음엔 그들의 요구를 들어줄까도 생각했지만 그러지 않고 맞서 싸우기로 했다. 자신들은 정정당당했기에 적들의 공격에 패배를 인정할 수는 없다는 이야기였다. 위기가 들이닥쳤다 하더라도 물러서지 말고 맞서 대응하는 것도 비즈니스다.

사업을 할 때는 예상 위험을 미리 대비해야 한다. 위기 관리라고도 부른다. 만약 어떤 위기가 닥쳤을 때 대비를 못한다면 상인이라고 부르기엔 아직 부족한 수준이다.

장사는 속편하게 돈만 잘 번다고 해서 장사라고 할 수 없고 상인이라고 할 수 없다. 거친 바다로 나아가 풍랑을 이기고 항해하라고 배를 만들었듯이 상인이 된다는 것은 정직하고 정당하게 돈을 벌되 부조리한 악덕 상인들의 공격에 맞서 이기라는 의미도 있다.

선량한 사람을 괴롭히는 폭력배를 깡패라고 부른다면 선량한 상인을 괴롭히는 악덕상인은 깡패장사꾼이라고 부를 수 있다.

"사람들 앞에서 항상 웃는 사람은
혼자 있을 땐 항상 웃지 않는 사람이다."

악덕 상인은 꼭 티가 난다

중국에 출장을 갔을 때의 일이다. 거래공장을 다니며 생산과정을 확인하고 수출 상황과 바이어들과의 일정을 얘기하는데 주변 공장 사장들로부터 이상한 소문을 들었다.

"상하이나 광저우 쪽에서 여직원 한 명에 전화 한 대 두고 수출에 이전시라며 오더 관리한다는 사람은 모두 사기꾼이니까 거래하지 마!"

이게 무슨 말인가 싶어 알아보니 몇몇 한국 기업이 중국 공장들과 거래하면서 필자가 소개한 상술들 중 일부를 악용해 악행을 벌였던 모양이다. 앞에서도 이야기한 바 있듯, 중국인과 거래하려면 최소 8년은 서로 신용을 쌓는 기간을 거쳐야 한다. 그래도 마음을 열까 말까 하는 판국에 당장의 이익을 보겠다고 중국인들이 우리를 적으로 보게 만들다니 이해할 수 없는 일이지 않는가?

사업적으로 거시적인 안목을 가진 사업가라면 앞에서 거론한 방법들이 우리 경제를 위험에 빠지게 하는 원흉이 되고, 결국엔 주모자 자신의 사업에도 부정적인 영향을 끼치게 된다는 것을 깨우쳐야 할 것이다.

중국에서는
아무도 믿으면 안 된다?

이런 일화가 있다. 중국에 택배사업이 번창하면서 대륙 곳곳 안 가는 곳 없었는데, 하루는 어느 택배기사가 중국 농촌 길을 달리고 있던 중, 갑자기 앞 유리에 뭐가 휙 날아오더니 부딪혔다. 그래서 차에서 내려서 확인해 보니 닭 한 마리가 죽어 있었다고 한다. 차에 부딪혀서 죽었는지 아니면 미리 죽어 있었는지는 알 수가 없었다.

잠시 후, 수풀 속에서 그 지역 사람들로 보이는 무리가 나오더니 자신의 닭을 차가 치여 죽였다며 닭값을 물어내라고 소리치며 소동을 일으키는 것이다. 택배기사는 배송시간도 급하고 시간을 허비하는 대신 그냥 달라는 돈을 주고 빨리 그 자리를 떠나고 싶었다. 그래서 닭 가격이 얼마냐고 물었는데 그 사람이 하는 말이 '내 닭은 암컷이다. 아직 어린 이 닭이 성장해서 달걀을 낳기 시작하면 하루에 한 개씩 꼬박꼬박 몇 년은 낳을 것인데, 그 달걀들이 병아리가 되어 다시 닭이 되면 수십 배, 수백 배의 돈을 벌 것이었다. 이 큰 돈이 당신 때문에 날아간 거다. 그러니까 다 물어내라!'고 하는 것이 아닌가.

택배기사는 황당했지만 빨리 배송을 해야 했기에 닭주인을 잘

구슬려서 당시 가진 돈 전부를 주고 그 자리를 빠져나올 수 있었다.

그런데 잠시 후, 택배기사는 아연실색하고 말았다. 배송지에 와서 물건을 꺼내려고 가보니 택배차에 실었던 짐들이 다 사라진 것이었다. 아까 죽은 닭 때문에 실랑이하던 사이, 다른 사람들이 택배 물건을 싹 훔쳐간 것이었다.

중국에서 아무도 믿으면 안 되는지에 대한 대답으로는 중국이라서가 아니라 한국에서도, 일본에서도 사업을 하면서 무조건적인 신뢰를 하면 안 된다고 할 것이다. 특히 중국이라서가 아니라 세계 곳곳에는 나쁜 상인들도 있고 좋은 상인들도 있기 때문이다. 장사를 할 때 상대 업체의 신용을 확인하고 사전조사를 하는 이유도 이 때문이다. 상대방을 신뢰할 수 없다면 그 거래는 애초에 이뤄지지 않는다.

일상 생활에서도 마찬가지다. 관광지에서 파는 물건들이 다른 곳에서 파는 가격이 아닌 걸 당연하게 생각한다. 슈퍼마켓에서는 슈퍼마켓 가격이 있고 마트에선 마트 가격이 있는 것처럼, 우리가 누구를 만나느냐에 따라 신뢰여부가 갈린다고 할 수 있다. 그러므로 상인에게 중요한 것은 장사를 하면서 그 누구도 무조건 믿지 말고, 어떤 상황에 대해서는 자신의 느낌이나 감에도 의지하지 말고, 혼자 결정 내리기 어렵다고 하더라도 다른 사람 말을 무조건적으로 믿지 않는 태도가 필요하다.

다만, 중국에서 사업할 때 반드시 챙겨야할 3가지를 짚어보자면 아래와 같다.

첫째, 중국인에게 "ㅇㅇㅇ가능한가?"라고 물어보지 말라. 상대 회사에 대해 알아보려면 중국의 관공서 등 공식적인 통로로 확인하라. 때로는 그 중국회사에서 건네는 서류도 믿지 말고 반드시 공신력 있는 경로를 통해 확인하자. 중국인에게 '가능한가?' 물어보면 99%는 '가능하다'고 대답한다. 체면 때문에 불가능하다고 안 할 가능성이 있고, 돈을 버는 것이라 무조건 가능하다고 말할 수 있기 때문이다.

둘째, 중국에서 혼자 걸어 다니지 말라. 중국인들도 치안이 잘 된 대도시나 자신이 잘 아는 지역(그 동네 사람들을 다 아는 지역)이 아니면 좀체 혼자 다니는 일이 별로 없다. 그들도 친구랑 동행하고 지인이랑 동행하고 반드시 여럿이 함께 다닌다. 숙소가 호텔이거나 일반 가정집이거나 할 것 없이 인근 부싱졔(步行街:먹자골목)에 나와 보면, 앞뒤 통로 쪽에 긴 막대기를 든 '치안'이 서 있는 걸 보게 된다. 우리나라의 '자율방범'이라고 할까? 중국에서는 한 블록 건너라도 치안상태가 완전 다를 수 있다. 우리나라처럼 가로등이 많은 곳도 드물다.

셋째, 중국에서 사업하려면 중국어는 필수이고 중국인 공무원을 친구로 둬야 한다. 중국어를 모르는데 중국 사업한다는 건 거짓말이다. 의사소통이 안 되는데 거래가 이뤄질리 없다. 중국어 통역을 쓰는 것도 안 된다. 중국유학생이나 교포(조선족)를 채용할 텐데 중국 한족과 교포가 사용하는 중국어가 다르다. 의사소통이 된다고 거래가 되는 게 아니다. 중국인 공무원 친구는 중국에서 사업하는데 큰 도움이 될 수 있다.

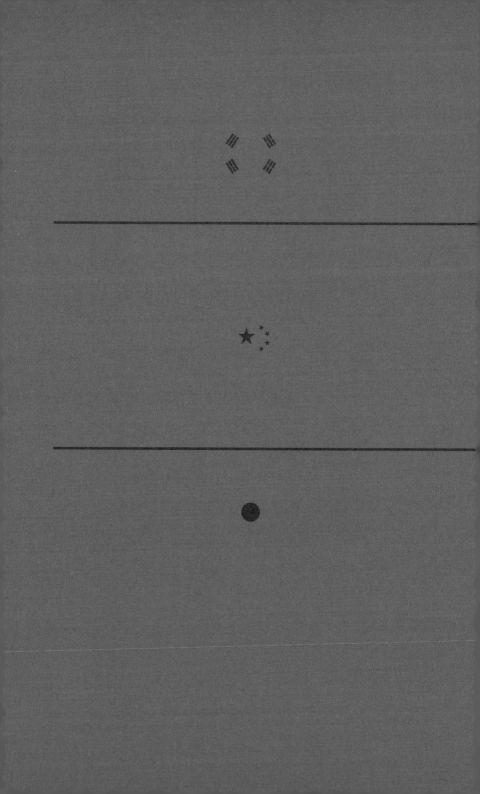

4장

상인은
믿는 게 아니라
지켜보는 것

광쩌우의 어떤 부자

●

●

$\oplus$

"여기가 명품 ○○○브랜드 공장이라고?"

중국 출장 중이었다. 거래 중인 공장의 S사장이 나와 거래하고 싶어 하는 지인이 있으니 그 공장을 한번 방문해 주었으면 좋겠다고 전했다. 나는 새로운 공장 만들기를 좋아하는 사람은 아니지만, 그 당시는 중국 진출 초기였고 중국에서는 무엇보다 '인간관계'가 중요하다는 것을 잘 알고 있었기에 S사장의 부탁을 마냥 거절할 수만은 없었다. 그래서 인사라도 나눠야겠다는 생각에 공장에 같이 가보기로 했다.

S사장의 차를 타고 공장이 있는 웨이하이비엔(威海邊) 지역으로 이동했다. 그런데 도착한 곳은 주택가 좁은 골목이었다. 공장이 있을 만한 곳처럼 느껴지지 않았고, S사장도 차를 어디에 세워야 할지 잘 모르는 눈치였다. 누군가와 한참을 통화하더니 겨우겨우 어느 골목 앞에 섰다.

'뭐 이렇게 골목이 좁아? 이런 데도 다 있네?'

주택가 위쪽으로 길게 뻗은 골목은 사람 한 명이 겨우 지나갈 수 있을 정도로 좁았다. 한두 번 정도 와봤을 S사장으로서는 도로가에서 이런 길을 다시 찾기가 여간 쉽지 않았던 것이다. 골목 안으로 들어가 얼마나 걸었을까? 오른쪽으로 마당 넓은 집이 한 채 보였는데 그곳이 공장이라며 S사장이 나를 인도했다. 간판도 없고 가까이서 보니 창고처럼 보이는 2층짜리 봉제 공장이었다.

상담실을 안내 받아 건물 1층으로 들어서는데, 눈에 띄는 것이 있었다. 책상 위에 유명한 ○○브랜드의 셔츠 한 장이 접합부마다 바느질이 풀어진 채 놓여 있는 것이 아닌가. 봉제선 하나하나를 조심스럽게 뜯어보며 바느질 방식과 원단 패턴 재단 방식을 알아보려는 용도로 보였다.

그곳 사장은 나를 반기며 인사 몇 마디를 건네더니 곧장 건물 2층으로 데리고 올라갔다. 서너 명쯤 되는 직원들이 한창 미싱작업 중이었다. 그들의 작업대 옆에 놓인 바구니에는 상담실에서 보았던 ○○ 브랜드 라벨이 가득했다. 완성된 셔츠 한 장을 집어 들고 살펴보니 역시나 그 브랜드 라벨이 붙어있다. 품질 또한 진품과 다를 바 없었다. 그 꼼꼼하고 절묘한 솜씨가 나를 놀라게 만들었다. 다시 상담실로 내려가 그곳 사장에게서 들은 이야기는 뜻밖이었다. 그는 자신의 공장이 ○○브랜드 하청공장에서 재하청 받아서 운영하는 생산 공장이라고 설명했다.

이해할 수 없었다. 당시에는 ○○브랜드 공장이 중국에 있다는 이야기는 들어본 적이 없었고, 그 브랜드는 자체의 엄격한 공장평가 제도를 기준으로 작업환경과 품질관리, 근로자 지원제도 등을 투명하게 보장해야만 주문을 맡기는 걸로 유명한 곳이었다. 만약 중국공장을 운영 중이라 하더라도 그곳은 '공장평가'와는 거리가 아주 멀었다. 거기에 패턴이나 작업지시서 없이 샘플을 자체 분석해서 완성품을 만든다는 게 말이 되지 않았다. 거긴 사실 '짝퉁공장'이라고 보는 게 더 가까웠다.

'베스트셀러는 반드시 가짜가 만들어진다'는 진리를 다시 깨닫는 순간이었다. 베스트셀러는 가짜도 잘 팔린다는 의미다. 그들은 베스트셀러를 만들고 싶다고 하면서 가짜를 만들었다. 그들에게 행여 내 브랜드를 만들라고 맡겼다가는 앞으로 어찌될지 불을 보듯 뻔했다. 아무리 실력 있는 공장이라 하더라도 '신뢰'를 줄 수 없는 곳을 거래처로 삼을 순 없었다.

물론 이런 곳이 중국에만 있는 건 아니다. 몇 해 전, 국내 장안동에 있는 Y패션업체를 방문하게 됐다. 그 업체는 미국에 자체 공장을 작게 운영하면서 주로 중국이나 아시아지역에서 생산한 의류를 라벨링 전 단계에서 수입하다가 자체 브랜드 이름과 함께 made in USA라고 붙이고 그걸 다시 세계로 판매했다.

설명하자면 이렇다. 미국이나 유럽 등지에서는 해외에 하청업체를 운영하면서도 제도의 빈틈을 이용해서 '원산지 표기'를 맘대로 하는 업체가 많아지자, 요즘은 '제발 우리나라에서 봉제만이라도 해라, 그러면 made in ○○○라고 하게 해줄게'라며 원산지 규정 범위를 완화한 상태다. 가령 중국에서 원단을 자르고 원부자재를 붙여서 1차 봉제만 한 임가공 상태로 이탈리아에 건너온 것에 단추만 달아도 'made in Italy'로 인정해 주겠다는 의미다.

유럽이나 미국의 완성업체들은 공장에서 일할 노동력도 모자라고 치솟는 인건비를 감당할 수 없게 되자, 상대적으로 인건비가 저렴한 중국이나 아시아에 공장을 세웠다. 그러나 공장을 설립한 현지 사정이 급변하면서 법제도가 자주 바뀌는 문제가 발생하자 아예 현지인들을 본국으로 데려와서 기술을 가르치고 생산을 맡기는 구조가 되었다. Made in Italy by Chinese가 되는 식이다. 이런 상황은 글로벌 인기를 누리는 명품 브랜드들도 다르지 않았다. 진짜 문제는 그 다음이었다. 수입인력들이 기술을 배우고 돈을 모으면 본국으로 돌아가 버리는 것이다. 난감해진 회사는 다시 아시아로 가서 인력을 채용하고 교육을 했지만 같은 일이 반복되곤 했다. 이런 상황이 지속되자 기업들은 자구책으로 현지 공장은 최소한으로 운영하고 아시아에서 제품 대부분을 생산한 뒤, 현지에서 라벨이나 단추 정도만 부착하여 자국의 원산지를 표기하게 됐다. Y업체도 그런 경우였다.

Y업체 사장은 나에게 은밀한 제안을 하기도 했다. 아무도 모르게 할 테니 모조품을 만들어 보자는 것이다. 이야기를 들어보니 이미 미국의 모 기업들에게서 선주문을 받은 상황이었고, 마땅한 생산처를 찾다가 내게 연락을 해온 것으로 보였다. 나는 겉으로는 웃었지만, 눈살이 찌푸려지는 건 어쩔 수 없었다.

"그딴 짓거리는 안 합니다."

나이가 많았던 Y업체 사장은 젊은 내가 단박에 거절하니 당황스러워 했다. 가격을 높게 쳐준다고 하면서 나를 설득하려 했지만, 안 될 말이었다. 그들은 패션브랜드의 가치를 모르는 게 분명했다. 그 날 이후로 그들과의 모든 거래를 중단하고 연락조차 끊게 되었다.

그런데 얼마 후 그와 비슷한 일이 또 벌어졌다. 일본 오사카 니혼바시(日本橋) 지역에서 숍을 두고 패션 도매업을 하는 일본인 T사장에게서 '일본에 오는 길에 숍에 꼭 들러 달라.'는 연락이 왔다. 그의 부탁대로 일본 출장 중에 숍 들렀더니 대뜸 하는 소리가 해외 유명○○브랜드 제품을 한국에서 수입하고 싶다고 하는 게 아닌가? 그러면서 T사장은 내게 그 브랜드의 카탈로그를 보여주며 일본에서 인기 있는 특정 디자인을 골라주려고 했다. 처음에는 '명품 브랜드 가격이 일본이 비싸므로 한국에서 유통하는 동일 제품을 일본으로 수입해 팔고 싶다.'로 알아들었지만, 곧 한국산 짝퉁 제품을 일본으로 수입하려는 의도라는 걸 눈치채게 되었다. 나를 바라보는 그의 얼굴엔 죄의식이라고는 전혀 느낄 수 없는 미소만 번져 있었다. 내가 그동안 알고 지낸 사람이 이런 사람이었나 싶어 순간 회의감이 들었고, 그날 이후 T사장과의 모든 거래도 중단하게 되었다.

물론 양심적으로 사업을 하는 일본 상인들이 더 많지만 돈에 집착해서 상도의를 저버리는 상술을 펼치는 사람들도 종종 있다. 그건 비단 일본인뿐만 아니라 세계 곳곳에서 유럽인들도, 미국인들도 저지르는 일이다. 그리고 이것이 패션상품만의 문제겠는가? 유명 상품이나 유명인처럼 인지도가 높아지면 높아질수록 짝퉁이 많아지는 것도 당연한 듯 보일 지경이다.

베스트셀러란 히트상품이다. 사람들에게 인기 있는 상품이란 뜻이고, 사람들이 필요로 하는 상품이란 의미다. 상품 범위가 제한된 것도 아니다. 책이나 패션 아이템, 아파트, 기술, 자동차, 식품 등 모든 상품을 망라한다. 베스트셀러를 만든 상인은 별다른 상술 없이도 큰 부자가 될 수 있다. 그러나 이미 잘 팔리기로 소문난 제품은 아무나 팔 수 없다. 그 유통경로가 제한적인 경우가 많고, 상품을 원한다면 이미 시중에 나온 걸 재거래 하거나 직접 만드는 방법 밖에 없는 것이다.

앞에서 이야기한 짝퉁 공장들도 처음엔 베스트셀러를 연구해서 또 다른 베스트셀러를 만들려 했을지 모른다. 그러나 곧 베스트셀러를 그대로 모방해서 파는 것이 더 이득이라는 것을 모른 척 할 수 없었던 것이다.

'모방해서 팔면 그게 더 잘 팔리는데 뭐 하러 고생해서 새로운 상품을 만들어야 해?'

여기서 말하는 모방은 베스트셀러 상품의 로고와 브랜드 디자인까지 똑같이 만든다는 '짝퉁'을 의미하는 것 외에 베스트셀러와 비슷하게 만드는 흉내도 포함한다. 그래서 손쉬운 상술 중에 모방이 있다. 하지만 모방이란 게 좋은 상술이 아닌 것만은 분명하다. 베스트셀러의 인기에 편승해서 돈을 벌 수 있어도 모방에 치중하다 보면 창의적인 것을 만들어내지 못할 뿐 아니라 창의적인 것이 설 자리를 잃게 만들어 국내 생산경제에 큰 위협이 될 것이기 때문이다.

가수도 외국 히트곡을 모방하고 패션업체도 외국 디자인에서 따온다면 어떤 일이 벌어질까? 문화상품의 모방행위가 만연된다면 그 나라의 문화는 모방문화가 되어 버린다. 이런 모습이 상인들이 원하는 결과는 아닐 것이다. 모방문화에 익숙해진 사회에서는 진짜 상인들이 설 곳이 없어지게 된다.

상술에서 말하는 진정한 '모방'은 똑같이 베끼는 것이 아닌, '새로운 모방'이어야 한다. 기존의 것에서 더 좋은 상품을 만들어내는 '재창작'이란 의미다. 남의 것을 그대로 모방할 의도를 가지고 있으면서 마치 유통을 하려는 것처럼 계약서를 쓰고, 의도가 충족되면 곧바로 계약을 해지하는 일 따위는 상도의에 어긋나며 있어선 안 될 일이다. 진정한 상인은 계약서를 합의 목적으로 쓸 뿐 상대방 상품을 빼앗기 위해 이용하지 않는다. 그러나 안타깝게도 상품 정보만을 빼내려고 허위 계약을 하는 사례도 종종 있다.

일산에 소재한 모 기업의 대표로 70세가 넘은 방 씨의 이야기다. 그는 동종 분야에서 잔뼈가 굵은 상태였고 그의 아들도 같은 분야에서 독립해 있으며 딸은 부산의 한 패션기업에 시집을 보냈다고 자랑하는 사람이다. 교회에도 다닌다며 은근히 자기 신분을 내세우는 자다. 누가 보더라도 그의 이야기만 들으면 사회적으로 덕망 있고 합리적으로 사업을 하는 사람처럼 보인다. 그런데 문제는 이런 사람을 더 조심해야 한다는 점이다. 누가 당신에게 자기 신분을 내세운다는 것은 '나를 믿으라'는 얘기가 아니다. '내가 어떤 짓을 하더라도 내게 까불지 말라'는 의미라고 할 수 있다.

하루는 그가 W대표에게 연락을 해 W의 상품이 좋으니 자기가 팔아보겠다며 제안을 했다. W대표는 방 씨와 미팅을 하면서 그의 경력과 현재 상태 그리고 주위 인맥과 실력이 여러 모로 합당하다고 느껴졌다. 무엇보다 자신과 종교가 같다는 점에서 믿음이 굳어져 거래를 하기로 마음 먹었다.

문제는 그 다음이었다. 처음엔 방 씨가 최근 경기가 좋지 않으니 최소한의 수량만 만들겠다며 물건만 가져가고 기간 내에 계약금을 입금하지 않았던 것이다. W대표는 그의 그런 행동을 이상하게 느껴졌지만 그래도 그동안 들은 이야기도 있으니 믿고 기다려주기로 했다. 그렇게 일주일 정도 지났을 때, 방 씨가 계약금을 입금하겠다고 연락해 왔다. W대표는 다행이라고 여겼다. 섣불리 나이든 사람을 의심했던 자기 자신을 책망하기도 했다.

그렇게 일이 잘 진행되는 듯 싶었다. 하지만 얼마 지나지 않아 그는 방 씨가 자신과 거짓 계약을 한 사실을 알게 되었다. 잔금 받을 시기가 되어서 방 씨에게 연락했더니 그가 믿기지 않는 말을 뱉어냈다.

"아, 그 계약서 그거 내가 실수로 그렇게 했던 거야. 계약서에 그 내용이 빠져야 하는데 그게 들어갔네?"

그 속뜻은 잔금을 지불하지 않겠다는 의도로 들렸다. W대표는 그동안 방 씨의 말만 듣고 그에 대해서 더 알아보거나 의심하지 않고 신뢰했다는 사실이 원망스러웠다. 방 씨는 잔금을 줄 수 없다는 말만 통보하고, W사의 제품과 정보를 빼돌려 사라져버렸다. 자신의 자식들과 가족, 사돈들, 거론한 기업들, 손자들의 체면을 싹 무시하면서 말이다. 그리고 그렇게 훔친 W의 상품을 들고 그와 똑같은 걸 만들어 마치 자신이 만든 것처럼 팔았다고 한다.

어떤 누구를 만나 거래를 하든 말 많고, 자신의 정보를 지나치게 흘리고 다니는 사람은 조심해야 한다. 사기꾼 상인들일수록 상대방에게 자신의 신뢰도를 높이기 위해 모든 걸 동원한다. 종교도 그들에겐 상술의 수단일 뿐이다. 그리고 자신의 목적이 이뤄졌다고 판단되면 뒤도 돌아보지 않고 사라진다.

그런 악덕 상인들로 인해 좋은 상품을 만들기 위해 오랫 동안 연구하고 노력한 결과물이 한순간에 사라진다면 그 피해는 이루 말할 수 없다. 사람에 대해 실망하게 되고 지속적인 사업이 어려워진다. 그래서 시장경제에서는 선량한 상인들이 당하지 않는 게 아주 중요하다.

방 씨의 경우엔 계약금을 일부라도 줬으니 그나마 다행이라고 여길 수도 있는 상황이다.

반면, 계약금을 다 줬더라도 다시 돌려달라고 하는 몰상식한 사람들도 많다. B업체의 경우다. B업체는 위에 소개한 W의 또 다른 상품을 보고 유통을 하기 위해 계약을 하게 되었다. 그 계약이 쉽게 된 것은 아니었다. 처음엔 W를 만나 무조건 계약을 하자던 B업체 대표는 W가 상품을 넘기자 태도가 바뀌며 회사 내부에서 직원들이 반대를 한다는 이야기를 꺼냈다. 상품 유통이 어려울 것 같다고 전제 조건을 말하는 중이었다. 이게 무슨 소리인가 싶어 W는 B업체로 찾아갔는데 마침 직원들이 모여 W와 B업체 대표와 함께 회의를 하게 되었다.

그 자리에서 W는 자기 상품의 장단점과 다른 사례들을 보여주며 계약을 파기하려면 지금 파기하자고 했다. 그런데 W의 이야기를 듣던 B업체 대표는 회의하던 직원들을 나가 있으라고 한 뒤에 다시 말을 바꾸어 W에게 계약을 하고 진행하겠다고 하는 게 아닌가? W는 별 싱거운 사람이 다 있다고 생각하면서 돌아오게 되었는데 문제는 다시 터졌다.

며칠 후, W가 상품이랑 정보를 다 넘긴 후였다. B업체 대표가 W에게 다시 전화를 걸어 '회사에 마케팅 담당자도 몸이 아파서 퇴사를 했고 사무실도 고양시로 옮기게 되어서 계약을 진행하기 어렵다. 그러니 계약금을 돌려주기를 바란다'는 것이다. 도무지 상식이 통하지 않는 사람이 W에게 또 나타난 순간이었다.

W는 B대표의 말을 믿을 수 없어서 카카오톡으로 B업체 마케팅 담당자에게 연락을 했다. 그랬더니 B업체 마케팅 담당자가 반갑게 인사를 하며 자기는 B업체에서 잘 지낸다고 하는 게 아닌가? 퇴사를 한 게 아니었다. 그 날도 출근하고 열심히 일하는 중이라고 했다. W는 또 다시 B업체 대표가 거짓말을 하고 있다는 사실을 알게 되었다.

이번엔 B업체 대표에게 직접 통화를 했다. '계약서에 쓰인 그대로 할 테니 나머진 B대표님이 알아서 하세요'라고 전했다고 한다. 그랬더니 B업체 대표는 '나중에 다시 이야기 하시죠.'라며 전화를 끊었다고 한다.

끝으로 세 번째의 경우는 상품을 받아놓고도 상품을 받지 않았다며 W에게 줬던 계약금을 받아달라고 채권추심을 거는 사람의 경우다.

W가 X를 알게 된 시점은 약 4~5년 전이라고 했다. 파주 쪽에 위치한 X의 회사에 방문해 계약을 한 후에 계약금을 받았는데 일이 진행하기 어려웠는지 X는 그 날 이후로 W에게 연락을 해오지 않았다. W가 연락을 해도 X는 '상품을 보는 중인데 조금 수정을 하고 싶다'며 그 의견을 정리해서 줄 테니 상품을 조금 수정해보자고 했다는 것이다.

그렇게 4~5년이 흘렀다. W는 모처럼 휴일을 맞아 집에서 쉬고 있었는데 갑자기 문자 한 통을 받게 되었다. 채권추심을 하는 신용정보 회사에서 보내온 것인데, 그 내용을 도무지 알 길이 없었다. 신용정보 회사에 전화를 걸어보니 X가 의뢰를 해서 W에게 X가 줬던 돈을 돌려받는 업무를 하게 되었다고 하는 게 아닌가?

도대체 X란 자가 어떤 생각으로 이런 일을 했는지 황당하고 화가 났던 W는 추심회사 담당자에게 '내가 X에게 상품을 주고 X가 확인한 증거를 메일로 보내 줄 테니 잘 보고 X에게 말해 나에게 당장 사과를 하지 않으면 나야말로 법적 절차를 시작할 거라고 전해달'고 했다. 그리고 추심회사 직원에게도 '당신도 나한테 정식으로 사과하지 않으면 가만히 있지 않겠다'고 말했다고 한다.

결국, 채권추심 회사 담당자도 W에게 사과를 하고 X도 4~5년 만에 W에게 처음으로 전화를 걸어 와서 이런저런 핑계를 댔다고 했다. W는 당시 지인과 식사를 하던 중이라서 긴 말은 안했지만 어떻게 그런 경우가 다 있냐며 화가 났었다고 했다. 남의 상품을 가져갔으면 계약대로 진행하던가 아니면 남의 상품을 본 따 모방만 할 생각이었다면 애초에 계약을 하지 말던가 해야 할 것 아니냐고 씩씩거렸다.

이야기를 듣는 나도 W의 분노를 이해하지 못할 바는 아니었다. 물론 그때나 지금이나 악덕상인들 중에는 남의 베스트셀러를 모방하기 위해 또는 자신의 상품과 경쟁상품이 된다고 생각해서 베스트셀러를 유통시키지 못하게 하기 위해 일종의 작전(?)을 쓰는 경우가 종종 있는 게 사실이다.

하지만 W가 당한 것처럼 계약금까지 돌려달라는 식으로 장난질을 치는 경우는 극히 드물다. 대부분의 경우엔 그나마 계약금이라도 지급하는 게 일반적이었기 때문이다.

나는 그들이 W의 상품을 모방한 거라고 말해주진 않았다. 또 W의 상품의 유통을 막으려고 작전을 쓴 거라고도 말해주지 않았다. W도 이미 알고 있을 거라고 생각했다. W가 몰랐더라도 그건 상관없을 듯 했다. W는 이미 그들과의 경험을 통해 두 번 다시 똑같은 속임수에 당하지 않을 거라고 여겼다.

"지구상의 모든 물질은 65개의 원소가 다양하게 조합되어 만들어진 것에 불과하다고 한다. 하지만 지금의 원소주기율표엔 그보다 배가 많은 118개의 원소가 기록돼 있다. 세상엔 아직도 창조 가능한 물질이 있다는 뜻이기도 하다. 당신의 제품에도 조금만 더 다른 조합과 만남을 시도한다면 세상에 없는 새로운 제품으로 재탄생하게 될 것이다."

보이는 것만으로 판단하지 말라!

악덕상인들이 유통질서를 망가뜨리는 사례를 알아보자. 남의 상품을 모방하고 유통을 막는 사람들은 자기의 상품을 들고 유통질서를 조작하며 소비자들의 선택을 방해하기도 한다. 이런 일들은 대부분 온라인에서 일어나는데, 쇼핑몰 구매가 일상화된 요즘, 소비자가 속기 쉬운 상황들에 대해 알아두고 이에 당하지 않도록 대비하자.

(1) 되사기

이 방법은 G마켓, 옥션, 인터파크와 같은 오픈마켓(open market)에 입점한 쇼핑몰 운영자가 주로 사용하는 방법이다. 당신이 인터넷 쇼핑을 즐긴다면 당신의 제품 고르는 법을 되짚어 보자.

먼저 검색전문 사이트나 자신이 자주 들르는 오픈마켓 검색창에 구입하고 싶은 제품명을 검색어로 입력한다. 그러면 곧 화면에는 해당 제품에 관한 쇼핑 카테고리가 생겨나거나 여러 쇼핑몰의 해당 제품들이 인기도 순으로 나열되는 걸 볼 수 있다. 이런 정보들이 여러 페이지에 나뉘어 있지만, 상위에 노출된 것을 순서로 2~3페이지 이상을 넘겨보기도 전에 구매할 물건이 결정된다. 당신의 쇼핑패턴과 똑같지 않은가?

오픈마켓에서 인기도는 노출을 보장해주고, 매출로 이어지게 하는 중요한 요소이다. 때문에 입점한 업체들 중에는 자기 물건 되사기 전략으로 허위 매출을 올려 검색결과 상위권으로 진입하는 경우도 종종 있다. 안타깝게도 소비자들은 실제 인기 있는 제품을 구입하기보다는 이렇게 노출된 제품을 인기 있는 제품으로 알고 쇼핑하게 된다. 판매자 입장에선 자기 물건을 살 때 쓴 돈으로 톡톡히 홍보 효과를 본 셈이니 여러모로 이득이다. 실제 오픈마켓의 판매 수수료는 10% 전후이기에 온라인 광고비보다도 저렴하다.

(2) 꺾기

매출이 적은 입점업체가 백화점에서 밀려나지 않기 위해 자기 물건을 되사는 행위, 은행에서 돈을 빌릴 때 대출금의 일정금액을 다시 그 은행 적금상품에 가입하는 행위 등을 일명 '꺾기'라고 부른다.

업계에서 이런 일이 성행하는 이유는 백화점 입장에서도 '꺾기'로 매출이 늘어나니 손해 볼 것이 없고, 입점업체에서도 백화점 수수료만큼 홍보비를 썼다고 생각하면 손해가 아니기 때문이다. 또 대출자 입장에선 원하는 금액 대비 은행에 다시 반납하는 구조이기에 돈을 더 빌려야 한다는 측면에서는 불리하지만 돈을 빌리기 수월하고, 은행 입장에선 대출금액 중 일부를 미리 환수 받으면서도 공식적으로 적금 상품을 팔아 실적이 올랐으니 거부할 이유가 없는 것이다.

(3) 온라인 차트 순위 올리기

한류 콘텐츠가 세계 시장에 진출하려면 무엇보다도 중요한 게 온라인 차트 순위다. 국내 온라인 차트에서 순위 안에 들면 인기가 있다는 점이 증명되는 것이고, 자연스럽게 언론에 알려지면서 홍보가 된다. 그 뒤에 방송출연 뿐 아니라 해외시장 진출 가능성이 높아지는 건 당연지사다. 그렇기 때문에 업계에서는 온라인 차트 순위를 올리기 위해 다음과 같은 비밀스런 전략을 쓰는 예가 종종 있다.

1) 온라인 가상 이용자 활용

'온라인 가상 이용자'란 원래 온라인 게임 시장에서 돈 되는 캐릭터를 양산하기 위해 쓰이는 매개역할을 했다. 이를 이용하려는 업체는 다양한 경로로 타인의 주민등록번호나 신상정보를 모아서 각 온라인 게임 사이트마다 계정을 만들고 컴퓨터 수십여 대를 돌리면서 캐릭터를 작동하게 해 레벨을 높이는 작업을 한다. 이렇게 만들어진 게임 속 캐릭터를 다른 일반 이용자들에게 되팔아 현금을 버는 것이다.

그런데 이런 업체들이 온라인 게임 외에 음반기획사와 짜고 온라인 음원 차트에도 관여하게 되었다. 음반기획사의 특정 음원이나 영상이 공개되면 이들은 수천, 수만 명의 가상이용자 계정으로 동시에 음원 사이트, 영상 사이트에 접속해서 집중적으로 재생을 시도하거나 클릭해서 인기순위를 높이는 작업을 한다.

2) 대량 주문

음원 공개를 기획하거나 각종 공연을 대행하는 주관사가 어느 정도 규모가 있는 업체일 경우 쓸 수 있는 방법이다. 주관사는 해당 음원이나 공연이 '인기 음원'으로 '인기 공연'으로 각종 매체와 언론에 노출되고 홍보될 때까지 막대한 자금을 동원하여 음원을 다운로드 받거나, 발매된 티켓을 사들인다. 이렇게 만들어진 '베스트셀러'를 정보로 인식한 구매자들이 후속으로 구매를 하면 누적된 수치는 해당과 음원과 공연을 베스트셀러 반열에 오르게 한다. 그때부터는 굳이 노력하지 않아도 수많은 구매자들이 '베스트셀러'를 구입하려고 한다. 그럼 주관사는 그동안 들인 자금을 회수하기만 하면 된다. 특히 공연의 경우엔 사들인 티켓을 공연 시작 전에 언제든 취소·환불할 수 있다는 점 때문에 회수 방법이 더욱 간단하다.

중국인은 식성이 다양하다?

중국인 식성에 대해 이야기하는 사람들은 '중국인의 음식에 대해 날아다니는 것은 비행기 빼고 다 먹고, 네 발 달린 것은 책상 빼 놓고 다 먹는다'고 이야기한다. 그러면서 인터넷에서 봤다며 원숭이도 먹고, 도마뱀도 먹고, 벌레도 먹고, 온갖 이상한 것을 다 먹는다고 이해할 수 없다고 한다. 한술 더 떠 중국여행에 다녀왔다며 이야기하는 사람 중에는 중국에서 개구리, 토끼, 악어, 전갈도 먹어봤다고 읊어댄다. 이야기를 듣다보면 '몬도가네⁵'가 이런 몬도가네가 없을 정도로 다양한 식재료(?)가 등장한다. 차마 이곳에 글로 옮기지 못하는 식재료도 있다.

나도 중국에서 생활할 때 전갈이 들어간 국을 먹기도 하고 악어 고기를 먹어보기도 하였다. 중국에선 개구리 튀김, 토끼구이 정도는 일반화된 음식이다. 내가 기억하는 가장 낯설었던 광경은 사람들이

---

5   몬도가네(Mondo Cane)는 1962년 이탈리아의 갈리에로 자코페티(Gualtiero Jacopetti)와 파올로 카바라(Paolo Cavara)가 감독한 다큐멘터리 영화다. 엽기적인 음식을 파는 뉴욕의 레스토랑 등 세계 각국의 기괴하고 엽기적인 풍습을 찾아내어 이를 다큐멘터리 형식으로 표현했다.

오가는 식당 출입구 통로 좌우편에 각종 새, 개구리 등 살아있는 동물을 넣어둔 커다란 통과 철제 케이지가 놓여 있던 것이다. 순간 소름이 돋으며 발걸음이 잘 옮겨지지 않을 정도로 충격을 받았는데 그 철제 케이지 안에는 고양이도와 뱀도 있었기 때문이다.

"식당에 저 고양이와 뱀이 왜 있는 거예요?"

"고양이는 호랑이고기 대신 먹고, 뱀고기는 용 대신 먹지요."

너무나 아무렇지 않게 말하는 식당 종업원이 더 놀라웠다. 그날 식당을 보여준 중국인에게 다시 물어보니 중국인들이 먹는 식재료가 줄어든다면 아마 전 세계에 식량파동이 일어날 거라는 답변이 돌아왔다. 중국인들에게는 워낙 어려서부터 봐온 광경이라서 낯설지 않다는 의미로 받아들여졌다.

"요즘 중국인들 대다수는 아무 음식이나 안 먹어요. 특별한 의미가 있거나 상징성이 있는 음식을 먹는 건데요, 중국인들의 식문화도 바뀌어서 이젠 야생동물을 안 먹는 사람들이 더 많습니다"

덧붙이자면, 중국의 4대 요리로 남부 해안의 광동 요리, 황해 인근의 북경 요리, 서부 내륙의 사천 요리, 남동부의 상하이 요리가 있다. 우리에게도 익히 들어 아는 요리들이다. 중국에는 요리 외에도 헤이룽장성 요리, 후난성 요리, 윈난성 요리처럼 지역 특색에 따라 특화된 요리들이 많고 이런 음식을 판매하는 식당들이 곳곳에 있다. 이런 식당에는 그 지역 출신들이 주로 방문하는데 후난성, 윈난성, 사천성 요리 식당이 연이어 자리한 곳에는 매일 식사 때마다 각 지역 사람들이 모이는 진풍경을 볼 수 있다.

그래서일까? 어느 중국 공안의 이야기를 빌자면 사건 현장에 출동해서 현장을 보고나면 범인이 대략적으로 어느 지역 출신인지 감이 온다고 했다. 육식을 주로 먹는 동북부 지역 사람인지, 채식을 주로 하는 서남부 사람인지 사건 현장에서는 범인의 고향이 있다고 한다. 사건 현장에서 범죄가 폭력인지, 사기인지, 절도인지를 가늠할 수 있단다. 폭력이라면 육식을 즐기는 동북부 지역, 사기라면 남동부 지역, 절도라면 서남부 지역을 우선적으로 떠올린다는 것이다. 먹는 음식에 서부터 그 사람의 성향이 결정된다는 것을 감안하는 이유라고 했다.

후먼 피발시장 왕사장

●

●

$\mathbb{Q}$

"한국 유명 스타들이 중국에 오면 뭐든지 다 해 주겠소! 그 대신 우리 기업을 위해 일해 주었으면 하는데…."

평소 알고 지낸 한 중국인이 내게 긴요히 할 말이 있다며 자기 식당으로 초대했다. 마침 오후 시간에 여유가 있던 터라 그 중국인을 만나러 갔다. 내가 머물던 곳은 광둥성, 때는 여름, 시간은 오후 오침 시간이다. 미리 말하자면, 광둥성의 여름은 섭씨 40도를 오르내리는 폭염 때문에 11시부터 오후 3시경까지는 일을 쉬는 회사들이 많다. 부족한 시간은 저녁에 하거나 새벽에 하는 식이다.

식당에 들어서자 미리 와서 기다리고 있던 Q사장이 식당 안쪽 개별 룸으로 안내했다. 중국인들이 긴요한 사업 이야기를 할 때 주로 사용하는 방식이다. 중국에서 오래도록 사업을 이끌어오고 있는 Q사장다운 행동이었다. Q사장은 광둥성 후먼(虎門)에서 패션섬유 관련 도매시장(批发市场:피파시창)에서 큰 가게를 운영하는 사람이었다. 그

시장에서 매출이 가장 높아 인근 상인들에게 왕사장이라고도 불리는 사람이다. 참고로 '후면'에는 우리나라 동대문시장 같은 큰 패션도매 상가단지가 있다.

"내가 이번에 패션브랜드를 하나 론칭하려는데 모델을 구하고 있거든요. 요즘 중국에서 한국 패션이 인기이니까 한국인 스타를 모델로 섭외하고 싶은데."

Q사장은 나에게 한국 연예인을 섭외해 달라고 부탁하려는 눈치였다.

"한국 연예인에게도 돈이 될 겁니다. 우리 패션브랜드 모델이 되면 돈을 줄 것이고, 동시에 여기 미용그룹에서 하는 이벤트에 참여해 주면 뭐든지 다 들어주겠소."

Q사장의 이야기는 이랬다. 중국 모 그룹에서 성형수술 병원을 중국 대륙 전체에 프랜차이즈로 열려는데 한국 연예인이 온다면 모델료도 주고 성형수술도 무료로 해주겠다는 것이었다. 그 대신 한국 연예인이 수술한 모습을 중국 대륙에 병원 홍보를 할 수 있게 해달라는 내용이었다. 한 마디로, 자기네 병원이 한국 연예인을 성형수술 했다고 광고하게 해달라는 이야기였다. 돈은 얼마든지 내겠다며 말이다.

당시 난 다른 프로젝트를 하느라 정중히 거절하였는데 나중에 한국 연예인 몇몇이 중국에서 활동하게 된 모습을 보게 되었다. 성형외과의 모델로 광고도 찍고 화장품 광고도 하고 패션브랜드 모델로도 활동하고 있었다. Q사장의 제안이 나 대신 다른 누군가를 통해 한국 연예인에게 전달된 게 분명했다.

여기서 우리가 Q사장을 통해 알 수 있는 것은 중국인 특유의 비즈니스 상술이다. 가령, 자신의 사업을 하면서도 지인의 사업체와, 연관성 있는 사업체와 묶음으로 비즈니스를 추진한다는 점이다.

중국인 한 명이 A라는 지역에서 원단공장을 한다고 가정해 보자. 그 중국인은 원단공장을 하면서 머지않아 패션회사를 만들려고 한다. 자신이 원단을 파는 패션회사를 지켜보니 '돈'을 벌기 때문이다. 그 중국인은 '내가 제작하는 원단을 사가는 패션회사가 돈을 버네? 그렇다면 내가 패션회사를 하면 더 돈을 벌겠구나!'라고 여긴다. 그럼 나중엔 또 어떻게 될까? 원단공장을 하는데 '청의류 원단은 워싱공정을 거치면서 워싱공장이 돈을 번다'는 걸 알게 된다. 그럼 그 중국인은 다시 '워싱공장'을 세운다.

이처럼 그 중국인은 원단공장, 워싱공장, 패션 회사까지 세우게 되고 머지않아 더 추가하여 패션매장을 차리며 패션부자재 회사를 차리고 패션 부자재 공장을 세우려고 한다. 그리고 이들 관계회사들의 사장은 모두 친인척에게 맡긴다.

'돈'에 있어서만큼은 철두철미하고 모든 돈을 갖고자 하는 욕구가 큰 게 중국상인이라는 점을 기억하길 바란다.

"스타마케팅은 스타를 고르는 게 아니라
스타를 좋아하는 소비자의 마음을 훔치는 것이다?"

스타를 고르지 말고 스타를 좋아하는 소비자의 마음을 골라라!

스타의 유명세가 스타마케팅의 전부가 되어서는 안 된다. 스타가 인기 있는 이유를 분석해서 대중이 원하는 것이 무엇이고, 요즘 유행하는 트렌드는 무엇인지를 파악하라. 그걸 홍보에 이용하거나 상품 개발에 적용하는 것이 제대로 된 상술이다.

예를 들어 어느 스포츠 행사에 B라는 유명한 브랜드도 참여한다는 입소문이 나서 손님들이 구름떼 같이 몰려들었다고 하자. 마침 B업체는 행사에 맞춰 새로운 기획 제품을 출시할 예정이어서 행사 주최자 및 관련 업체들에게 기대감을 안겨주었다. 그러나 행사 당일, 예상과는 달리 B브랜드 매대 앞은 한산하기만 했다. 오히려 스포츠 브랜드로는 신생 업체인 C브랜드 매대에 손님들이 북적이고 있었다. B업체가 새롭게 출시했다는 제품들을 살펴보니 작년에 유행하던 패턴과 크게 다르지 않았다. 다만 브랜드가 눈에 띄도록 해당 로고와 이니셜을 사

294

용해 디자인한 것이 돋보였다. 그러나 소비자들의 반응은 냉랭했다. 심지어 '이게 무슨? 사은품이야?'라는 반응도 있었다. 반면 C업체의 제품들은 올해 유행 중인 패턴에서 앞으로 유행 가능한 요소를 적절히 접목시켜 '익숙하면서도 새로운 제품'을 선보였다. 그 결과 행사 당일 기대 이상의 매출을 올리게 되었고, 이를 계기로 업계에서 떠오르는 브랜드라는 평가를 받게 되었다. B브랜드 업체는 유행에 민감한 디자인을 무시하고, 브랜드 파워에만 의존한 탓에 참패를 맛봐야 했다.

그런데 스타 마케팅의 경우는 '유행하는 디자인'이라 하더라도 조심해야 한다. 시청률이 톱을 차지할 정도의 인기 있는 드라마에 협찬한 소품이 인기를 얻자 공식 협찬사에서 상품을 대량 생산했는데 망했다는 이야기는 흔하다. 대신 그 상품의 유행 포인트만 가져와 좀 더 개성 있는 제품을 기획해 만들어 판 작은 쇼핑몰 회사가 오히려 대박 났다는 소식을 접할 때가 더 많다.

'나'를 표현하고 싶어 하는 소비자들에게 '누가 걸쳤던 것'이란 뉘앙스는 이미 구식으로 느껴지기가 쉽다. 그들은 똑같진 않지만, 비슷하면서도 새로운 걸 원할 뿐이다.

상인에게 있어 '스타'는 바뀌는 트렌드를 예측할 수 있게 하는 레이더와 같다. 소비자를 물고기에 비유한다면 상인은 어부가 된다. 어부가 마주치는 세상은 밝은 낮 육지이기보다 어두운 바다 한 가운데일 때가 더 많을 것이다. 그런 환경에서 레이더의 역할은 아주 절대적일 것이다. 그러나 정작 물고기를 잡을 그물이 엉망이라면 무슨 소용이 있을까? 또 오징어를 잡아야하는데 멸치 잡을 어망을 들이댄다면? 계속 고기를 잡지 못하고 허탕만 치고 있다면, 당신은 배의 기름 값이라도 아껴야 한다. 그래서 잠시 쉬는 것도 비즈니스다. 쉬면서 당신의 장사가 잘 되지 않는 원인을 찾아보자. 그리고 자신이 트렌드에 뒤쳐졌거나 무조건 트렌드를 좇은 건 아닌지 의심해 보자.

중국인은 왜 8을 좋아하나?

중국어로 '돈을 벌다'는 发财(fācái:파차이)라고 한다. 그리고 숫자 8은 八(bā:빠)라고 발음한다. '돈을 벌다'와 숫자 8의 발음이 비슷하여 중국인에게는 숫자 8을 복 있는 숫자라고 생각하는 경향이 있다. 중국인에게 숫자 8은 어느 정도 인기가 있는 것일까? 2008년 베이징 올림픽이 2008년 8월 8일 저녁 8시에 개막했다는 점만 보더라도 중국인들의 8에 대한 사랑을 알 수 있을 것이다.

이와 비슷한 예로, 숫자 6과 숫자 9가 있다. 숫자 6은 六(liù:리우)로서 '흐르다'의 流(liú:리우)와 발음이 비슷하여 '돈'을 의미하는 단어랑 사용하면 '돈이 빠지다'는 의미로 사용될 수 있다. 반면에 '적은 복에서 많은 복으로 흐르다'라는 의미로 사용하면 긍정적인 의미로도 사용될 수 있다. 숫자 9는 九(jiǔ:지우)라고 하여 '오랫동안'의 久(jiǔ:지우)의 의미로 사용하여 '복의 영속성'을 갖는 의미로 사용하기도 한다.

이런 표현은 좋은 의미도 많은 반면에 안 좋은 의미로 놀림감이 되는 표현도 있다. 일례로 '녹색 모자를 쓰다'의 표현은 '따이 뤼 마오쯔(戴 綠 帽子)'라고 하는데 그 속뜻은 '아내가 딴 남자와 바람을 피우고 있다'는 의미로 사용된다. 때문에 중국에서는 남자에게 녹색 모자를 선물해서도 안 되고 남자가 녹색 모자를 쓰고 다녀도 안 된다. 놀림감이 되고 싶지 않으면 말이다.

이 이야기의 유래는 원나라 때로 거슬러 올라간다. 당시 기생은 반드시 보라색 옷을 입어야 하고 기생집에서 일하는 남자는 녹색두건을 둘러야 한다는 것에서 찾아볼 수 있다. 또한 상인의 아내가 남편(상인)이 멀리 장사하러 가는 날이면 남편에게 초록색 모자를 씌워줬는데, 그 상인이 초록모자를 쓰고 나가는 걸 신호로 불륜남이 상인의 아내에게 갔다는 이야기에서 유래됐다는 설도 있다. 다만, 현대의 중국에서는 이에 개의치 않고 초록 모자를 쓰는 중국인들도 많다는 점을 참고로 알아두자.

이와 비슷한 경우로, 중국인에게 선물하면 자칫 오해를 살 수 있는 것들이 있다. 나이든 노인에게 '시계(鐘)'를 선물하면 종(終)이란 단어와 유사하여 무례함이 될 수 있고, 아픈 환자나 부인이나 연인에게 배(梨) 선물은 이별하다(離)와 발음이 같아서 서로 헤어지자는 의미로 오인될 수 있으므로 금해야 하고, 우산(雨傘)에서 산(傘)은 '흩어지다 산(散)'과 발음이 같아 불길한 의미이므로 금기시 되는 선물이다.

한 마디로 중국어에서 부정의 의미로 사용되는 단어랑 유사하거나 같은 발음을 갖는 물건들은 선물하지 않는 것이라고 보면 된다.

팝콘을 팔게 해달라는 권 씨

●

●

$\mathcal{Q}$

"팝콘 장사 한다고? 쩨쩨하게 팝콘이 그게 뭐야? 이왕 하려면 식당이나 뭐라도 해야지?"

건실한 사업가이면서 다재다능하기로 소문난 권 씨에게 지인인 장 씨로부터 한 번 만나자는 연락이 왔다. 대학 교수인 50대 초반의 장 씨는 지역 내에 극장이 들어서는데 사업주와 잘 아는 사이라서 극장에서 장사할 권리라도 하나 달래려고 하는데 뭐가 좋을지를 의논하려 했다.

"그래요? 좋은 기회네요. 그러면 사업주에게 스크린 하나 달라고 하서서 영화배급 해보시면 어때요? 그리고 거기서 팝콘 장사를 할 테니 저도 껴주세요."

그러자 장 교수는 권 씨에게 사업하는 사람이 그렇게 통이 작아서 무슨 큰돈을 벌겠냐며 크게 웃었다. 권 씨는 대답없이 미소만 지을 뿐이었다.

그로부터 며칠 후, 장 교수가 권 씨를 다시 찾아왔다. 자기가 지난번에는 크게 실수한 것 같다며 사과하는 것이 아닌가?

그는 권 씨 만나고 난 이후에도 다른 여러 사업가들을 만나 극장 내에서 할 사업을 자문했고, 몇 가지를 추천 받아 권 씨의 의견과는 다른 일을 마음에 정했다. 그리고 극장주와 만나서 식사를 하던 중 권 씨 이야기를 우스개 삼아 꺼냈다고 했다. 그런데 극장주가 권 씨의 판단을 칭찬하더란다. 장 교수는 그제야 극장에선 팝콘 장사가 제일 남는 장사이며, 권 씨가 자신에게 제대로 조언해준 사실을 알게 되었다.

권 씨는 사실 극장사업에 문외한이다. 그런데 권 씨가 팝콘사업을 하겠다고 이야기한 것은 장 교수를 만나기 며칠 전 일본 도쿄 출장 길에 만났던 자판기 운영주 W사장으로부터 들은 이야기가 기억났기 때문이었다.

평소처럼 호텔에서 조식을 마치고 거래처에 방문하려고 나선 권 씨는 도로가에서 자판기를 발견하고 콜라를 뽑으려고 다가갔다고 한다. 마침 자판기에 물건을 채워 넣는 사람이 있어서 기다렸다가 콜라를 뽑으려는데 권 씨를 발견한 그 남자(W)는 일하던 것을 멈추고 권 씨에게 자리를 내어주더란다.

"고맙습니다."

W에게 인사를 하고 콜라를 뽑던 권 씨는 W의 얼굴이 앳되고 사회초년생처럼 보였는데 자판기사업을 하다니 다소 의외였다고 한다. 취업이 어려워서 자판기를 운영하는가 싶어서 내심 딱한 마음이 들기

도 했다는데, 권 씨가 W에게 자판기를 운영하는 이유를 물어보자 W의 대답이 의외였다고 했다.

머뭇거리며 대답을 망설이던 W는 "저는 이 근처 회사에 다닙니다. 이 자판기는 저의 파트타임 잡입니다."라고 말하는 것이다. 이게 무슨 소린가? 멀쩡히 직장을 다니는데 또 일을 하다니? W의 이야기는 조심스러우면서도 확신에 찬 모습에서 나오는 덕분에 권 씨의 눈에는 W가 자판기 제조회사의 사장처럼 보였다고 했다. W의 이야기는 이랬다.

"저는 이 동네 사람입니다. 그런데 이곳에 호텔이 들어선다는 걸 들었습니다. 그래서 아는 어른을 통해서 이 호텔 사장에게 자판기를 놓게 해달라고 제안을 했습니다. 왜냐하면 이 호텔은 비즈니스호텔(주로 일본 회사원들이 지역으로 출장 다니면서 머무르는 숙소)이었거든요."

비즈니스호텔이랑 자판기랑 무슨 관계가 있는 걸까?

"타지에서 출장 온 회사원들은 대부분 거래처에서 식사대접을 받습니다. 그래서 아침식사를 하는 경우가 드뭅니다. 지난밤에 과음을 했거나 과식을 했기 때문인데요, 그럴 경우 아침에 호텔을 나서면서 시원한 음료수가 생각날 거라고 판단했습니다. 콜라라든지 우롱차라든지 속을 달래주거나 갈증을 풀어주는데 필요한 음료수로요. 그래서 이곳에다가 자판기를 놓으면 돈이 되겠다 싶었습니다."

W의 이야기를 들어보니 자판기 수익은 회사 급여보다도 더 많다고 했다. 하지만 직장을 그만두고 자판기를 운영만 할 생각은 없다고 했다. W는 이 자판기에서 나오는 수입을 모아서 다른 곳에 또 자

판기를 놓을 생각이라고 했다. 권 씨는 일본 출장길에서 W라는 청년에게 배운 대로 장 교수에게 말했을 뿐이었다.

'극장'은 참 어려운 사업이다. 큰돈 들여 복합관 사업을 작정하고 해보려는 경우가 아니라면 대부분 극장은 쇼핑몰을 찾는 고객을 위한 서비스 사업으로 건물 제일 위층에 차려지는 게 일반적이었다. 이른바 유통가에서 말하는 '샤워 효과(Shower Effect)'인 셈이었다. 고객은 처음에 극장에 온 관객이었지만, 영화를 보고 나가면서 아래층의 식당가나 카페에 들러 식음을 해결하게 될 것이고, 더 아래층에 있을 쇼핑몰로 자연스럽게 이동하여 또 다른 소비를 하게 될 것이라는 논리대로 말이다.

극장 사업이란 한정된 좌석 수로 매출을 올려야 하기 때문에 영화 흥행에 매우 민감하다. 그래서 올해엔 극장에 100만 명이 들었으니, 내년엔 150만 명이 들도록 해야겠다는 식의 매출 계획을 세울 수도 없다. 극장 사업은 해마다 성장시킬 수 있는 만만한 사업이 아니다. 증권거래소나 코스닥 시장 종목 중에 극장 사업하는 업체가 없는 이유가 이 때문이다.

그래도 매출을 키워보겠다면 3D, 4D 영화도 관람할 수 있도록 리모델링 사업을 해서 입장 요금을 올려 받는 등 시스템적인 노력을 해볼 수도 있을 것이다. 그러나 영화 제작사들이 어려워서 정작 거기에서 상영할 만한 영화를 만들지 못한다면 어떻게 해야 할까? 슈퍼마켓은 있는데 진열대에 진열할 상품이 없는 꼴이다.

결국 극장사업은 영화 제작에 투자를 하고 배급을 하는 구조로 돌아가게 된다. 최소한 극장에 걸 상품은 만들어 놓아야 하기 때문이다. 영화가 잘 되면 극장에도 도움이 되겠지만, 흥행이 안 될 경우의 적자를 생각하니 극장주의 마음이 뒤숭숭할 수밖에 없다. 그래도 눈을 씻고 찾아본 결과, 유일하게 극장주에게 전혀 부담을 주지 않고도 매출을 책임져 주는 것이 하나 있었으니, 그것이 매표소 바로 옆에 붙어있는 스낵바다.

극장 사업의 수입을 콜라와 팝콘이 책임져준다고 해도 과언이 아니다. 주로 영화관을 찾는 관객이 젊은 층이고, 연인이 많다는 것을 생각한다면 고개가 주억거려질 수밖에 없다. 게다가 대체로 2시간 내외인 영화 상영시간을 맨손으로 버티는 관객이 그리 많지 않다는 것도 이유다. 결정적으로 영화관에서의 팝콘은 공식이 된지 오래이지 않은가.

극장주는 자연스럽게 팝콘을 좀 더 소비할 수 있는 관점에서 영화를 고르게 된다. 액션·로봇 영화처럼 남자와 아이들이 구경할 만한 영화가 많아야 한다. 로맨틱코미디도 좋다. 이런 영화들은 객석을 평균정도만 채우더라도 관객이 들고 먹어줄 팝콘 콤비 세트가 매출을 메워줄 것이다.

그렇다면 팝콘을 팔아서 얼마나 남기에 매출을 보장한다고 하는 걸까?

커다란 팝콘바구니와 콜라가 세트에 1만 5천 원 정도로 일반 영화표 값보다도 훨씬 비싸다. 관객은 영화표는 각종 할인 혜택으로 싸게 구입하고 싶어 하지만, 그렇게 할인된 만큼 팝콘을 챙겨먹는 묘한 심리를 가졌다. 그런데 그 내용물의 원가는 150원 꼴이고, 포장재까지 포함해서 500원이 넘지 않는다. 연간 관객 100만 명만 들어도 그중에 최소 10%인 10만 명이 팝콘을 사먹고 한 사람당 1만 원이 이익이라고 하면 그 수입은 10억 원이 된다. 물론 이 돈은 입장료를 뺀 금액이다. 입장료에서 50% 정도가 수입이라면 8,000원에서 4,000원이 이익이다. 100만 명으로 계산하면 4백억 원 정도 수익이다. '4백억 원과 10억이면 큰 차이인데요?' 그렇게 생각되는가? 전국에 극장들이 모두 100만 명이 들어가는 게 아니다. 어느 극장엔 사람이 많고 어디엔 적다. 그리고 상영은 했지만 히트 못치고 사라지는 영화까지 염두에 두면 관객 수로 벌어들이는 수익은 무척 유동적이다. 대신 어느 영화가 상영되건 팝콘은 팔린다는 점이 장점이다.

입장료 수익은 제작사와 극장이 배분해야 하지만 팝콘 수익은 독점이라면? 단, OTT 인터넷스트리밍 사업이 확산되면서 오프라인 극장의 수요가 줄어드는 상황에서는 예외로 하고 말이다.

상인의 팁

"상인은 사람을 많이 만날 수밖에 없다. 그리고 사람을 만나서 성
장하고 배운다. 그래서 상인이 돈을 어떻게 버느냐는
누구를 만나느냐에 따라 다를 수 있다. 당신은 지금 누구랑 같이 있는가?
'나는 내 옆에 있는 사람들과 다른 사람'이라고 착각하지 말라.
사람들은 당신을 그들처럼 여긴다.
그들이 쓰는 돈이 상인의 주머니로 들어온다."

사람들의 혀, 손, 눈, 귀, 코를 바쁘게 하라

"사람들의 혀를 바쁘게 하면 불평이 사라지고

사람들의 손을 바쁘게 하면 불만이 사라지며

사람들의 눈을 바쁘게 하면 판단이 사라지고

사람들의 귀를 바쁘게 하면 잡념이 사라지고

사람들의 코를 바쁘게 하면 생각이 나타난다."

위 다섯 가지를 모두 만족시키는 게 극장에서 팝콘 먹기다. 극장
에서 팝콘 판매가 잘 될 수밖에 없는 이유다. 극장뿐만이 아니다. 주
변에는 극장 팝콘처럼 알게 모르게 돈이 되는 사업이 많다. 오프라인
이면 오프라인대로, 온라인이면 온라인대로 돈 나올 곳이 있다.

중국 어느 식당에 갔을 때의 일이다. 일행들과 함께 식당에 들어가자 조금 규모가 있는 곳이었는지 종업원이 우리 일행을 룸(Room)으로 안내했다. 8명 정도 앉을 수 있는 크기의 동그란 테이블이 중앙에 놓인 룸이었는데 한쪽 모퉁이 벽 쪽엔 선반과 함께 텔레비전이 놓여 있었다.

우리 일행이 안으로 들어서자마자 식당의 종업원들은 일행들이 앉을 수 있도록 의자를 살짝 뒤로 당겨주었다. 그리고 일행이 앉자마자 테이블 위에 놓인 컵에 차를 따랐고 메뉴판을 펼쳐서 보여주었다. 그들의 행동은 팀워크라도 발휘하듯 협동적이면서도 질서정연했다. 그리고 종업원 중 하나가 텔레비전을 켜더니 리모컨을 들고 누구에게 줄 듯 머뭇거리다 테이블 위에 내려놓고는 다른 종업원들과 함께 퇴장했다. 그가 우리에게 텔레비전을 틀어준 이유는 뭘까?

식사를 하며 텔레비전을 보면 많이 먹게 된다. 자연히 식당 매출이 올라간다. 마침 텔레비전에서 사람들이 좋아하는 방송을 할 경우라면 더욱 그렇다. 자리에 더 앉아 있기에 새로운 메뉴를 추가하게 된다. 호프집에서 커다란 스크린에 축구 중계 채널을 맞추는 이유도 이와 같다.

식당에서 텔레비전을 보거나 극장에서 팝콘을 먹으며 영화를 보거나 해도 어차피 사람들은 쓰고 싶은 정도만 돈을 쓰는 거 아닌가? 맞다. 사람들은 스스로 판단해서 돈을 쓴다. 하지만 사람의 판단이 대부분 불완전하다는 게 문제다. 게다가 그런 사실은 곧잘 잊어버린다. 그런 사람들의 허점에서 돈이 나온다고도 볼 수 있다.

이렇듯 소비자의 허점을 파고들어, 제공받는 것에 비해 훨씬 가치 있는 걸 내주거나 비싸게 지불하고도 '이 정도는 손해가 아니네?'라고 생각하게 하여 직간접적으로 소비를 유도하는 사업을 '상대적 수익사업'이라고 한다. 그중 대표적인 게 개인정보를 이용한 사업들이다. 자칫 개인정보를 얻는 것이 불법적으로 느껴질 수도 있겠지만, 합법적인 경우가 더 많다.

유명 SNS '페이스북'을 예로 들어보자. 타 SNS사이트도 마찬가지겠지만, 페이스북은 계정을 만드는 데는 따로 돈이 들지 않는다. 다만 사용자가 자발적으로 자신의 신상정보를 기입해야지만 서비스를 제공받을 수 있다. 더구나 페이스북에 가입하려는 이유가 친구를 찾거나 새로운 친구를 만나기 위한 것이며 혹은 세상에 자신을 알리기 위한 목적이다 보니 신상정보 제공은 너무도 당연하다. 이런 자발적인 정보 제공은 합법적이라고 할 수 있다.

그러나 가입자들은 대부분 페이스북의 무료 서비스에 열광한 나머지 자신의 신상정보가 어떻게 쓰일 지는 생각하지 못하게 된다. 늘 노출되어 온 탓에 의식하지 못할 뿐이지 우리가 온라인으로 접하는 수많은 광고들은 우연히 마주치게 되는 것이 아니다. 그런 신상정보를 데이터베이스로 하여 개인 맞춤 형태로 전송된 것들이 대부분이다.

'개인신상정보= 돈'이다. 사람이 많이 모여 들고, 인기 있는 SNS일수록 광고 단가는 올라가게 되어 있다. 이용자들이 페이스북이 광고사업을 할 수 있도록 돕는다고 볼 수 있다. 그것도 친구들까지 불러서 말이다.

오프라인에서도 마찬가지다. 대형할인마트에서 포인트 적립카드 발급이 겉으로 보기에 고객에게 이득을 주려는 이벤트로 여겨질 수 있겠지만 사업자 입장에서 보면 아주 저렴한 비용으로 최대 효과를 누릴 수 있는 마케팅의 일환이다. 고객이 포인트 적립을 할 때마다 주요 소비 물품이나 패턴 등의 정보가 해당 마트 데이터베이스에 저장되도록 해서 다음번 상품 진열과 재고준비를 계획하는 데 쓰는 것은 물론 고객 각자에게 광고를 전달해서 결과적으로는 소비촉진을 유도하는 것이다.

또 대형할인마트에서 다른 이벤트 업체와 손을 잡고 경품응모 행사를 한다거나 상품권을 걸고 설문조사로 이벤트 업체가 고객 정보를 직접 수집하도록 돕는 경우도 있다. 그 과정에서 이벤트 업체가 고객에게 발행하는 상품권이나 경품권은 고객의 추가 구매를 유도하는 것이어서 경영자로서는 유혹적이지 않을 수 없다. 그러나 고객은 그 사이에서 이용당했다고 생각하기보다 이득을 봤다고 여긴다.

할인권 몇 푼 받고 내어준 정보가 당신의 장바구니를 잠시 채워줄 수 있을지는 모르지만 당신의 정보는 당신도 모르는 어디엔가 저장되어 두고두고 다른 사람들의 주머니를 채워주게 될 수 있다.

작은 돈은 아무렇지 않게 여기는 사람들, 스스로 자기가 이익이라고 착각하는 사람들은 허점을 노출한 사람들이다. 그들의 개인 정보를 받아 거래하는 입장에선 8천 원짜리 VIP라고 부를 수 있다.

일본인은 속셈을 숨긴다?

　일본에 있을 때다. 업무를 보러 가는 길에 한 무리의 여행객들이 보였다. 그들 중 한 명이 나를 보며 쭈뼛거리더니 다가와 서툰 일본어로 길을 물어보는 게 아닌가. 그들이 찾는 장소는 일본JR을 타고 서너 정거장 가야하는 유명 관광지였다. 나는 그들에게 지하철역까지 안내해 주고 어느 역에서 갈아타고 어느 출구로 나가야 하는지 알려주었다. 한 가지 재미있는 점은 내가 일본어로 그들을 안내해줬다는 점이다.

　일본 여행을 하다가 길을 잘 모르면 일본인들에게 물어보게 되는데 대다수 일본인들은 길을 물어본 사람을 데리고 같이 길을 안내해주고 다시 자기가 가던 길을 가곤 한다. 이런 상황을 겪은 사람들은 일본인들이 친절하다는 인상을 받는다. 정말 일본사람들은 타인에게 친절한 것일까?

　"일본인들은 남에게 피해를 주는 걸 극도로 꺼리는 경향이 있어요. 재난현장에서 구조된 일본사람이 구조대원들에게 꺼내는 첫마디가 '미안합니다'라는 거 아세요? 구조대원들이 수고하게 해서 미안하다는 표시죠. 그뿐 아니에요. 일본에서는 부부지간에 어느 한쪽이 바람나면 다른 쪽이 사과를 해요. 아내가 바람나면 남편이, 남편이 바람나면 아내가 사과를 하죠. 왜냐하면 자기들은 부부인데 남편이랑, 아내랑 잘 지내지 못해서 바람나게 되었으니 부부인 입장에서 죄송하다는 사과를 하는 거죠. 다른 나라 사람들의 눈에는 낯설게 보이는 모습들이죠?"

특수한 경우의 사례이기도 하다. 현대의 일본인들에게는 적용되지 않는다고 주장할 수도 있다. 하지만 일본인에게서 들은 이야기이므로 참고할 것은 된다.

비즈니스 관계에서는 이러한 의식이 더 많이 작용한다. 자기로 인해서 남에게 피해를 주면 안 된다는 의식이 있다고 봐야죠. 그래서 일본인들과 거래를 하다보면 약속 하나만큼은 지키려는 신용 있는 모습을 보게 된다. 모든 일본인들이 그렇다는 건 아니다. 일본인들 중에도 신뢰할 수 없는 사람들이 없진 있으니 말이다.

에이전시를 두는 것도 그렇다. 분명 한국회사와 일본회사 두 회사가 일하는데 그 사이에 에이전시가 끼는 경우가 있다. 가령, 일본한 패션숍에 의류를 공급하려는데 그 사이에 에이전시가 있으면 한국회사는 그 에이전시를 통해서 일본 패션숍에 공급을 해야 한다. 두 회사가 직접 거래한다면 이익도 더 크고 업무도 단순할 것 같은데 왜일까?

그 이유는 앞서 설명한 바대로 '남에게 피해를 주기 싫어하는 일본인의 특성'에 있다. 남에게 싫은 소리를 직접적으로 하지 못하고, 면전에서 싫다 좋다 감정 표현하는 걸 되도록 삼가게 되는 일본인의 특성 때문이라고 할 수 있다. 일본 업체와의 거래에서 이러한 문제를 지적한 적이 있는데 에이전시 수수료를 일본회사가 부담하더라도 중간에 에이전시를 두길 원한다고 했던 게 기억난다.

'일본인의 웃음(Japanese Smile)'이란 영어 표현도 일본인은 앞에서는 웃지만 뒤에서는 '칼'을 갖고 있을 수 있다는 의미로 자기 속내를 드러내지 않는 일본인의 속성을 잘 나타낸 것이라 하겠다.

남에게 피해를 주지 않으려는 습성 때문에 생기는 일로, 또 다른 경우를 생각해 보자.

2019년 11월에 발생한 코로나19는 일본도 피해갈 수 없었다. 그런데 일본에서는 코로나 확진자 발발과 업무처리에 대해 비판 여론이 생긴 일이 있다. 백신접종과 확진자 발생 인원수를 집계하는 과정에서 팩스와 우편을 사용하게 되면서 일처리가 엄청 늦어졌다는 지적이었다. 팩스 두 대로 코로나 관련 업무를 처리했는데 그 팩스 두 대가 폭주를 견디다 못해 고장 났다는 것이다.

일본에서 업무처리가 늦다는 건 익히 알려진 이야기이다. 일례로 운전면허증 교부 일을 처리해야 하는 경우, 우편으로 신청하고 우편으로 결과를 받는 데에만 한두 달이 훌쩍 지난다. 다행인 것은 그렇게 등록해 두면 그 다음부터는 자동화기기로 즉시발급도 가능하다는 점인데, 무엇이든 처음 업무를 처리할 때 일일이 우편으로 하는 경우가 많아서 번거롭게 느끼는 사람들이 많다.

왜 이 같은 업무방식이 아직도 유지되고 있는 것일까? 왜 우편

방식, 팩스 사용, 인감도장 날인을 유지하려고 할까? 내 생각으로는 그 모든 이유가 기본적으로 '자기 때문에 남에게 피해를 주지 않으려는 습성'때문이라고 보인다. 팩스로 받아 문자화된 내용을 일일이 확인하고 또 확인한 후 최종적으로 인감을 날인함으로써 확인점검을 마쳤다는 표시를 하는, 인감을 날인한 사람이 그 업무의 최종 책임을 지게 되는 의미라고 보인다.

광둥성에서 만난 공장장

김 대표가 탄 차량은 광활한 대륙을 달리고 있었다. 뿌연 먼지를 불러일으키며 차량이 달려간 곳은 광둥성에 어느 공장지역. 동네 전체가 공장이라고 할 만큼 거리 곳곳엔 의류공장들이 즐비한 곳이다. 곳곳에 원부자재를 실어 나르는 트럭들이 줄을 섰고 완제품을 가져가는 컨테이너 차량도 하나둘 보였다. 서로 빨리 가려고 끼어드는 차량 때문에 진입로가 막혀 도로가 주차장으로 변하는 모습도 간간이 보였다.

"여깁니다."

중국인 지인의 안내를 받아 들어간 곳은 봉제공장이었다. 김 대표는 자기 눈을 의심했다. 분명 공장이라고 했는데 건물을 짓다만 것인지 아니면 짓는 중인 것인지 건물 내부는 건축자재가 놓여있고 먼지가 수북했다. 그 한쪽이 회의실이라며 들어간 곳에는 간이 의자들이 몇 개 놓여 있는게 전부였다. 공장장과 직원들이라며 나이든 남자

한 명과 20대로 보이는 남자 두어 명이 자리했다.

"저희가 생산할 의류는 이겁니다."

김 대표는 중국인 공장장에게 디자인 작업 지시서를 내밀었다. 그리고 공장 사람들끼리 몇 마디 주고받으며 회의를 하는가 싶더니 '커이'라고 말한다. 해주겠다는 의미, 가능하다는 의미, 김 대표가 요구한 가격에 생산하겠다는 의미였다.

하지만 김 대표는 그들의 대답을 듣는 순간 낙담을 했다. 먼 길 달려왔는데 상담이 무용지물이었다는 생각이 들었다. 김 대표 경험상 공장사람들의 '커이'는 '불가능한 일'이라는 의미이기도 했다. 여기에 일을 맡겼다가는 백발백중 실패한다는 계산이 먼저 섰다. 김 대표가 공장장에게 물었다.

"공장은 다 지은 건가요?"

"아직 짓는 중이에요. 확장하느라."

"직원들이 안 보이네요? 경리담당자도 일하죠?"

"아, 오늘 외근 나갔어요."

"혹시 다른 업체에서 맡긴 옷이나 생산하셨던 제품을 볼 수 있을까요?"

"(회의실 한편에 아무렇게나 놓였던 옷을 집어 보이며) 여기도 있네요."

"영업직조(사업자등록)에 무역업도 되었나요?"

"무역이요? 아, 현금 아니고요? 무역은 다른 회사랑 얘기해야하는데, 가능은 해요. 무역으로 하려고요? 그래도 원부자재 살 돈은 현금으로 미리 주셔야 하는데요."

상담은 끝났다. 무역업 등록이 안 된 회사, 현금거래가 조건인 회사, 공장 생산시설을 볼 수 없고, 다른 거래처가 안 보이는 회사, 직원들이 안 보이는 회사. 이곳과는 아무런 일을 할 수 없었다. 김 대표는 지인에게 돌아가자는 눈짓을 하고 다시 나왔다. 숙소로 돌아오는 내내 머릿속이 복잡하고 화가 나는 걸 억지로 참아야만 했다. 아무래도 중국인 지인이 김 대표의 이야기를 잘못 알아들었던 모양이었다. 아니면 그 지인이 김 대표와 공장 사이에서 일 소개료만 떼어먹고 나 몰라라 하려고 했을 심산일 게 분명하다.

김 대표는 지인과 돌아오는 길에 이야기를 꺼냈다.

"내가 생산단가를 낮출 수 있는 공장을 알아보라고 한 것은 무조건 가격만 싸면 된다는 게 아니고 체계적으로 일을 하면서 합리적인 가격에 생산할 수 있는 공장을 찾아봐달라는 이야기였어요."

지인이 김 대표를 쳐다봤다.

"아까 이 지역 사정을 봤는데 여기 24시간 일 돌리는 곳이지요? 월급은 없고 노동자가 생산하는 만큼 정해진 돈을 받아가는 거죠? 공장은 24시간 돌리고 휴식은 없고 그나마 쉰다는 사람들은 월급날 반나절만 잠깐 쉬고 다시 24시간 돌아가는 작업에 투입되어야 하는 곳, 아까 그 공장이란 곳은 이 동네 사람들이 공통으로 사용하는 상담실 같은 곳 아니에요? 그곳에서 오더를 받으면 이 동네 공장에 순서대로 일 밀어넣고 끊임없이 작업을 돌리는 거잖아요? 그렇죠? 골목 포장마차 같은 곳에서 길거리 음식 파는 게 전부고 노동자분들은 잠자지도 않고 그냥 일만 하는 곳, 무역 업무는 대행회사에서 맡아서 처리해주고 모든 거래를 현금으로만 해야 하는 곳이고요. 맞지요? 노동자들은 일하다가 생산라인에서 사라지기도 하고 집에 가버리기도 하고 그래서 품질 유지가 안 되고, 무조건 가격만 싸면 생산은 날림으로 형태를 만들기만 하는 곳, 그런 곳 맞죠? 아까 지나가며 다른 공장에서 일하는 사람들이 만든 물건을 봤는데 가짜 상표를 붙였던데요. 여긴 모조 제품을 만들기도 하는 곳이잖아요?"

지인은 김 대표를 바라보며 아무 말도 하지 못했다. 김 대표는 이번 중국 출장을 포기하고 한국으로 귀국해 버렸다.

그러던 어느 날.

"세금계산서 하나만 끊어주세요. 3,000만 원짜리로요. 품목은 캐릭터 라이선스로 해주시고요."

"네? 그게 무슨 말씀이세요?"

"김 대표님 회사에서 우리 회사 캐릭터를 라이선스해서 아이템에 적용했다는 걸 자료로 남겨달라고 말씀드리는 거예요."

"저희는 그런 적이 없는데요?"

"네, 알죠. 대신 저희는 김 대표님 회사 앞으로 패션아이템 매입 자료를 3,000만 원짜리로 끊어드릴 게요"

"그건 또 무슨 말씀이세요? 저희는 상품 드린 적이 없는데요?"

콘텐츠 라이선스 사업을 하는 R회사의 대표가 김 대표에게 허위로 매입세금계산서를 발행해 달라고 부탁했다. R회사는 코스닥 상장을 위해 연매출을 꾸준히 올려야 했다. 그런데 그 해에는 주주들에게 결산 보고할 만한 실적이 부족했던 모양이다.

매입매출을 거짓으로 작성한다는 것은 엄연히 위법이고, 범죄 행위다. R회사가 아무리 어렵다고 해도 그런 자료를 잘못 남겼다가는 김 대표 회사에도 두고두고 문제소지가 될 일이었다.

"죄송합니다만, 저는 사양하도록 하겠습니다."

R대표는 김 대표에게 단칼에 거절당하자 불쾌감을 감추지 못했다. 두 회사의 관계는 서먹해졌고, 얼마 지나지 않아 거래도 중단되게 되었다.

비즈니스에서 계약서는 세금계산서처럼 중요하다. 계약서에는 상품을 주고받는 구매계약서, 원고를 쓰고 받는 집필계약서, 일을 해주고 받는 근로계약서 등이 자세히 적혀있다. 모두 돈이 오고간다는 증거 자료가 된다. 법적으로는 구두계약도 효력을 인정받는다. 문서가 있건 없건 상호 약속하고 거래 조건을 정하기로 했다면 계약이 진행되었다고 인정한다는 의미다.

그런데 비즈니스를 하다보면 R회사처럼 중요한 계약서를 허위로 만들어 이용하자는 제안을 받는가 하면 자기가 직접 쓴 계약서조차 무시하며 억지를 부리는 악덕상인을 만나기도 하니 조심해야 한다.

V사는 국내 한 케이블 방송국과 협력하여 드라마를 제작하기로 했다. V사는 케이블 방송국으로부터 카메라 촬영비, 편성비만을 지원 받고 배우출연료, 녹음비용, 조명비용, 극본비용 등 촬영에 필요한 전반적인 비용을 부담했다. 대신 케이블 방송권을 제외한 모든 지적

재산권에 대해 권한을 갖기로 했다.

이들이 드라마 공동제작에 의기투합 했던 가장 큰 이유는 인터넷 UCC 인기로 온라인 시장이 활성화될 거라고 판단해서다. 서로의 이익계산도 잘 맞아떨어졌다. V사는 제작한 드라마를 국내뿐 아니라 해외 시장에도 공급하면서 드라마에 PPL(product placement)한 간접 광고 제품들을 수출할 수 있는 마케팅 수단으로 삼고자 했다. 그래서 시청자들이 보다 많이 참여할 수 있도록 드라마 방영 후에는 저작권 없이 공개하여 시청자가 원하는대로 드라마를 구성할 수 있는 이벤트 도 기획했다. 이런 새로운 시도가 케이블 방송업계 내에서 자사 방송 국의 영업력을 높여줄 거라 믿어 의심치 않았다.

V사는 본격적인 준비 과정에서 드라마 제작비를 분담하고 간접 광고를 통해 해외 시장에 진출할 제휴업체들을 섭외하기 시작했다. 배경이 되는 장소에서부터 가구, 가전, 배우들이 착용할 의상이나 액 세서리까지 필요한 게 한두 가지가 아니었다. 그래서 온라인 쇼핑몰 영업MD와 오픈마켓 셀러(seller:판매자)들, 인터넷 쇼핑몰 사업자들과 접촉하며 제품 준비에 나섰다. 이때 인터넷 쇼핑몰 관련 업체 M사에 서 의류업체 G사와 손잡고 드라마 콘텐츠 사업에 참여하겠다는 의사 를 밝혔다. V사는 M사와 G사가 합세하게 되면서 필요한 의상 준비 를 마쳤고 본격적으로 드라마를 제작하기에 이르렀다. V사가 M사와 G사 맺은 계약은 V사가 드라마를 제작하고 M과 G가 드라마에 노출 할 상품을 만들어 공급하는 조건이었고, V사가 M사와 G사가 해외 시장에 진출하는데 돕는다는 복안을 두었다.

드라마 제작은 무사히 마무리 되었고 V사가 중국 현지 숍 점주들과 만나려고 중국 출장 일정을 정했을 무렵이었다. 어찌된 일인지 M사와 G사 쪽에서 갑자기 일정을 미루는 것이다. V사로서는 어쩔 수 없이 중국 측 파트너사에게 스케줄을 조금 늦춰달라고 했다. 두 번째 스케줄을 정한 날에야 V사 대표는 M사와 G사 대표와 함께 중국에 도착했다. 현지 숍 점주와 미팅을 시켜주었고, M사와 G사가 만든 제품 샘플들을 중국 업체에게 제시하며 거래 상담이 이뤄지도록 통역 등의 협력을 했다. 그러나 이 상담은 한국 업체의 1차 약속 불이행으로 중국 업체들의 참여가 저조했다. 할 수 없이 차후 방문에는 정확하게 약속을 지킬 수 있도록 상호 협의를 하고, 일단 한국으로 귀국하여 2차 상담을 준비하기로 했다.

그런데 광저우 공항에 도착한 M사와 G사 대표는 갑자기 V사 대표에게 그동안 드라마 제작에 들어간 비용과 샘플 생산비용을 모두 책임져 달라고 하는 것이 아닌가! V사 대표는 단연코 안 된다고 못을 박았다. 이미 드라마가 만들어졌고, 자신은 해외진출에 협력하기로 한 약속도 잘 이행하고 있는데, 계약서까지 작성해 놓고 이제와 다른 이야기를 꺼내다니 이해할 수가 없었다. 하지만 그들은 그 후로도 연일 V사를 찾아와 자기들이 그동안 쓴 비용이라며 입증되지 않는 금액까지 책임지라고 억지를 부렸다. 계약서에 기재된 내용은 나 몰라라 하면서 그들이 문제 삼은 건 V사 대표의 영업계획에서 그들이 상상한 대로 왜 돈이 벌리지 않느냐는 억지였다.

V사 대표는 황당하다 못해 분노까지 느꼈다. 그는 그런 문제를

나에게 털어놓으며 그들이 갑자기 변심한 이유를 알겠느냐고 물었다.

"혹시 중국 가서 드라마 사업 말고 다른 걸 보여준 적 있어?"

"아니, 그럴 여유도 없었지."

"그게 아니라면 그 사람들 돈이 없다는 얘기네. 중국이나 해외 사업이란 게 성과물이 나오기까지 시간이 꽤 걸리거든. 드라마가 현지 방송국에 방영된다고 해도 그게 사업까지 연결되려면 또 다른 단계를 밟아가야 할 거 아니야? 그러려면 해외 상담을 다닐 비용이 충분해야 하는데 여유가 없다면 조바심 날거야. 어떻게든 피하려고 하겠지."

"그런 건 애초에 생각해 두고 시작해야 하는 거 아니었을까?"

"그러면 좋은데, 사실 돈이 없으면서 빨리 성과를 봐야 하는 사람들은 좋은 마케팅을 놓치고 싶어 하지 않거든. 성공의 발판으로 삼을 게 필요할 뿐이지. 그런데 사업을 하다보면 하나하나 제대로 밟아가기가 쉬운 게 아니니, 그 기다림을 견디지 못하는 거지. 그런 걸 다 염두에 두고 조심성 있게 준비했다면 그 사람들이 그렇게 실패해 왔을리도 없지 않겠어?"

V사 대표는 내 이야기를 듣고 깜짝 놀라는 눈치였다.

"그들이 어려운 상황이라는 거, 실패했던 사람들이란 건 어떻게 알았어? 말해주지 않은 거 같은데?"

"딱 보면 답이 나오는구먼, 뭘. 성공하는 사람들이 계약서 써놓고도 그거 아니라고 막무가내겠어? 그런 행동을 하니까 실패했고 어려워진 건데 그런 사람들은 자기 행동을 고칠 줄을 몰라. 또 반복하고 또 실수하고 하거든. V사 대표는 왜 그런 사람들을 만났어? 딱 보면 그림이 그려질 텐데?"

"이제 어떻게 하지? 시달림이 점점 선을 넘는데?"

나는 V사 대표의 얼굴을 보며 잠시 생각을 했다.

"혹시 사업 시작 전에 주고받은 이메일이나 서류 같은 거 보관해 놓은 거 있어?"

"응. 있지. 제휴업체들 모집할 때 공문 작성해서 보여 달라기에 내가 초안 잡아서 M사에 보냈던 것도 있어."

나는 V사 대표의 이야기를 들으며 순간 안도의 한숨을 쉬었다.

"자, 이제부터 내 말 잘 들어. M사 대표에게 보여줬던 그 공문은 이메일로 잘 보관해 두고 있지?"

"응."

"그럼 그걸 절대 지우지 말고 보관해. 그런데 그 공문 보고 M사에서 답장 없었어? 의견 달아서 보내왔을 텐데?"

"내 공문 보더니 아무래도 그런 큰 프로젝트는 처음 해본다며 자기 의견 추가해서 보내왔지."

나는 그 이야기를 듣는 순간 웃음이 나오는 걸 참을 수가 없었다. M사와 G사는 그들의 꾀에 그들이 넘어갈 상황이었다.

"M사 쪽에서 그런 의견까지 달아서 답장을 보냈다면 이제 걱정은 안 해도 돼. 그 이메일은 절대 지우지 말고 이제부터는 그런 사람들 말에 휘둘릴 필요 없어. M회사랑 G회사는 V회사와 하는 사업이 어떤 사업인지 다 알고 있던 거야. 그런데도 불구하고 중국에 다녀오

면서 앞으로 몇 번이나 더 다녀야할지 덜컥 겁이 났겠지. 외국어도 못
하고 시즌은 흘러가는데 똑같은 샘플 들고 다니다가 다음 시즌 샘플
만들어야 할 거고, 처음에 생각하던 것과 다르게 투자비용이 엄청 들
어간다는 걸 알고 놀랐을 거야."

"아."

"아무리 그렇다고 해도 투자를 같이 하던 상대방에게 억지를 부
리면 안 되는 거지. 다음에 또 찾아와 이상한 소리를 하거든 맞대응
하지 말고 차분하게 그 이메일 내용을 출력해서 그 사람들에게 보여
줘. 그리고 하고 싶은 대로 하라고 해. 자꾸 얘기를 들어주려고 하다
보면 지나치게 달라붙는 사람들이야. 절대 신경 쓰지 마. 상대도 하
지 말고."

사업을 하다보면 투자계약서를 써놓고도 갑자기 돌변해서 계약
을 물리려는 경우도 겪게 된다. 일례로 식당을 인수하려고 계약금으
로 몇 천만 원을 투자했다가도 잔금이 준비되지 않으면 계약금 돌려
달라고 떼를 쓰는 사람들이 있다. 회사를 창업한다며 사무실을 정해
놓고 가구 준비에, 인테리어 계약까지 해놓고도 잔금이 없거나 사무
실을 다른 곳에 내야할 경우가 생기면 계약업체에 가서 계약금을 돌
려달라고 억지를 부리는 사람들도 많다. 이제 인테리어 안 할 생각이
니 인테리어 업체에게 준 계약금을 돌려달라는 식이다.

마음이 약한 사업자라면 계약금도 돌려주고, 그들의 손해를 책
임져주려는 생각을 할 수도 있다. 그러나 그런 결과가 악순환의 고리

를 만들 수 있다는 것을 알아야 한다. '억지를 부리면 계약도 무시할 수 있다.'는 걸 체험한 악덕 상인은 다음에도 그런 행동을 하는데 서슴지 않을 것이기 때문이다. 어긋난 사례 하나가 다른 사업자들에게도 독이 된다는 사실을 인지해야 한다.

"거짓말을 하고 손해를 보게 만든 거래처에게 따졌다.
그러자 '누가 나 같은 사람이랑 거래하랬어?'라는 대답이 돌아왔다."

상인은 믿는 게 아니라 지켜보는 것

계약서를 함부로 쓰지 말라. 계약서도 때로는 믿을 수 없다. 사람은 무조건 믿지 말고 때로는 계약서도 믿지 말라. 사람은 믿는 게 아니라 지켜보는 것이다. 타인과의 약속이나 자신의 책임을 잘 지켜나가는 사람을 한 번에 알아볼 수는 없다. '나만 믿어'라든가 '나 못 믿어?'라거나 '사람이 믿고 해야지'라며 처음부터 '믿음'을 강요하는 사람들이 있다면 빨리 그 사람에게서 도망쳐라. 그들은 당신을 속이려는 빌미를 그 '믿음'에 싣고 있는 것이다.

계약서를 쓰는 이유는 당신이 약속을 하고 그걸 지키겠다는 표현이다. 당신이 약속을 잘 지켰다면 나머지의 약속은 상대가 지켜야 하는 것이다. 서로가 약속을 잘 지키면 거래는 지속될 것이고, 어느 한 쪽이라도 약속을 어기게 되면 거래는 곧 끝나게 된다. 그래서 계약서를 쓴다는 건 지켜볼 사람인지 아닌지 구분하게 해주는 매개체 역할을 하기도 한다.

그러나 상대의 계약 불이행으로 당신의 사업에 큰 문제가 생길

324

수도 있으니, 그에 대한 책임이나 손해배상을 어떻게 할 것인지에 대한 사항도 계약서에 명시해야 한다. 또 계약서를 작성할 때 '이행공증'을 받아두는 것도 도움이 된다. '이행공증'이란 내가 한 약속을 지키겠다는 약속을 변호사에게 재확인 받는 것으로, 계약대로 이행하지 않으면 부담해야 할 조건을 책임지겠다는 내용을 문서화하는 것이다.

때로는 나 자신도 믿으면 안 된다. 사람의 마음은 간사해서 항상 유혹에 빠지고 넘어질 수 있다. 그러므로 나 자신도 지켜봐야 하는 것이다. 사람들에게 기대하지 말고 본인 스스로 약속을 지키고자 노력해야 한다. 사람들이 당신을 '믿을 만한 사람'이라고 평가하기 시작하면 당신은 어떤 사업을 하던 무사통과가 될 것이다. 사람의 믿음은 중요하지만 상인의 믿음은 중요한 정도를 넘어 상인을 죽이고 살리는 '생명'과 같기 때문이다.

중국인들은 '까오리펑'이라고
한국인을 싫어한다?

까오리펑(高麗棒)은 '고려 몽둥이'라는 뜻이다. 이 말은 현재의 헤이룽장, 무단장, 하얼빈 부근의 러시아인과 한족, 고려인들이 경계를 맞대고 살아가는 지역에서 시작되었다고 한다.

하루는 고려인들이 인근 강에서 물고기를 잡아 집으로 가져오는데 근처 한족들이 다가와서 물고기를 빼앗으려고 싸움을 걸어왔지만 고려인들이 쉽게 이겼다고 한다. 그날 밤, 한족들이 우르르 떼를 지어 고려인 주거지를 습격해왔는데 마침 고려인들도 낮에 한족들과의 이야기를 듣고 대비하고 있어서 한족들이 침입한 소리가 들리자마자 뛰쳐나가 맞서 싸웠다고 한다.

이때 고려인들이 든 무기가 몽둥이였다. 매번 고려인들을 공격할 때마다 고려인들에게 흠씬 두들겨 맞고 당하기만 한 한족들은 고려인을 '까오리펑'이라고 불렀다고 한다. 까오리펑은 한국인들을 무시하는 용어가 아니라 무서워하는 의미로 탄생한 용어이다.

이야기를 덧붙이자면, 그곳엔 러시아인과 한족, 고려인들이 매번 사사건건 대결을 하는 상황이 지속되었는데, 러시아인들도 고려인들에겐 당하지 못했다고 한다. 그래서 그 지역에선 고려인들이 지배하고 힘을 세운 곳이 되었다는 것이다.

그리고 중국에는 한족을 포함하여 55개의 민족들이 있다. 이들 가운데 한국인(고려인)을 싫어하는 사람들이 없진 않겠지만 다수는 아니라는 점, 중국사람이라고 해도 다 같은 중국인이 아니고 그들 가운데에도 착한 사람, 나쁜 사람이 있다는 점을 아는 게 중요하다고 하겠다.

중국인들이 알려주는 중국인에 대해 전하자면 이렇다.

만약 어떤 중국인이 당신을 괴롭힌다면 그 중국인보다 더 강한 힘을 보여주며 반박하라고 한다. 중국인들은 자기보다 약한 상대라고 생각되면 무시하는 경향이 있으니, 절대로 약하게 보이지 말라는 조언을 했다.

중국인들은 하나의 나라에서 살아가지만 서로 다른 민족에 대해 이질감을 갖고 있으며 무시하는 경향이 있다. 가령, 다수가 한족이라면 상대적으로 수가 적은 소수민족을 무시한다는 것이다. 그래서 중국에서 사업을 할 때는 그 중국인이 싫어하는 민족을 데려오는 걸 삼가야 한다. 당신이 한족과 사업하는데 다른 소수민족을 끼어주려고 한다면 '이익을 위한 게 아닌 이상' 한족으로부터 배척당할 수 있다.

또한 중국에서는 누군가의 체면을 깎아내리는 말을 해선 안 된다. 중국인의 체면은 때로 목숨과도 바꿀 만큼 중요한 거라서 체면이 손상되었다고 판단되면 그 중국인이 앙갚음을 하려고 할 수도 있다. '나(가족, 친구, 지인)를 무시해?'처럼 손상된 체면에 대한 앙갚음은 대를 이어 후손들에게 전해지고 '상대보다 힘이 더 커질 때를 기다리며' 언젠간 반드시 복수를 하겠다고 생각하기 때문에 특히 조심해야 한다. 만에 하나라도 이런 상황이 발생하면 방법은 딱 하나 '항상 힘이 강한 상태'를 유지해야 한다는 것이다.

반면에 중국인과 진정한 형제관계를 맺는데 성공했다면 중국인은 가족처럼, 가족보다 더 크게 나를 도와주려고 할 것이다. 그러니 필요한 게 있으면 도움을 청해도 괜찮다. 그 중국인은 대를 이어가며 도울 일은 도울 것이다. 단, 여기서 중요한 건 '진정한 형제관계'이고, 가짜로 상대를 속이는 형제관계가 아님을 명심해야 한다.

어느 중국인의 아이 키우는 법

●

●

⊕

"중국 어느 지역에서는 아이가 9살이 되면 지방에 있는 친척에게 보내요. 아이에게는 내려갈 차비와 표, 새 운동화 한 켤레를 쥐어 보냅니다. 기차역으로 친척이 나와서 아이를 맞이하죠. 그런데 그 아이가 집으로 돌아오려면 어떻게 해야 되는지 아세요? 가져간 그 새 운동화를 팔아서 집으로 돌아올 차비를 마련해야 합니다. 이게 중국인이 아이에게 경제관념을 가르치는 방법이에요."

중국 나이 9살이면 한국 나이로 10살이다. 한국에서는 선행학습이다 뭐다 해서 학교와 학원으로 돌리는 것이 일반적인데 중국인은 자신의 아이가 홀로 설 수 있도록 돈에 대해 가르쳐주는 게 아닌가? 물론 모든 중국인이 그러는 게 아니고 한국에서도 모든 한국인 부모가 그러는 게 아니겠지만 말이다.

원조우에서 온 상인과 미팅을 하던 내게 중국인이 들려준 이야기는 사뭇 색다른 생각을 갖게 했다. 원조우 지역은 중국 정부로부터

지원을 받지 못하고 가진 자원도 없어서 자생력을 갖추기엔 조건이 충분하지 못했던 낙후된 지역이었다. 그런 원조우가 지금은 주어진 환경에서 살아남는 방법을 찾아 끈질긴 생명력을 유지하고 있다. 현재는 중국의 유태인으로 불리는 부유한 지역이 되었다.

중국에서 아이를 키우는 방법에 대해 들은 그 날 오후, 나는 한국에서 자신의 아이디어를 모 기업 회장에게 제안하고 30분 만에 무려 30억 원을 투자받은 사람의 이야기가 떠올랐다.

어느 날, 모 그룹 회장으로부터 다음 날 아침 7시까지 회장실로 와줄 수 있느냐는 연락을 받았다. 사업투자 결정을 해야 하는데 패션 분야이다 보니 나보고 자기 곁에서 이야기를 듣고 조언을 해달라고 했다.

다음 날 아침, 회장은 투자 제안을 하러 온 남자에게 나를 자신의 조카로 소개했다. 남자는 회장과 내 앞에서 노트북을 펼쳐들더니 엑셀로 작성한 문서 하나를 띄웠다. 기본적인 사업 설명은 5분 만에 끝났다. 그는 다시 엑셀문서를 보여주며 투자자금 대비 몇 개월 후, 몇 년 후 원금을 보전하고 얼마의 이익이 나는지를 마우스 포인트로 콕콕 집어가며 설명했다. 엑셀문서에 적힌 숫자들이 파란색에서 빨간색으로 주식전광판 바뀌듯 흘러갔다. 그의 사업설명은 그렇게 깔끔 명료하게 끝이 났다. 시간은 채 30분을 넘기지 않았다. 회장은 나와 한 마디 상의도 없이 뭔가에 홀린 듯 남자를 보며 물었다.

"초기 투자는 30억이면 되겠는가?"

아침 일찍 와 달라고 해서 아침식사도 거른 채 달려 와주었는데 회장은 옆에 내가 앉아있는 사실도 잊어버린 것 같았다. 결국 한 마디도 못하고 미팅은 끝이 나버렸고, 나는 살짝 속이 쓰린 상태로 돌아와야 했다.

그 날 아침 내가 유난히 속이 쓰렸던 이유는 식사를 거른 사실 때문만은 아니었다. 그 사람이 내 눈 앞에서 30억 원을 투자받는 상황을 봐서도 아니었다. 그가 아는 일을 내가 몰랐다는 점 때문이었다. 그는 자기 사업을 간략히 설명할 뿐 중요한 노출을 자제했고, 투자자의 초점에 맞춰 얼마의 돈을 투자했을 때 얼마의 수익이 생기는 지 보여줬을 뿐이었다. 그는 투자 받기의 고수였다.

나는 어린 시절 창업을 했던 기억이 떠올랐다.

"여보세요? 처음 인사드립니다. 제 회사에 투자하세요! 후회 안 하실 겁니다."

내가 처음 사업을 개시한 날, 누군가와의 첫 통화에 내가 했던 말이다. 사업자등록 주소지는 살고 있던 집으로 하고, 내 방을 사무실로 삼았다. 집주인인 부모님이 내게 사무실을 임대해준 것이니 임대차 계약서를 작성해야 했다. 당시 세무서 직원은 내가 내민 서류를 보더니 '신기하다'는 표정으로 나를 다시 쳐다봤다. 그때만 하더라도 자기가 먹고 자는 집에 사업자등록을 하는 사람은 없었다. 최소한 임대 사무실이라도 얻거나 그것도 아니라면 누군가의 사무실에서 책상 하나라도 얻어 그곳을 근거지로 사업자등록을 하는 게 대부분이었다.

하지만 나는 그럴 여력도 없었다.

사무실이 된 내 방엔 책상 위에 놓인 전화기 한 대와 컴퓨터 한 대가 전부였고, 그 외 휴대폰 하나를 손에 쥔 게 다였다. 나를 제외한 다른 직원이 없었기 때문에 외출시를 대비해 전화는 착신전화 서비스를 이용했다. 그렇게 한 달에 8만원을 주고 여비서를 채용한 셈이 됐다. (착신전화로 연결되는 ARS 음성이 여성의 목소리다.) 컴퓨터는 인터넷만 연결하면 팩시밀리 역할도 해줘서 유용했다.

한참을 고개를 갸웃거리던 직원이 도장을 찍더니 신청서를 접수했고 곧바로 사업자등록번호가 찍힌 서류 한 장을 내주었다. 집에서 의류무역업을 한다는 내 계획이 엉뚱하다는 느낌이었나 보다. 창고도 없고 생산시설도 없으면서 집에서, 그것도 자기방에서 어떻게 의류무역을 한다는 것인지 이해가 힘들었던 얼굴이었다. 세무서 직원은 내 앞에 사업자등록증을 내밀었다. 당신이 사장이라는 자격증을 받는 순간이었다. '105-XX-XXXXX'. 난 드디어 자본금 10만 원에 어엿한 회사를 가진 대표가 되었다. 그런데 사무실 착신전화 서비스 비용과 명함 파는 비용 2만 원을 뺏더니 남은 돈이 없었다. 돈이 없는 건 어떻게 할 수 없었다. 그나마 잘했다고 생각한 건 내가 쓰던 휴대폰 요금과 사무실 임대 전화번호, 전기료를 사업자로 변경해둔 일이었다. 휴대폰 이용료로 한 달에 5만원을 쓴다면 5천원 부가세를 환급받을 수 있었다.

사업을 시작한 첫날, 뭔가 일을 해야 했지만 사실 거래처도 없고 돈도 없고, 만나볼 사람도 없었다. 그야말로 백지 같은 시작이었다.

그나마 나는 최소한 다음 달 휴대폰 요금 결제일이 오기 전까지, 그리고 요금을 밀리지만 않으면 앞으로 몇 달은 맘껏 전화를 걸 수 있는 자유가 있었다. 나는 그 자유를 온전히 써보기로 했다.

인터넷을 뒤져 패션 업종 회사를 골랐다. 그 중에서도 프로모션 업체들을 찾아봤다. OEM생산을 주로 하는 업체들이어야만 '남는 일'이라도 내게 줄 수 있을 것 같았다. 프로모션 업체에 대해서는 짧지 않은 직장경험에서 '바쁘다'는 걸 알 수 있었다. 거래처들로부터 오더(Order) 지시를 받느라 매일매일 야근하는 그들의 일상을 알고 있었기에 내게 필요한 일을 줄 수 있을 것이라고 여겼다. 그런데 그런 곳에 전화를 걸어서 뭐라고 하면 좋을까?

'남는 일 있으면 하나만 주세요.' 이건 아닌 것 같았다. 마치 거지 동냥처럼 식은 밥이라도 있으면 한 주걱만 달라고 하는 걸로 들리지 않는가? 조금 더 당당하게, 멋지게 할 말이 없을까? 사업자번호도 나온 첫 날인데 사업가다운 말이 필요했다. 그래서 생각해낸 말이 '투자'였다.

일을 달라고 할 것이 아니라 투자를 하라고 하는 것이다. 투자자 겸 거래처 겸 자금 겸 뭐라도 될 수 있는 투자가 좋을 것 같았다. 사업자번호가 나온 첫 날부터 '투자자'를 찾기 시작했다. 사업자번호를 받은 날 기념으로 뭔가 건수(?) 하나를 만들고 싶었다. 뭐라도 좋았다. 기념비적인 뭔가를 만들고 싶었다.

문득 지난날 생각이 났다. 9살 무렵, 동네 친구 집 옆 골목에 앉아 '골목 만화방'이라며 사과궤짝에 내가 가진 만화책들을 죽 늘어놓고 찾아오는 아이들에게 돈을 받았다. 나는 9살 때 첫 사업을 한 셈이다. 문방구에서 150원을 주고 분필 한 통을 산 뒤에 미리 불러둔 동네 꼬마들에게 형형색색의 분필을 반 꺾어서 하나씩 나눠주고 동네 벽마다 화살표를 그려 동네만화방이라고 표시하고 다니라고 했다. 어른들이 혼내면 내가 책임진다고 하며.

내가 벌인 첫 사업의 첫 날 수익은 3,000원. 당시 동네 만화방에서 100원이면 만화 책 한 권을 보았는데, 나는 만화책 3권에 100원을 받고 보여줬었다. 첫날치곤 꽤 짭짤한 수익이었다. 문제는 다음 날이었다. 다른 동네만화방 아줌마의 신고(?)로 나는 골목 안으로 들어서는 어딘가 낯익은 아줌마를 만나게 되었다. 그리고 집으로 끌려가서 사과 나무궤짝에서 뜯은 나무판으로 흠씬 두들겨 맞은 후 발가벗겨 내쫓길 위험에 빠질 뻔 했다. 집안 망신이라며 당장 나가라는 그 아줌마(어머니)의 호령에도 내가 걱정한 건 옷이었다. 나가더라도 발가벗고는 못나가니 옷을 주면 나갈 생각이었다. 하지만 다행히도 그 날 나는 쫓겨나지 않았고 다음 날 동네 아이들을 다시 불러 모아 "아줌마, 이 아이들 먹고 싶은 대로 튀김 주세요. 내가 살게요"라며 나의 하루뿐인 직원들을 위한 튀김회식을 열어준 기억이 있다.

지금 생각해 보면 중국인 부자는 9살 아이에게 돈을 주며 경제 관념을 가르치는데 한국의 저 아주머니는 아들에게 매를 선사하다니 이건 불공평하다고 느낄만 하지 않은가?

중고등학교 때는 선도부 생활을 하면서 일일찻집이나 일일나이트를 운영해 보기도 했고, 대학교에 가선 일본을 오가며 일명 보따리무역이라고 하는 구매대행도 하면서 장사 경험을 쌓아오지 않았던가? 따지고 보니 나는 그 당시 기준으로 10년 넘는 경력을 가진 사업가였다. '투자'를 받을 이유가 충분했다. 투자자가 내 경력을 물어보면 이야기해 줄 '건더기'가 있었다고나 할까? 그래도 처음 인사말을 정하기가 수월하지 않았다.

"잘 나갈 사업가에게 투자하세요. 최소한 망할 일 없는 사업가에게 투자하세요?"

사실 일이 없으니 망할 수가 없는 상태란 말이 현실적으로 맞는 말이었다. 그렇지만 앞뒤를 붙이지 않고 그냥 '투자하세요'라고 하는 게 더 나을 것 같았다.

첫 번째 전화벨이 울렸다. 그런데 3번 벨이 울리더니 팩스로 넘어가는 전자음이 귀에 요란하게 퍼질 뿐이었다. 두 번째 전화는 어느 여자가 받았는데 내가 하는 이야기가 무슨 이야긴지 모르겠다며 그냥 끊었다. 세 번째 전화를 걸었다. 이번엔 방식을 조금 바꿨다. 전화 받는 사람에게 대뜸 '사장님'이나 '마케팅 또는 영업 담당하는 이사님'을 바꿔달라고 했다. 그러자 전화를 받는 여직원이 내게 누구냐고 물었다. 뭐라고 할까? 살짝 고민했지만 당당하게 대답했다.

"○○○회사 대표입니다."

그러자 잠시만 기다리라며 전화가 돌아갔다. 곧 마케팅 담당 이사라는 남자의 목소리가 들렸고, 난 그에게 다짜고짜 '패션브랜드 사업을 하는 ○○○회사 대표입니다. 제게 투자하세요!'라고 말했다. 그러자 상대방은 웃음을 터뜨렸다. 그러면서 도대체 어떤 패션사업을 하는지 이야기나 들어보자며 일단 자기네 회사로 와보라고 했다. 드디어 내게도 첫 번째 업무 상담이 생기는 순간이었다. 나는 부랴부랴 지하철을 타고 버스를 갈아타며 그 회사를 찾아 갔다.

그렇게 첫 통화의 인연으로 당시 증권거래소에 상장된 대기업인 세이브존의 PB브랜드 온라인 마케팅을 맡게 되는 쾌거를 거두게 되었다. 기대 이상의 성과였다. 그리고 패션디자이너 빅터리로 활동하게 된 역사적인 첫 걸음이기도 했다. 나는 지금까지도 그 남자와 만남을 이어오고 있다.

당신이 지금 다니는 회사에서 사장의 판단이 항상 옳았다면 당신은 그 회사에 불만이 없을 것이다. 회사는 매년 성장했을 것이고 당신은 월급이 오르고 주요 임원 자리로 승진했을 게 분명하다. 그런데 당신의 회사가 매년 어려워지고 급여가 제 때 나오지 않는다면? 당신이 이직을 생각해야 할 지경에 이르렀다면 회사의 사장을 살펴보자. 회사 사장은 아마도 답을 찾기보다 질문을 찾고, 성공하려 노력하지 않으면서 무조건 안 되는 이유만 찾는 중이었을 게 분명하다. 당신이 그런 사장을 해고해야 한다.

사장은 직원들의 영양분을 빼앗으며 자라는 회사의 기생충이면 안 된다. 사장은 태양에서 영양분을 받아 스스로 자라나야 하는 존재다. 뿌리는 어디에 내려도 된다. 중요한 건 가지와 줄기다. 당신이 사장이 될 차례다. 당신이 스스로 자라나야 하는 순간이다.

아이디어가 투자로 이어져 '스타트 업(START-UP)'을 하기까지 어떻게 해야 하는지 나의 경험담을 위주로 풀어나가도록 하겠다.

그 전에 꼭 한 가지 당부할 것이 있다. 당신이 사업을 하겠다고 마음먹었다면 아이디를 떠나 당신이 가장 잘 알고, 가장 잘 할 수 있는 일부터 시작하라는 것이다. 잘 할 수 없는 일이라면 아무리 좋은 아이디어를 가지고 있어도 실패한다.

한때 내가 장사를 준비하며 무엇을 팔 것인가를 여러 가지로 고민하던 시절이 있었다. 다음은 그 때 구상했던 아이디어들의 일부분이다.

도시 도로변 보도블록과 시멘트 벽 틈 사이에 힘겹게 비집고 솟아나와 태양빛을 받으며 살아가는 잡초를 팔고 싶었다. 힘든 삶 속에서도 포기하지 말고 견디고 이겨내라는 스토리를 써서 작은 화분에 잡초를 담아 쇼핑몰에서 팔면 어떨까란 생각을 했다. 길거리 잡초는 자본 없이도 얼마든지 구할 수 있지 않은가? 길거리 잡초를 캐서 작은 화분에 옮겨 담고 거기에 현장 사진을 캐기 전후로 나누어 2장 찍은 것을 곁들이면 그럴듯할 것 같았다.

또 아파트 베란다에 걸어두는 '베란다농장(SkyFarm)'을 구상하기도 했다. 보통 아파트 베란다 텃밭은 상추나 고추, 방울토마토 모종을 심은 화분들을 바닥에 나란히 모아놓고 기르는 형태가 대부분이다. 그만큼 공간이 좁아지게 된다. 그러나 화분을 걸거나 고정해서 공중에 띄울 수 있다면(벽걸이형 화분) 더 많은 화분을 들일 수도 있고, 다른 공간활용을 할 수도 있겠다는 생각이 들었다.

아이들이 뛰어놀 건강한 흙을 팔고 싶다는 생각도 했다. 아이가 있는 가정으로 아파트에 살아가며 아이가 흙을 밟을 기회가 없다고 생각하는 부모들을 위해 고안해본 상품이었다. 대부분의 가정에선 말랑말랑한 바닥재를 거실 바닥에 깔아두고 아이가 그 위에서 놀게 하는데 그 대신 좋은 흙을 담은 바닥재를 만들어서 바닥에 깔고 아이가 그 위에서 놀게 하면 조금 더 건강한 상품이 아닐까 궁리했던 것이다.

잘 팔릴까?

혼자만의 생각으로는 훌륭하다고 생각할 수 있는 아이디어이지만 실제 소비자들 입장에서 호감을 가질지는 정확하지 않았다. 누구에겐 좋은 상품이란 생각이 들 것이고 누구에겐 그게 뭐냐고 핀잔을 받을 수 있는 상품들이었다. 그래서 새로운 아이디어로 상품을 만든다는 것은 위험성이 있다. 더구나 내가 그 일을 잘 할 수 있는 실력을 갖추었느냐를 뒤돌아보니 전혀 아니었다.

아마도 위에서 생각했던 상품들 중에 하나라도 진짜 만들어서 투자받으러 다녔다면 내가 들을 이야기는 뻔했다. 상대가 일본인이라면 '어렵다'고 했을 것이고, 중국인이라면 '기다려라'고 했을 것이다. 미국인은 '노(NO)'라고 말할 거고, 한국인들은 '생각해 보자'고 할 게 분명했다. 표현만 다르고 단어만 다르지 모두 '거절'한다는 의미는 같다.

상대방이 대답을 늦추거나 투자 여부를 결정하는데 생각할 시간을 필요로 한다는 건 99% 거절의 표시다. 행여나 하는 마음은 접어 두는 게 좋다.

'실패한 아이템은 없다. 오직 실패한 사람만 있다'는 말이 있는 것처럼 실패했다면 다른 것이 아닌 사업자의 재능 문제는 아니었는지부터 뒤돌아봐야 할 것이다.

당신의 아이디어는 안녕한가?

기막힌 아이디어가 생각난 당신은 잘만 하면 근사한 사업을 할수 있겠다고 여겼다. 그래서 자본도 인력도 없는 당신은 아이디어를 필요로 하는 기업에 제안서를 보내게 된다. 마침 제안서를 받은 기업은 아이디어 빼놓고 모든 게 다 갖춰진 상태였다. 게다가 기업 입장에서 실제 당신의 아이디어는 가능성이 큰 획기적인 것이었다. 그런데 기업에선 끝내 당신에게 아무런 답을 주지 않는다.

당신은 나중에야 자신이 큰 실수를 했다는 것을 깨닫게 된다. 너무도 열정이 넘친 나머지 자신의 아이디어 전부를 노출하고 만 것이다. 당신이 아닌 제안서만 챙긴 그 기업은 덕분에 성업하게 됐지만, 당신은 여전히 가난한 사업가 신세다.

아무리 어렵더라도 도움을 청하지 말라. 진정으로 도움을 부탁할 사람이 있다면 그 사람에게 어울리는 돈벌이 정보를 흘려라. 그 사람이 스스로 찾아와 돈을 벌게 해달라며 당신을 도울 것이다.

그렇다고 아이디어를 갖고만 있는 건 비경제적일 수 있다. 아이디어는 묵은지가 아니다. 묵히지 말고 그릇에라도 담아 책상 위에 올려야 한다. 아이디어가 살아 숨 쉬어야 한다. 당신의 힘만으로는 도저히 펼칠 수 없는 아이디어라면 조력자를 찾는 것이 맞다.

그렇다면 아이디어가 필요한 기업은 어떻게 찾으면 좋을까? 인터넷 포털사이트에서 검색해본다? 자료집이나 관련 도서를 찾아본다? 모두 아니다. 가장 효과적인 방법은 '취업사이트'를 검색해 보는 것이다. 사업을 할 건데 왜 취업사이트를 검색하느냐고? 취업사이트에서 채용공고를 내고 사람을 구한다는 것은 회사에 일이 많다는 것을 증명하는 것과 같다. (물론 그 중에는 악덕기업도 있을 수 있으니 주의해야 한다.) 당신이 하는 일에 속하는 부서 또는 당신의 아이디어를 해낼 수 있는 부서의 직원을 채용하는 회사라면 거기에선 당신이 필요한 인재일 수도 있다. 패션 디자인을 기획했다면 디자이너를 구인하는 패션업체에 제안한다. 출판사를 시작했다면 사보가 필요할 만한 곳을 찾아서 제안하고, 캐릭터를 디자인했다면 문구회사, 홈패션 회사처럼 트렌드에 따라 패턴을 만들어야 하는 곳을 공략한다.

그러나 그런 과정에서 해당 회사에 이력서나 자기소개서를 이메일로 접수하는 어리석은 짓은 하지 말자. 이력서만으로는 당신의 가능성을 보여줄 수 없다. 그 회사 직원들이 다른 수많은 입사 지원서들과 함께 당신의 이력서도 삭제해 버릴 가능성이 크며 사장은 당신의 존재조차 모를 수 있다.

어떤 기업에 취업하고 싶다면 자신의 이력서를 바로 내지 말고,

자신의 이력서를 '사업계획서'나 '사업제안서'에 담아 제출하라. 물론 당신의 아이디어가 들어간 중요한 문서를 남길 때는 당신이 작성했다는 근거를 남기는 것이 중요하다. (이메일로 문서를 보낼 땐 '내게 쓰기'해서 보관 먼저 해두는 게 필수다.)

그 기업은 당신의 그 제안이 마음에 드는데 채용계획이 없다면 새로운 부서를 만들어서라도 당신을 채용하거나 계약이라도 해서 책임자로 앉힐 것이고, 마음에 들지 않는다면 당신에게 수정안을 내라고 할 것이다. 어느 결과라도 당신에게 이익이다.

왜 그러냐고? 어떻게 그럴 수 있냐고? 기업은 이익추구를 목적으로 하는 집단이다. 당신이 이력서를 제출하면 채용담당자에게 전달될 뿐이고 그 사람은 당신의 이력서를 받아보고 마음에 안 들면 언제든지 버릴 수 있다. 하지만 사업제안서를 내면 그 사업제안서를 받은 어떤 직원일지라도 반드시 그 회사의 대표이사나 책임자에게 보고 되어야 하는 의무를 부여받는다. 당신의 이력서와 당신이 그 회사에 들어가 이룰 이익이 표현된 서류, 당신은 이력서를 사업제안서로 명칭만 바꿔 제출했을 뿐이지만 그 영향력은 차원이 다르다. 당신에게 기회가 더 생긴다는 이야기다. 어찌 되었건 최소한 그 회사 사장이나 임원이 당신을 알게 되는 계기는 마련하게 되지 않을까? 운이 좋으면 그들과 거래 계약을 한다거나 실제 그 회사에 프로젝트 책임자로 취업할 수도 있다.

그런데 진짜 당신이 운이 없다면 소중한 아이디어를 그 회사에 빼앗기고 말 것이고 당신은 그 날 저녁 쓴 소주를 들이키며 '믿었는데 그럴 수가?라고 훌쩍일 수 있다. 더 이상 그런 핑계는 대지 말라. 당신의 아이디어는 당신 것이 아니었을 수 있다. 당신만이 할 수 있는 아이디어를 내야 하는데 정작 당신은 누구나 할 수 있는 아이디어를 생각해냈을 게 분명하다. 그렇다면 그건 당신의 아이디어라고 볼 수도 없다.

자, 그럼 이제 진짜로 당신만 할 수 있는 아이디어가 떠올랐다. 투자를 받아서 제품을 만들고 부자가 되고 싶다 어떻게 해야 할까? 조력자 역할을 해줄 회사를 찾아 준비한 제안서를 보내고 나서 직접 전화를 돌린다. 그리고 사업제안 이야기를 하고 당신을 책임자로 앉혀주거나 거래처가 되어달라고 하라.

단, 수박은 껍질만 돌려도 알아본다는 사실을 잊지 말자. 날고 기는 상인들은 어느 날 당신이 던져준 아이디어 중에서 '껍질'만 보고도 그게 수박인지 호박인지 안다. 그걸 모르겠다며 더 보내달라고 하는 사람은 도둑이거나 바보, 둘 중에 하나다. 물론 도둑과 바보하고는 거래하는 게 아니다. 당신의 아이디어의 껍질만 돌려보고 그걸 물거나 낚아채려는 반응이 오면 그 회사를 만나라는 이야기다.

상담 자리에서도 마찬가지다. 절대 함부로 천기누설을 해서는 안 된다. 아이디어의 사업 가능성만 노출하더라도 상대는 충분히 호감을 갖게 될 것이다.

아이디에도 품질이 있다. 물론 아이디어만 있다고 해서 누구나 다 투자를 받고 사업을 시작할 수 있는 것은 아니다. 아이디어에도 품질이 있다.

의류 사업을 하는 백씨는 1년 내내 팔릴 만한 아이템이 뭘까 생각하다가 청바지가 꾸준히 잘 팔린다는 생각을 하게 됐다. 그래서 친구와 함께 공장을 세워 청바지를 만들었는데 겨울 시즌을 준비하면서 누빈 청바지를 기획해서 대량 만들게 되었다. 청바지 원단 사이에 솜을 넣고 마름모꼴 모양으로 누빈 청바지였다.

"저희가 이거 개발하느라 돈도 다 쓰고 재고도 많고, 이거 어디에 팔면 될까요?"

그걸 들고 나를 찾아온 그들에게 나는 답해줄 게 없었다. 솜 넣은 누빔 원단 청바지를 누가 살까? 한눈에 보기에도 투박한 디자인에, 추운 겨울 공사장 아저씨들에게 팔릴지 모른다는 생각만 해볼 뿐이었다. 물론 나중에 생각지도 못한 다른 판로가 생길 수도 있는 일이지만 당장 기존의 의류 시장에서는 환영받지 못할 게 분명해 보였다.

"자금이 부족한 사업은 없다. 실력이 부족한 상인만 있을 뿐이다.
당신이 100만 원을 가졌다면 70만 원은 저축하고 30만 원만으로 사업
을 하라. 그러다가 30만원을 다 쓰고도 사업을 성공 못했다면 당장 때려
치우고 직장을 잡아라.
70만원은 이때부터 생활비가 되어줄 것이다.
당신이 사업에 적성이 있었다면 30만원으로도 충분한 사업부터 시작했
을 게 분명하다."

'최고의 상인'은 모든 가능성에 도전할 줄 아는 상인이다

상인의 가장 큰 덕목은 시간 약속을 지키는 것이다. 당신이 하청
공장에 임가공 생산을 주문했을 때 공장에서 샘플을 제때 올리지 못
하고 1차, 2차로 나눠서 보내겠다고 한다면 당신은 차후 그 공장과 거
래 중단을 하는 것이 옳다. 그런 일을 눈감아주게 된다면 다시 그런
일들이 반복되어 당신은 복수거래, 생산지연, 자금 악순환 등의 어려
움으로 파산할지 모른다.

그리고 공장에서 샘플을 스타일만 보고 엉성하게 만들어놓고,
실제 주문 들어오면 제대로 예쁘게 만들겠다고 할 경우에도 거래 중
단을 알려야 한다. 샘플을 못 만드는 업체는 실제 제품을 더더욱 못

만든다. 이를 지나쳤다면 나중에 이를 문제 삼고자 해도 공장에선 샘플도 오케이 했는데 그냥 넘어가자며 구실을 삼으려 할 것이다.

계약서에 명시한 시기에 계약금이 들어오지 않는 것도 유의해야 한다. 계약금 없이 계약이 성립될 수는 없다. 어영부영 넘어가다가는 법적으로 보호도 받을 수 없게 된다. 바로 거래중단을 통보하라.

신제품 아이디어, 사업 아이디어, 샘플 디자인 등이 상대방에게 넘어가는 일이 비일비재하게 생긴다? 수상하다면 거래 중단을 통보해 보라. 상대가 거래할 마음이 있다면 당신에게 달라붙을 것이고, 아니라면 OK할 것이다. 그러므로 어떤 업체와도 반드시 거래하겠다는 집착은 되도록 하지 않는 것이 좋다.

만약 당신의 진정성을 외면하는 업체가 있다면 그 사람은 신뢰 있는 업체를 잃은 것이고, 당신은 위험한 회사를 피한 것이니 당신이 이긴 셈이다. 그리고 당신의 사업과 상품에 대해 실망하지 말라. 당신의 사업 아이템은 실패하지 않는다. 물건은 무조건 팔린다. 값이 싸서 팔리고, 새로 나와서 팔리고, 용도가 변경되어도 팔린다.

무더운 나라 베트남에서도 전기히터가 팔린다. 밤이 추워서란다. 중국 광둥성에서도 오리털 파카가 팔린다. 여름에 40도를 육박하는 온도가 겨울엔 18도 후반이 되는데 그게 추워서 파카를 사 입는다. 여성용 몸매 보정 속옷이 머리에 쓰는 두건으로 팔리기도 한다. 상품은 무조건 팔리게 되어 있다. 당신은 어떤 상품이 있을 때 그걸 어떻게 사용하는 것인지 사람들에게 납득만 시켜주면 된다. 사람들은 필요하다고 생각하면 반드시 지갑을 열게 되어 있다.

"당신의 '헌책'도 누군가에겐 '상품'이 된다. 라면냄비 받침으로도 쓰고, 테이블 다리 수평 고정대로도 쓰며, 종이를 찢어 물에 불려서 탈을 만들 수도 있다. 헌책방에 팔 수 있으며, 폐품으로 기증할 수도 있고, 책꽂이에 진열해 둘 수도 있으며 애완동물 장난감이 될 수도 있다. 상품은 원래 의도했던 용도와 달리 쓰여도 상관없다. 기억하라! 옷을 만들려고 수입했던 원단이 안 팔려서 수건으로라도 팔 수 있을까 고민하던 차에 전 국민이 애용하는 '때밀이 타월'을 만들어내게 된 사연은 남의 이야기가 아니다."

장사를 하려면 '유비'처럼 팔아야 한다. 소비자가 원할 만한 상품을 앞에 두고도 어떻게 팔지 우유부단한 모습을 보여주면 소비자들이 알아서 이야기하고 가져간다. 상인과 소비자의 심리 대결에서 이겼다고 볼 수 있다.

소비자는 편하게 받으려고 하고 상인은 비싸게 팔려고 한다. 소비자가 합리적이라고 받아들이면 비싼 가격이라도 팔리지만, 비합리적이라고 여기면 아무리 낮은 가격이라도 팔리지 않는다. 이런 걸 '가격저항선'이라고 한다. 그러나 소비자가 원하는 물건은 상인이 손쓰지 않아도 소비자가 찾아온다. 광고를 하지 않아도 맛집이라고 소문난 곳에 사람들이 알아서 모여들고, 가래 기침에 그렇게 좋다는 못난이 개복숭아는 제배하는 곳이 흔치 않아 사람들이 수소문해가며 찾아

다니지 않는가?

하지만 소비자들 앞에 놓인 상품이 흔한 거라면, 소비자들이 필요로 하는 것이라도 경쟁력이 있는 다른 점이 있어야 한다. 다른 것에 비해 가격이 낮거나, 디자인이 받쳐주거나, 유통망이 다르다거나 비싼 상품이라고 할지라도 '소분(小分)'해서 판다든지 방법을 새롭게 한다면 경쟁력을 키울 수 있다.

돈을 쓰는 사람들이 새로 늘어나지 않는 이상, 기존에 돈 쓰는 사람들 지갑 사정에 맞춰 상품을 파는 것이 상술이다. 1천 원 쓰던 소비자가 500원 쓰는 걸로 소비를 줄였다면 제품의 양을 반으로 줄여 팔면 되는 것이다. 이건 시장 상황이 50%가 줄어든 불경기란 게 아니라 500원짜리 상품이 두 배 더 많이 팔리는 호경기라고 생각해야 한다. 앞의 말을 다시 바꾸어 말하면 지갑이 얇아졌다고 해서 돈을 쓰는 사람이 준 건 아니라는 것이다.

경기가 어려울수록 '소분 상품'이 인기 있는 이유다. 소비자들은 이미 수박 한 통보다 반쪽짜리 수박이나 네 등분된 수박을 소비하는 데 익숙하다. 생선회도 1마리 통째로 포장하지 않고, 나누어 팔 수 있고, 여러 생선을 모아서 모둠으로 팔 수 있다.

내 생각에 아닌 것 같은 상품이 다른 사람의 손에서는 가장 잘되는 물건으로 탈바꿈 할 수도 있다. 모든 가능성을 '아니'라고 여기면 안 되는 이유다. 당신은 달나라에 가는 방법을 모르지만 현실에선 지금도 달나라에 다니는 사람들이 있지 않은가? 당신은 하늘을 못 날지만 누군가는 무거운 쇳덩이로 비행기를 만들어서 다른 사람들까지 태워 날게 해주지 않는가?

사업을 하려는데 잘 안 되는가?

뭔가 색다른 상술이 필요한 상인인가?

창업을 꿈꾸는가?

'공부를 잘한다'는 '공부를 열심히 한다'는 것과는 다른 말이다. 공부 잘 하는 법을 안다는 뜻이다. 상인도 마찬가지다. 부지런하다고 돈을 버는 게 아니다. 사람들이 필요로 하는 상품을 쥐고 흔들 줄 알아야 돈을 번다. 오랫동안 많이 팔고 싶다면 조금씩 쥐고 흔들고, 빨리 팔고 싶다면 사람들이 직접 잡을 수 있게 하자.

이 세상에 돈은 많다. 당신 사업에 투자를 하지 않는 건 당신에게 신용이 없거나 당신의 사업계획이 불완전하기 때문이다.

중국인들이 말하는 '중국통'이란?

중국통(中國通)이란 '중국에 대해 통달한 사람' 또는 '중국에 대해 아는 사람'이란 의미로 사용된다. 하지만 이 중국통이란 단어의 의미는 중국에 대해 완벽하게 안다는 의미가 아니라 중국인이 말하지 않는 부분에 대해서도 아는 사람을 가리킨다고 보는 것이 좋다. 중국인들도 자국에 대해 '중국음식을 다 먹어보려면 일생 동안 불가능하고 중국 여행 다녀보려 해도 일생 동안 불가능하다'는 이야기를 하기 때문이다. 그래서 '중국통'이란 중국인의 드러나지 않은 습성을 아는 사람, 중국역사에 대해 알고 중국인의 문화에 대해 아는 사람이란 의미로 사용된다.

그런데 중국인들 중에서도 중국통이라 불리는 걸 농담조로 말하는 사람들도 있다. 중국통이란 애당초 불가능한 것으로 생각하기 때문이다. 사실, 중국인도 중국어를 모른다. 그래서 그렇다. 광둥성에 가보자. TV를 보는데 연기자가 하는 대사에 모두 현지 지역어로 더빙이 되어 나온다. 화면 아래에는 자막이 나온다.

여기가 중국인데 중국어 자막이 나온다. 어떻게 이해해야 할까?

중국에선 같은 한자를 사용하지만 지역에 따라 발음이 다르다. 중국에서 교회에 가보자. 목사가 북경어로 이야기하면 그 옆에서 광동어로 통역해주는 사람이 있다. 예배가 모니터로 중계되는 경우엔 화면에 자막이 나온다. 교회에서도 예배가 통역되고 자막이 나와야 이해하는 사람들이다.

내가 중국 광둥성에 있을 때 산둥성에서 거래처 손님이 왔다. 산둥성에 온 손님은 광둥성에 오며 '외국에 왔다'고 이야기한다. 그도 그럴 것이 일단 발음 자체가 달라 광둥성에서 사용하는 중국어를 다시 배워야 의사소통이 가능하기 때문이다.

지역에 따라 발음이 달라서 서로 의사소통이 원활하지 않은 나라 중국, 한자를 모르는 사람들이 많은 곳, 그래서 진정한 의미에서의 '중국통'이란 존재하지 않거나 존재할 수 없다고 봐야 하는 이유다. 그럼에도 불구하고 어느 중국인이 당신에게 중국통이라고 말했다면 '중국에서 발생한 어떤 특수한 상황을 이해하는구나'라고 생각해서 해준 말이라고 여기는 걸로 충분하다.

한국상인,

중국상인,

일본상인.

이들은 예로부터 서로 거래하고 어울리며 조화를 이루며 지내왔다. 과거에도 그랬고 현재도 그렇고 앞으로도 그럴 것이다. 그래서 이 삼국의 미래 경제가 중요하다. 인접 국가들로서 서로 거래해야만 생존할 수 있는 밀접한 관계를 가졌기 때문이다.

요즘은 온·오프라인을 통틀어 어느 때보다도 교류가 많은 시기다. 한국에서 발생한 일이 실시간으로 다른 나라에 전파되고 다른 나라에서 발생한 상황도 실시간으로 한국으로 전해진다. 경제면에서만 보자면 굳이 삼국으로 구분할 필요가 있을까? 하는 의문도 생긴다. 그만큼 밀접한 경제구조를 가졌고 그 어느 때보다도 삼국간 협력이 중요한 시기이다.

하지만 사람들이 느끼기에 삼국간 정서가, 서로에 대해 갖는 느낌이 아직은 충분치 않다고 할 수 있다. 서로 거래하면서 도울 건 돕고 내세울 건 내세우고 주장할 건 주장해야 하는데 정치논리에, 민족논리에, 이념논리에, 역사논리에 갇힌 듯 보일 때가 많다. 최소한 경제에서 만큼은 경계가 사라져 있어야 한다는 의미다.

그래서 이 책이 삼국간 미래 경제에 대해 상호 협력을 쌓아 가는 데 있어서 필수적인 초석이 되었으면 하는 바람이다. 삼국의 미래 세대가 전 세대의 활동영역에 제한받지 않도록, 훨씬 자유롭고 더 크고 더 많은 경제구조를 이룰 수 있길 바라는 마음이다.

그런 의미에서 이 책은 4차 산업혁명을 넘어, 5차 산업혁명, 6차 산업혁명과 그 이후에도 여전히 통용될 각국 상인들의 비즈니스 이야기를 담고 있다고 할 수 있다. 사업 아이템은 변하지만 상인들의 전략이나 마음가짐은 변하지 않기 때문이다.

중국에서 사업하려는가?
일본에서 사업하려는가?

난 당신에게 사업 아이템을 찾지 말고 좋은 파트너를 찾으라고 제언한다. 당신의 옆에 있는 사람이 타인에게 비춰지는 당신의 모습인 것처럼 당신의 사업에 동참하는 파트너가 타인에게 비춰지는 당신 사업의 비전이 된다.

사업을 해서 부자가 되고 싶은가?

돈을 많이 벌어서 부자가 되고 싶은가?

　난 당신에게 돈을 보지 말고 상인을 보라고 제언한다. 당신 주머
니에서 나간 돈이 상인의 주머니로 들어가기 때문이다. 당신이 당신
돈이라고 여겼던 그 돈이 어느 순간에 상인의 돈이 된다는 사실, 당신
은 상인의 돈을 잠시 맡아두었을 뿐이었다는 사실을 깨달아야 한다.
그래서 당신이 사업하기 전에 먼저 할 일은 상인을 바라보며 그 상인
이 어떻게 당신에게서 그 돈을 가져갔는지 배우길 바란다.

한국상인 중국상인 일본상인

초판 1쇄 인쇄	2023년 8월 31일
초판 1쇄 발행	2023년 9월 6일

지은이   이영호

펴낸곳   스노우폭스북스
발행인   서진

편집   성주영

마케팅   김정현 이민우 김은비
영업   이동진

디자인   강희연

주소   경기도 파주시 광인사길 209, 202호
대표번호   031-927-9965
팩스   070-7589-0721
전자우편   edit@sfbooks.co.kr
출판신고   2015년 8월 7일 제406-2015-000159

ISBN 979-11-91769-45-6 (03320)
값 17,500원